SPHINX

GANESHA MANTRA

गजाननम् भूत गणादि सेवितम्
कपित्य्यजम्बु फल चारु भक्षणम्
उमा सुतम् शोक विनाशकारकम्
नमामि विघ्नेश्वर पाद पंकजम्

Harish Johari

NUMEROLOGIE

In Verbindung mit Tantra, Aryurveda und Astrologie

Ein Schlüssel zum Verständnis
menschlicher Verhaltensweisen

SPHINX

Aus dem Amerikanischen
von Heidegret Rauhut

Die Deutsche Bibliothek – CIP-Einheitsaufnahme
Johari, Harish: Numerologie in Verbindung mit Tantra Ayurveda und Astrologie :
ein Schlüssel zum Verständnis menschlicher Verhaltensweisen / Harish Johari.
[Aus dem Amerikanischen von Heidegret Rauhut]. – Basel/Switzerland :
Sphinx, 1994
Einheitssacht.: Numerology <dt.>
ISBN 3-85914-243-7

Originaltitel: Numerology
Erschienen bei Destiny Books, Rochester, USA
© 1990 der Originalausgabe by Harish Johari
Umschlagillustration und -gestaltung: Susanne Bolliger
Umschlaggrafik: Charles Huguenin
Satz: Sphinx, Basel
Herstellung: Clausen & Bosse, Leck
Printed in Germany
ISBN 3-85914-243-7

INHALT

EINFÜHRUNG

Die Numerologie entschlüsselt menschliche Verhaltensweisen mit Hilfe der Zahlen. Sie ist eine leicht erlernbare Methode, mit der wir die intuitiven Fähigkeiten unseres Geistes trainieren und die Tiefen der menschlichen Persönlichkeit erfassen können.

Numerologen müssen ihre eigene Identität vergessen und sich voll und ganz auf die Persönlichkeit der Person konzentrieren, die sie erforschen möchten. Sie müssen lernen, ruhig und leer zu werden, damit sich Intuition entfalten kann. Wenn man sich regelmäßig mit der Numerologie befaßt, stellen sich automatisch Ausdauer, Geduld und Klarheit ein.

Die praktische Erfahrung lehrt dem Numerologen mehr, als Bücher je vermitteln können. Gute Bücher öffnen zwar die Fenster unseres Geistes, doch dann muß jeder das, was er der Information persönlich entnehmen kann, in die Praxis umsetzen. Information allein ist noch kein Wissen; erst die unmittelbare Erfahrung wandelt Information in Wissen um.

Das hier vorgestellte numerologische System ist für jederman leicht und schnell erlernbar, und die Beschäftigung mit der Numerologie ist ähnlich faszinierend wie die Ausübung schöpferischer Künste anderer Art. Numerologie vermittelt uns ein Verständnis für das Wesen anderer Menschen.

Ich rate meinen Lesern, die hier gegebenen Informationen nicht nur bedingungslos zu übernehmen. Was sie hier lesen sollte sie vielmehr dazu inspirieren, sich selbst und andere aufmerksamer zu beobachten. Sie sollten selbst herausfinden, was ihnen bei der Betrachtung ihrer eigenen drei Nummern (psychische Nummer,

Schicksalsnummer und Namensnummer) auffällt und wie diese mit den Nummern anderer Menschen harmonieren. Dabei sollten Sie jedoch bedenken, daß jede Nummer sowohl gute als auch weniger gute Eigenschaften hat. Es gibt keine Nummer, die einer anderen überlegen ist. Die Nummern wirken unterschiedlich in individuellen menschlichen Körpern, von denen jeder sein eigenes genetisches Verhaltensmuster besitzt. Alle Nummern werden von den einzigartigen Bedingungen des sozialen Umfelds und dem kollektiven Unbewußten mitgeprägt. Wir können versuchen, die Nummern zu verstehen, doch wäre es falsch, sie zu bewerten und zu kategorisieren.

Das hier vorgestellte System der Numerologie ist eine Methode, die den Mikrokosmos mit dem Makrokosmos in Verbindung bringt. Mit der Ausübung seiner Tätigkeit beginnt ein Numerologe zu verstehen, welchen Einfluß die Gestirne auf den Geist und die Verhaltensweisen der Menschen haben. Alle Objekte der materiellen Welt haben einen Bezug zu den neun Planeten (Sonne, Mond, Merkur, Mars, Jupiter, Venus, Saturn, Ketu (nördlicher Mondknoten) und Rahu (südlicher Mondknoten).

Aus der Sicht des Numerologen verkörpern sich die Planeten auch in menschlicher Form. Durch diese Sichtweise ist es möglich, die Planeten – als Teil des kosmischen Spiels – aus der Nähe zu betrachten.

Wer sich selbst nicht die Freiheit gestattet, den Einfluß wahrzunehmen, den himmlische und astrale Körper auf uns Menschen haben, kann dieses Spiel nicht verstehen. Für ihn sind Planeten nur Objekte im All, die keinen Bezug zu unserer körperlichen und geistigen Struktur haben. Diese Menschen können aus keiner der intuitiven Wissenschaften Nutzen ziehen. Wer aber Zeit, Vertrauen und ausreichend Geduld besitzt, kann das Spiel betrachten, und aus ihm die Lehren ziehen, die richtungsweisend für das Bewußtsein kommender Generationen sind.

Numerologie erhebt nicht den Anspruch, eine eigenständige Wissenschaft zu sein. Sie ist nur ein Zweig der intuitiven Wissenschaften. Ein guter Numerologe muß ein guter Beobachter und ein geduldiger Zuhörer sein. Auch Kenntnisse auf dem Gebiet der Physiognomie und Astrologie sind wichtig, da sie die Zuordnung der Menschen zu den Planeten erleichtern. Im Gegensatz zur Astrologie hat die Numerologie den Vorteil, daß sie ohne komplizierte und langwierige mathematische Berechnungen treffende Aussagen machen kann. Der Numerologe muß nur drei Dinge kennen:

- das Datum des Tages der Geburt
- den numerischen Wert des Rufnamens
- die Quersumme, die sich aus Geburtstag, -monat und -jahr ergibt.

Ein Astrologe dagegen muß alle Tierkreiszeichen und Häuser kennen, den Geburtstag einer Person, den Sonnen- und Mondstand und vieles mehr. Für den indischen Astrologen ist es sogar wichtig, die Jahreszeit der Geburt zu kennen, denn auch sie beeinflußt das Temperament.

Für Numerologen ist es von Vorteil, Kenntnisse auf dem Gebiet der Körperkunde zu erwerben, um zu erkennen, wie Form und Aussehen verschiedener Körperteile und das Denken des Individuums wechselseitig Einfluß aufeinander nehmen. (Bekanntterweise nehmen große Menschen die Welt anders wahr als kleine.)

Numerologie spart Energie! Das Spiel mit den Zahlen hilft uns, Energie bewußter wahrzunehmen und gezielter mit ihr umzugehen. Wer handelt, ohne zu wissen, ob der Zeitpunkt richtig ist, verschwendet Energie, da er richtige Entscheidungen eventuell in falschen Momenten trifft.

Numerologie kann eine gute Entscheidungshilfe sein, wenn es darum geht, den richtigen Zeitpunkt, die richtige Bezugsperson, den richtigen Wohnort oder Arbeitsplatz zu wählen.

Numerologie darf nicht dazu mißbraucht werden, Macht und Kontrolle über andere Menschen zu gewinnen. Auch sollte dieses Wissen nicht als Einnahmequelle dienen. Wer seinen Geist dazu gebraucht, die Persönlichkeit anderer Menschen zum Zwecke des Geldverdienens zu ergründen, gerät leicht unter Leistungsdruck. Stress oder Leistungsdruck macht bekanntlich früher oder später krank. Wer Numerologie selbstlos anwendet, um seinen Mitmenschen zu helfen, sich und andere besser zu verstehen, tut Gutes und erhält ein positives «Feedback».

Es macht Spaß, zu raten, «was für eine Nummer» ein uns noch unbekannter Mensch ist. Noch mehr Spaß aber bringt es, zu wissen, wie man Numerologie praktisch anwendet. Wenn man das Geburtsdatum eines Menschen kennt, kann man herausfinden, welche persönlichen Eigenschaften er oder sie haben könnte. Diese Übung ist auch ein gutes Geistestraining. Einerseits muß der Lernende sein Gedächtnis (seine numerologische Datenbank) und seine Intuition aktivieren, andererseits muß er in der Gegenwart bleiben und seine Aufmerksamkeit vollständig der anderen Person widmen. So befreit sich der Numerologe von seiner eigenen kleinen Welt und begibt sich auf die abenteuerliche Reise in eine andere Persönlichkeit.

Wer sich mit Numerologie befaßt, erforscht alle Aspekte des Lebens in zahlreichen Erscheinungsformen und kann dabei erkennen, wie unterschiedlich die Planeten in verschiedenen Menschen wirken. Das Studium dieser Wissenschaft setzt voraus, daß man die Wachsamkeit und Unvoreingenommenheit eines Forschers besitzt; doch bringt es auch die Freude mit sich, die sich nach erfolgreicher Forschertätigkeit einstellt.

Wer das Geheimnis der Zahlen kennt und ein gutes Gedächtnis besitzt, kann viel Zeit und Energie gewinnen. Auch stärkt die intensive Beschäftigung mit der Numerologie die Konzentrations- und Gedächtniskraft und fördert die intuitive Fähigkeit des Geistes.

Die Ratschläge zum Fasten oder Tragen eines Edelsteines, die in den Kapiteln der einzelnen Nummern zu finden sind, basieren auf Erkenntnissen der Ayurveda (altindische Naturheilkunde) und der Wissenschaft des hinduistischen Tantra. Befolgt man sie, ist es möglich, den Mikroorganismen ein besseres Milieu zu schaffen, die in unserem Körper leben und als Empfänger kosmischer Energie für unser Wohlbefinden verantwortlich sind.

Vorteile der Numerologie sind beispielsweise, daß wir

- unsere guten und schlechten Eigenschaften besser verstehen

- unsere zwischenmenschlichen Beziehungen verbessern, da wir unsere eigenen Schwächen und die anderer Menschen objektiver sehen und leichter akzeptieren können
- offener und ehrlicher werden, da wir mit Hilfe der Nummern frei und neutral über Schwächen – die eigenen und die der anderen – sprechen können
- mit ihr unsere Freizeit unterhaltsam und lehrreich gestalten
- für einige Zeit von unseren persönlichen Sorgen Abstand gewinnen
- kommunikativer werden, da wir stets über ein interessantes Gesprächsthema verfügen; eine Methode, bei der wir zwar unsere Aufmerksamkeit ganz dem Gesprächspartner zuwenden, gleichzeitig aber auch seine Aufmerksamkeit besitzen
- von anderen stets gern gesehen und respektiert werden
- mit ihr ein Werkzeug haben, mit dem sich Unbekanntes entschlüsseln läßt
- auf freundliche Art etwas über uns und andere erfahren und spielerisch unsere Selbst- und Menschenkenntnis erweitern

Wer Numerologie praktisch anwendet, entwickelt

- den Geist eines Forschers, der unvoreingenommen das Leben erforscht
- Aufmerksamkeit, Wachheit, Beobachtungsgabe und Unterscheidungskraft
- ein gutes Gedächtnis und Konzentrationskraft
- intuitive Fähigkeiten
- die Kunst, gewandt zu kommunizieren

Die Nummern und der Numerologe

Für den Numerologen gibt es nur neun Zahlen, mit denen sämtliche Berechnungen der materiellen Welt getätigt werden. Alle Zahlenwerte, die 9 übersteigen sind Wiederholungen. Durch simp-

11

les Addieren können wir sie wieder zu einfachen ganzen Zahlen reduzieren. Demnach ist die Zahl 10 keine einfache ganze Zahl – sie ist nur eine 1 mit einer 0.

Null

Die 0 gilt nicht als Zahl und besitzt auch keinen numerologischen Wert. Im westlichen Okkultismus gilt die 0 als Symbol der Ewigkeit. Überraschenderweise fand die 0 erst vor einigen hundert Jahren Zugang zur westlichen Hemisphäre und verhalf der Entwicklung von Mathematik, Wissenschaft und moderner Technologie zum entscheidenden Durchbruch.

Im Orient, wo die 0 seit den Anfängen der Zivilisation einen Platz im Denken der Menschen hatte, wurde sie *Shunya* (Sunya) genannt, was übersetzt «Leere» bedeutet, die das Fundament des Buddhismus ist. Die 0 hat keinen Wert, solange sie alleine steht; sie ist abstrakt, Zahlen sind konkret. Verbindet sich die 0 jedoch mit einer Zahl, steigt deren Wert um das 10-, 100-, 1000-fache bis ins Unendliche und kreiert Doppel-, Trippel- und vielstellige Nummern. Wer die 0 nicht kennt, kann nicht mit Zahlen jonglieren, die jenseits der 9 (d.h. jenseits der materiellen Welt) angesiedelt sind. Wer sie jedoch kennt, den führt sie durch ihre mystisches Wesen in die Unendlichkeit abstrakter Sphären, zum Nachteil des materiellen Fortschritts.

Die Null gilt als verhängnisvoll. So wirkt sich beispielsweise eine 0 im Geburtsdatum ungünstig aus. Selbst der zehnte Monat des Jahres (Oktober), gilt als ungünstig, wenn auch in kleinerem Maße. Im Geburtsjahr wirkt sich der Einfluß der Null am geringfügigsten zum Nachteil aus. Kombiniert man die Null mit einer beliebigen Nummer, schwächt sie den Einfluß der jeweiligen Zahl. Menschen, die eine Null im Geburtsdatum haben, werden häufiger mit Schwierigkeiten konfrontiert, als jene Menschen mit dem gleichen Zahlenwert ohne Null im Geburtsdatum. Das Vorhandensein von mehr als einer Null – 10. Oktober (zehnter Monat) 1950 – bringt es demnach mit sich, daß sich die betreffende Person in allen Bereichen des Lebens sehr viel mehr Mühe geben muß, um etwas zu erreichen. Alle Zahlen von 1 bis 9 sind in der Null enthalten. Verbindet sich die Null mit diesen Zahlen, entsteht eine ganze Serie neuer Nummern. Verbindet sich die Null beispielsweise mit der Nummer 1, entwickeln sich die Nummern der Serie 1 bis 19.* Obgleich die Null nicht «exisitiert», führte ihre Einführung zur Weiterentwicklung der Mathematik, der Wissenschaft und der modernen Technologie und bescherte der Menschheit das Computerzeitalter.

Zahlen und ihre Qualitäten

Gerade und ungerade Zahlen
Zahlen können in zwei Gruppen unterteilt werden:

- in ungerade Zahlen: 1, 3, 5, 7, 9
  und
- in gerade Zahlen: 2, 4, 6, 8

So ergibt sich eine ungerade Anzahl ungerader Zahlen, nämlich 5, und eine gerade Anzahl gerader Zahlen, nämlich 4.
Ungerade Zahlen bezeichnet man als solar, männlich, elektrisch, sauer und dynamisch; unter den Grundzahlen dominieren sie.
Gerade Zahlen bezeichnet man als lunar, weiblich, magnetisch, basisch und statisch. Sie sind in der Gruppe der Grundzahlen (1-9) weniger häufig vertreten als die ungeraden Zahlen. Da sie eine gleiche Anzahl von Paaren bilden (2+4 und 6+8) gelten sie als statisch (unbeweglich). Wenn wir mit der ungeraden Zahlengruppe Paare bilden, bleibt immer eine Zahl ohne Partner übrig (1+3, 5+7, 9), was eine gewisse Dynamik ergibt.
Das Zusammentreffen von zwei gleichartigen Nummern (zwei ungeraden oder zwei geraden) gilt generell als ungünstig.

Gerade + gerade = gerade (statisch)
   2 + 2 = 4
Ungerade + gerade = ungerade (dynamisch)
   3 + 2 = 5

* Weitere Erklärungen zur Rolle der Null finden Sie im Buch *Wege zum Tantra* von Harish Johari, Seite 66.

Ungerade + ungerade = gerade (statisch)
  3   +   3   =   6

Einige Nummern sind freundlich, andere stehen zueinander in Opposition. Die wechselseitige Beziehung der Nummern wird von den Beziehungen der Planeten geprägt, die die jeweiligen Nummern beeinflussen (siehe Tabelle auf S. 232–234). Wenn zwei freundliche Nummern zusammentreffen, werden sie nicht sehr produktiv. In der spannungslosen Beziehung zweier Freunde geschieht nicht viel. Treten dagegen feindliche Nummern miteinander in Verbindung, machen sie sich gegenseitig wach und aktiv, beide müssen mehr von sich geben. So gesehen sind feindliche Nummern eigentlich Freunde und freundliche Nummern sind in Wahrheit Feinde, die Aktivität und Fortschritt hemmen. Neutrale Nummern bleiben inaktiv. Sie unterstützen nichts, noch fördern oder hemmen sie Aktivität.

Universeller Freund
Die Nummer 6 besitzt die einzigartige Eigenschaft, etwas mit beiden Zahlengruppen gemeinsam zu haben. Sie kann das Ergebnis einer Zahlenkombination von entweder 3 (ungerade Zahl!) geraden Zahlen oder von 2 (gerade Zahl!) ungeraden Zahlen sein. Bei der Kombination von 2+2+2=6 wiederholt sich die gerade Zahl 2 dreimal (eine ungerade Anzahl an Wiederholungen). Bei 3+3=6, wird die ungerade Zahl 3 zweimal wiederholt.
Da die Zahl 6 zu beiden Zahlengruppen in Beziehung steht, ist sie als *universeller Freund* bekannt.

Nummern und Astrologie

Es gibt 9 einfache ganze Nummern. Die Beziehung der Zahlen zu den Gestirnen ist der Schlüssel zur Numerologie. Bis auf zwei Ausnahmen stimmt die hinduistische Interpretation dieser Beziehung mit der westlichen überein.
Nach dem hinduistischen System entspricht die Nummer 4 Rahu, dem nördlichen Mondknoten. Im Westen wird die Nummer 4 mit Sonne und Uranus in Verbindung gebracht.

Die Nummer 7 korrespondiert gemäß dem Hindusystem mit Ketu, dem südlichen Mondknoten; im Westen wird sie Mond und Neptun zugeordnet.

Die Eigenart oder Verhaltensweise einer Nummer wird von dem Planeten geprägt, der sie beherrscht:

Planet	Nummer	Verhaltensweise
Sonne	1	königlich majestätisch wie ein Herrscher, freundlich, würdevoll, diszipliniert, gebieterisch, willensstark, einzigartig
Mond	2	feminin majestätisch wie eine Königin, attraktiv, wechselhaft, heikel
Jupiter	3	spirituell, beratend, freundlich, egoistisch, diszipliniert
Rahu	4	rebellisch, impulsiv, reizbar, verschwiegen, unverbindlich, sprunghaft
Merkur	5	fürstlich (prinzlich), amüsant, listig, intelligent, sensibel
Venus	6	romantisch, langsam, sinnlich, sanft und höflich in der Ausdrucksweise, diplomatisch, manipulierend
Ketu	7	mystisch, träumerisch, intuitiv, erfinderisch, schwer greifbar
Saturn	8	weise, mißgünstig, dienend, fleißig, sich durchkämpfend, erduldend
Mars	9	kriegerisch, willensstark, schroff, derb, perfektionistisch, zweifelnd, kämpferisch, diskriminierend, empfindet gegen vieles starke Abneigung

Jedes Individuum wird von drei Nummern beeinflußt: der psychischen Nummer, der Namens- und der Schicksalsnummer. Der Einfluß dieser Nummer ist anders als jener der neun Planeten in den astrologischen Häusern. Astrologisch betrachtet ändert sich der Einfluß der Sonne selbst, je nachdem, in welchem Haus und Tierkreiszeichen sie im Geburtshoroskop steht. Mit Veränderung des Sonnenzeichens ändern sich die charakteristischen Verhaltensweisen.

Gemäß der Numerologie haben alle Menschen mit der psychischen Nummer 1 einige gemeinsame Charakterzüge, gleichgültig in welchem Monat sie geboren sind. Der Unterschied im Monat, Mondzeichen, Sonnenzeichen und Aszendent verändert lediglich ihre Einstellung. Für alle Nummer 1 Menschen gelten die gleichen guten Tage, Daten und Jahre; auch die gleichen Farben und Edelsteine, dieselbe Gottheit und das gleiche Mantra. Im Gegensatz dazu ändert sich im astrologischen System die Kraft eines Planeten, und daher seine herrschende Nummer, entsprechend dem Haus, in dem er sich befindet. So wird zum Beispiel eine erhöhte Sonne nutzlos, wenn sie im achten oder zwölften Haus im Widder steht, weil diese Häuser ungünstig für die Sonne sind. Die gleiche Sonne im Widder wirkt erfolgversprechend, wenn sie im zehnten Haus steht. Ähnlich ist ein exaltierter Saturn nicht gut im ersten, vierten, siebten oder zehnten Haus, aber sehr gut im dritten, sechsten, neunten oder elften Haus. Astrologie ist in ihren Aussagen präziser als die Numerologie. Spezielle Details ermöglichen es dem Astrologen, die Situation eines Individuums zu verstehen. Numerologie ist allgemeiner und erfaßt nur den Verhaltensaspekt der menschlichen Persönlichkeit. Sie beschreibt in der ihr eigenen Ausdrucksweise die besonderen Persönlichkeitsmerkmale der einzelnen Menschen. Im Gegensatz zur Astrologie hat die Numerologie den Vorteil, daß man sie leichter und schneller erlernen kann. Sie nimmt den Geist nicht so stark in Anspruch, daß er ausführliche Details berücksichtigen und komplizierte Planetenbewegungen berechnen muß. Im Vergleich zur Astrologie könnte man die Numerologie als einfache «do-it-yourself Methode» bezeichnen.

Nummern und Psyche, Schicksal und Name

Psychische Nummer
Unsere geistige Struktur hat eine direkte Beziehung zu Datum, Zeit und Ort unserer Geburt, zu dem Moment, in dem wir erstmals

16

die Luft des äußeren Lebensraums eingeatmet haben. Schade, daß dieser Moment meistens mit einem Schrei statt einem Lachen beginnt. Ein Astrologe hält diesen Moment mit der Berechnung des Geburtshoroskops in präziser Form fest; dem Numerologen genügt die Kenntnis des genauen Geburtsdatums, um Aussagen machen zu können.

Die psychische Nummer erfährt man, indem man aus der Zahl des Tages der Geburt eine einfache ganze Zahl bildet (falls sie das nicht sowieso schon ist). Ich bin beispielsweise am 12. Mai geboren. Da 1+2 gleich 3 ist, ist meine psychische Nummer die 3.*

* Bei der Bestimmung der psychischen Nummer taucht ein grundsätzliches Problem auf. Nach dem indischen System wechselt das Datum 1 Stunde vor Morgendämmerung, also 11/2 bis 2 Stunden vor dem eigentlichen Sonnenaufgang. Inzwischen haben sich aber alle Länder dieser Welt darauf geeinigt, die Greenwich Standardzeit einzuführen und das Datum um 12.00 Uhr Mitternacht zu ändern. Deshalb sollte man bei der Ermittlung des Geburtsdatums auch feststellen, zu welcher Tages- oder Nachtzeit eine Person geboren ist. Beispielsweise würde nach dem derzeit gültigem Greenwich-System eine Person, die am 12. Tag eines Monats um 2.00 Uhr nachts zur Welt kam als eine am 13. geborene Person registriert werden, und so als Nummer 4 gelten. Nach dem Hindu-System dagegen würde die Person – da die Geburt etliche Stunden vor Sonnenaufgang stattfand – als in der Nacht vom 12. geborene gezählt werden und wäre demnach eine Nummer 3. Bei Grenzfällen dieser Art, empfiehlt es sich, die Person sehr aufmerksam zu beobachten, um herauszufinden, ob sie mehr zu einer Nummer 3 oder 4 tendiert.

Was noch wichtig ist: Im Sommer geht die Sonne in der nordwestlichen Hemisphäre viel früher auf als im Winter. Deshalb ist es wichtig, herauszufinden, ob die Geburt in den späten Stunden einer Sommer- oder Winternacht stattfand. Fand sie mehr als 2 Stunden vor Sonnenaufgang statt, gilt das Datum nicht, das offiziell mit dem nächsten Tag assoziiert wird. Beispielsweise wäre für eine Person, die am 3. Juni (Sommer) um 3.30 Uhr zur Welt kam, das Datum korrekt, das nach Mitternacht gewechselt hat.

Dagegen würde für eine Person, die am 3. Dezember um 3.30 Uhr zur Welt kam, noch das Datum vor Mitternacht, also der 2. Dezember, gelten. Bekanntlich dauert es im Dezember ab 3.30 Uhr noch mindestens 4 Stunden bis die Sonne aufgeht. Das Datum sollte gleichzeitig mit dem Anbruch des neuen

Die psychische Nummer verrät, wie ein Mensch sich selbst sieht; in welche Richtung seine Bedürfnisse, Ambitionen und Wünsche gehen, welche Speisen er bevorzugt, und wie er zu Freundschaften, Ehepartner und Sexualität steht.

Gemäß der Hindu-Astrologie ist das Mondzeichen das Zeichen der Psyche. Im westlichen System versucht man, die Psyche durch das Sonnenzeichen zu verstehen. Die Numerologie befaßt sich aber weder mit Sonnen- noch Mondzeichen noch mit dem Aszendenten. Sie verschafft sich über die Nummer direkten Zugang zum Individuum. Wobei wiederum, wie wir wissen, das Verhalten, die Ambitionen, Bedürfnisse und Wünsche der Nummern von den Gestirnen beeinflußt werden.

Wenn wir die psychische Nummer kennen, werden wir leicht verstehen, welchen Einfluß die Planeten auf die Psyche haben. Diese Nummer bleibt das ganze Leben lang aktiv. Vom Zeitpunkt der Geburt bis ins Alter von 35 bis 40 Jahren übt sie den stärksten Einfluß auf die Persönlichkeit eines Menschen aus. Nach etwa 35 Jahren wird die andere wichtige Nummer – die wir Schicksalsnummer nennen – verstärkt aktiv. Wir nehmen dann eine Veränderung in unserer Lebenseinstellung wahr. Trotzdem verliert die psychische Nummer nie an Bedeutung. Durch Veränderung des Namens kann man die psychische Nummer beeinflussen. Sie kann auch durch Selbstdisziplin, Initiation oder Heirat beeinflußt werden (indem man jemanden heiratet, dessen Einfluß den eigenen Standpunkt verändert). Der Numerologe muß wissen, daß jeder Mensch mit zwei Bildern leben muß:

- das eine ist sein Selbstbildnis;
  das Bild, das er von sich selber hat
- das zweite ist das Bild, das andere – die Öffentlichkeit, die Gesellschaft, das soziale Umfeld – sich von ihm machen.

Fortsetzung der Fußnote von Seite 17:

Tages wechseln. Häufig kommt es vor, daß Menschen behaupten, sie sind an einem bestimmten Tag geboren, und wenn man genauer nachforscht, stellt sich heraus, daß sie numerologisch betrachtet einer anderen Zahlengruppe angehören.

Die psychische Nummer gibt Aufschluß über das Selbstbildnis eines Menschen; die Schicksalsnummer weißt darauf hin, wie das soziale Umfeld auf ihn reagiert.

Schicksalsnummer
Die einfache ganze Ziffer, die sich aus der Addition von Geburtstag, -monat und -jahr ergibt, wird Schicksalsnummer genannt:

$$1+2+5+1+9+3+4 = 25 = 7$$

Die 25 wird zwar nicht völlig ignoriert, da 2 und 5 ebenfalls einen gewissen Einfluß auf das Schicksal ausüben (siehe auch Kapitel «Doppelzahlen»), doch wird die 7 als dominierende Nummer betrachtet. Unter den drei einstelligen Ziffern spielen die 7 und die 2 eine bedeutendere Rolle, die 5 hat einen weitaus geringeren Einfluß.
Die Schicksalsnummer hat eine größere Bedeutung als die psychische Nummer oder die Namensnummer. Man denkt nämlich stets auf die gleiche Art und weise, doch das Schicksal funktioniert nicht immer so, wie man es gerne möchte. Da der Einfluß der Schicksalsnummer nach dem 35. Lebensjahr stärker wird, sollt man sich spätestens dann darüber klar werden, was man vom Leben erwartet und wonach man strebt.
Der Psyche bleibt es freigestellt zu denken, zu erwarten, zu wünschen, doch das Schicksal präsentiert nur das, was man wirklich verdient. Unser Schicksal ist mit den *Karmas* (Handlungen) vorangegangener Leben verknüpft. In der von Veda Vyasa wiedergegebenen Fassung der *Bhagavad Gita* (dem heiligen Buch der Inder), sagt Krishna zu Arjuna:

> *«Oh, Arjuna, dem Menschen steht es frei, jede Art von Handlungen auszuführen, doch steht es ihm nicht frei, die Früchte seiner Karmas zu ernten, wie und wann er gerne möchte ...»*

Demnach sollte man selbstlos handeln und nicht an die Früchte denken. Wenn es uns gelingt, ohne Absicht gut zu handeln und nicht an die Belohnung zu denken, befreien wir uns von Freude und Schmerz. Schmerz beruht auf dem Festhalten an Karmas. *Erwartungen* sind der wahre Grund aller schmerzhaften Erfahrungen. Bis zum 35. Lebensjahr wird uns diese Lektion immer wieder präsentiert. Erst wenn wir gelernt haben, nichts zu erwarten und die Pflichten um ihrer selbst willen auszuführen, bleiben wir froh und unbeschwert. Die Schicksalsnummer läßt sich nicht von außen beeinflussen.

Die Schicksalsnummer hat eine Verbindung zu unseren *Samskaras*. Samskaras sind Schwingungsmuster, die wir durch Handlungen in vorangegangenen Inkarnationen erworben haben. Sie gewähren uns ein klein wenig Handlungsfreiheit, doch mehr die Freiheit, die Früchte vergangener Karmas reifen zu lassen. Was immer wir jetzt tun, wird uns in Zukunft oder in einem unserer nächsten Leben zurückgegeben. Die Früchte, die wir jetzt ernten, reflektieren, was wir in vorherigen Leben gesät haben.

Das Leben ist eine Kontinuum und kein zerbrochenes Mosaik. Der Tod ist nicht das Ende, da es eigentlich keinen Tod gibt. Der Tod ist lediglich ein Übergang von einer Form zur anderen. Was immer wir säen, werden wir ernten. Wir können den Früchten unserer Taten, unserer Karmas nicht entkommen. Die Rückstände unserer Karmas – guter oder schlechter – kommen zu uns als Soll oder Haben. Tätigkeiten, die wir bereits in einem vorigen Leben ausgeführt haben, gehen uns leicht von der Hand; Arbeiten, die wir noch nie zuvor verrichtet haben, stellen Herausforderungen dar und konfrontieren uns mit Schwierigkeiten. Wenn wir uns dessen bewußt sind, können wir darauf vertrauen, daß unsere Gesinnung und unsere Verhaltensweisen uns auf einen natürlichen Lebensweg bringen, auf dem wir leichter vorankommen können. Gute Karmas vorheriger Leben helfen uns. Sie kommen zu uns als Freunde, Geschenke, Belohnungen und geben uns Gelegenheit, unsere Verpflichtungen zu erfüllen. Haben wir schlechte Karmas verursacht, werden die gleichen Bemühungen Feindschaft, Widerstand, Verlust und Strafe mit sich bringen. Spontane Freundschaft oder Feindschaft, unerwartete Belohnung oder Strafe, die sich nicht mit Handlungen im gegenwärtigen Leben in Verbindung bringen lassen, sind Resultate der Karmas vorheriger Leben. Die

Früchte unserer gegenwärtigen Handlungen können ein gutes und hilfreiches soziales Umfeld schaffen; die Herkunft dieser Früchte läßt sich leicht zurückverfolgen. Bei einer ungünstigen Schicksalsnummer, können eine gute psychische Nummer, eine passende, Namensnummer, das Tragen bestimmter Edelsteine und Spenden für wohltätige Zwecke dazu beitragen, zumindest im Körper ein besseres chemisches Milieu zu schaffen. Zwar müssen wir auch dann mit dem leben, was uns das Schicksal bringt, doch werden wir es leichter integrieren können.

Sicher kennen wir alle die eine oder andere tragische Geschichte aus dem Leben Heiliger oder gutherziger Menschen, die, obgleich sie gute Taten vollbrachten, oft große Schwierigkeiten und Leid erfahren mußten. Und es gibt Beispiele vom Leben schlechter, destruktiver, unhumaner Individuen, die dennoch glücklich und im Luxus lebten. Schicksale dieserart lassen darauf schließen, daß die positiven bzw. negativen Karmas der vorherigen Leben, nicht durch die guten bzw. schlechten Karmas der Gegenwart beeinflußt werden konnten.

Namensnummer

Die Namensnummer erfahren wir, wenn wir den numerologischen Wert der einzelnen Buchstaben des offiziellen Namens, d.h. des Namens, mit dem wir bei Behörden bekannt sind, zusammenzählen.

Zum Beispiel ist mein populärer Name HARISH JOHARI. Nach dem «Unit System»* ist der Wert er einzelnen Buchstaben wie folgt:

A I J Q Y = 1	N E = 5
B C K R = 2	U V W X = 6
G L S = 3	O Z = 7
D M T = 4	F H P = 8

(Ä = AE)   *(Ü = UE)*   *(Ö = OE)*

* Ein System, das aus den verschiedenen numerologischen Systemen entstanden ist

```
H A R I S H     J O H A R I
8  1 2 1 3 8    1 7 8 1 2 1
```

8+1+2+1+3+8=23   1+7+8+1+2+1=20

23+20=43=4+3=7

Der numerische Wert meiner Buchstaben ergibt eine 7.
Die meisten Menschen kennen wir entweder mit dem Vor- oder
mit dem Familiennamen. Die einzelnen Nummern, die sich aus
diesen beiden Namen ergeben, sind ebenfalls wichtig, doch verstehen wir unter dem «offiziellen» Namen den vollständigen Namen,
mit dem wir amtlich bekannt sind. Drei Nummern sind also von
Bedeutung:

- die Nummer des Vornamens
- die Nummer des Familien- oder Nachnamens
- die Nummer des vollständigen bzw. offiziellen Namens

Der Einfluß dieser drei Nummern wirkt sich auf drei unterschiedliche Lebensbereiche aus. Die Nummer des Vornamens hat Einfluß
auf den (Familien-, Freundes- oder Kollegen-)Kreis, in dem man
uns nur beim Vornamen nennt. Die Nummer des Familien- oder
Nachnamens wirkt dort, wo man uns unter diesem Namen kennt.
Und die Nummer des vollständigen «offiziellen» Namens wirkt
überall dort, wo amtliche Dokumente zu unterschreiben sind, und
im Geschäftsbereich. Mit «Namensnummer» ist generell die Nummer des vollständigen Namens gemeint, des Namens, den wir bei
Bankgeschäften verwenden, der im Führerschein, im Ausweis oder
Reisepaß steht. Doch ist das Thema Namensnummer nicht immer
ganz unkompliziert. Beispielsweise steht in meinem Reisepaß der
Name Harish *Chandra* Johari, doch bei meiner Bank und als Autor
bin ich als Harish Johari bekannt. Ein kleiner Kreis von Menschen
in Indien nennt mich beim Vornamen «Harish» und wenige Menschen reden mich mit «Herr Johari» an. Da mein offizieller Name,
Harish Johari, dem numerischen Wert der 7 entspricht, ist meine
Namensnummer die 7. Dies ist der Name, mit dem ich bei allen

weltlichen Geschäften am meisten bekannt bin. (Zwar nennen mich sehr viele Menschen «Dada», was numerologisch einer 1 entspricht, da ich diesen Namen aber weder auf meinen Büchern noch in offiziellen Dokumenten verwende, bleibt meine Namensnummer die 7.)

Obwohl die Namensnummer, da sie die Psyche beeinflußt, große Bedeutung für das individuelle Leben hat, übt sie doch keinen Einfluß auf die Schicksalsnummer aus.

Die Namensnummer spielt eine Schlüsselrolle für das soziale Leben und das Eheleben eines Menschen. Aus diesem Grund war es allgemein üblich, nach der Hochzeit den Vornamen der Frau mit dem Familiennamen des Mannes zu verbinden. Das Zufügen des Familiennamens sollte Harmonie mit dem Ehemann und dessen Familie herstellen; der Frau sollten die Vorteile der neuen Familie und deren Namen zuteil werden. Doch wird das Zufügen des Familiennamens des Mannes nicht generell die angestrebte Harmonie mit sich bringen. Mitunter kann sich die Namensnummer der Frau durch den neuen Namen in eine feindliche Nummer verwandeln, so daß sich für sie nach der Heirat im zwischenmenschlichen und sozialen Bereich oder im Geschäftsleben plötzlich Probleme ergeben. Das Zufügen des Familiennamens des Ehemannes verändert die Identität der Frau und beeinflußt auch ihre Psyche. Es lohnt sich also, die Namensnummer des Ehepartners genau zu prüfen, bevor man seinem Namen etwas zufügt bzw. ein Wort oder einen Buchstaben wegläßt. In manchen Fällen kann der neue Name aber auch mehr Glück bringen. Die Namensnummer ist sehr wichtig für Menschen, die im Bereich des öffentlichen Lebens tätig sind, wie beispielsweise für Politiker, Künstler, Schriftsteller, Architekten usw., da der Effekt der Namensnummer, im Gegensatz zur psychischen und Schicksalsnummer, auch dann noch fortbesteht, wenn die Seele den Körper bereits verlassen hat.

Die Namensnummer kann auch dahingehend verändert werden, daß sie besser mit der psychischen bzw. besser mit der Schicksalsnummer harmoniert. Harmonie zwischen Namensnummer und psychischer Nummer wirkt sich positiv im Bereich der Freundschaften und des sozialen Lebens aus. Menschen, deren Namens- und Schicksalsnummer harmonieren, werden selbst nach ihrem

Tode der Nachwelt im Gedächtnis bleiben. Die Namensnummer erzeugt ein Schwingungsmuster, mit dem man sich ein Leben lang identifiziert. Von allen Buchstaben eines Namens, hat der Anfangsbuchstabe den größten Einfluß. So hat beispielsweise im Namen *Harish Chandra Johari* das *H* die stärkste Wirkung.

Der Einfluß der Doppelzahlen
Obgleich die Numerologie letztendlich nur mit 3 einzelnen einstelligen Zahlen – der psychischen, Schicksals- und Namensnummer – rechnet, haben die Doppelzahlen, aus denen sich die einfachen Nummern ergeben, auch eine Bedeutung. Betrachten wir beispielsweise die psychische Nummer: Menschen, deren Geburtsdatum auf eine einfache ganze Nummer von 1 bis 9 fällt, sind rein diese psychische Nummer. Jene, die ein zweistelliges Geburtstagsdatum haben, vom 10. bis zum 31., werden von beiden Ziffern, aus denen sich die Nummer zusammensetzt, *und* von der sich daraus ergebenden einstelligen Zahl beeinflußt.
Nummer 1 Menschen, ob sie nun am 1., 10., 19. oder 28. irgendeines Monats geboren sind, besitzen generell ein galliges (Pitta-) Temperament und sind häufig aktiv. Trotzdem unterscheiden sie sich voneinander. So gelten Menschen, die an einem 1. geboren sind, und daher als «reine» 1er bezeichnet werden, als «Glückskinder». Jene, die an einem 10. geboren sind, gelten als etwas weniger glücklich; die am 19. geborenen neigen dazu, äußerst selbstbewußt und bestimmt aufzutreten, und die am 28. geborenen machen einen ruhigeren Eindruck und sind fleißiger als die anderen 1er. Diese Unterschiede entstehen durch den gemeinsamen Einfluß ihrer Doppelzahlen(10, 19, 28). Beim Geburtsdatum des 19. beispielsweise, werden sowohl der Nummer 1 als auch der Nummer 9 ein galliges Temperament zugeschrieben. 9er (Mars) Menschen machen 1er (Sonne) ärgerlich und impulsiv. Beim Geburtsdatum des 28. wird die 2 vom stets veränderlichen Mond beherrscht, die 8 wird vom Saturn beeinflußt, einem langsam laufenden Planeten, der bewirkt, daß Dinge sich sehr langsam entwickeln und mit Verzögerung geschehen.
Der Einfluß der ersten Ziffer einer Doppelzahl ist stärker als jener der zweiten, da die erste Zahl bestimmt, welcher Serie die Doppel-

zahl angehört. Das Geburtsdatum des 12. (1+2) gehört zur Einser-Serie (zu den Nummern von 1-19); wogegen das Geburtsdatum vom 21. (2+1) zur Zweier-Serie gehört (alle Zahlen von 20-29). Die Quersumme beider Kombinationen ergibt eine 3. Doch unterscheiden sich die Dreier, die am 3. eines Monats geboren sind, von jenen, die am 12. oder am 21. zur Welt kamen. Die Nummer 1 dominiert im Leben der am 12. geborenen Menschen, und die 2 dominiert im Leben der am 21. eines Monats geborenen. So werden Menschen, auch wenn sie eine gemeinsame Nummer haben, von den zweistelligen Ziffern ihres Geburtsdatums (wie dem 10., 19. oder 18.) unterschiedlich beeinflußt.

Um die Persönlichkeit eines Menschen möglichst genau zu verstehen, müssen wir – neben der einfachen ganzen Zahl – auch die Kombinationszahl in Betracht ziehen. Dabei erweitert sich automatisch unser Informationsspektrum, denn jede Nummer, die sich aus einer Doppelzahl ergibt, stellt wiederum eine eigenständige Persönlichkeit dar. Langsam entwickeln wir dann auch ein klares Verständnis für diese Zahlen. Solange wir nur in Begriffen von 9 Nummern denken, ist die Projektionsleinwand begrenzt. Spielen wir aber zudem mit den Kombinationen der 9 Zahlen und mit der Null, scheint sich die Leinwand unendlich zu erweitern. Sowie wir unseren Wahrnehmungsbereich erweitern, indem wir eine Sache von mehreren Gesichtspunkten aus betrachten, setzen wir Intuition frei. Numerologisch zu arbeiten heißt, daß wir uns ein Bild von einer Nummer machen, in Übereinstimmung mit dem Himmelskörper, der sie beeinflußt, und dann beobachten, inwieweit das Verhalten der Menschen dem Schwingungsbereich entspricht, der mit dieser Nummer identisch ist. Numerologie ist nicht nur zusammenzählen, abziehen, teilen und malnehmen. Ein Numerologe benötigt zahlreiche Informations-«Chips» für seinen «Computer». Je mehr Chips, desto mehr Variationsmöglichkeiten ergeben sich. Zuerst muß er die neun Zahlen als neun Grundcharaktere verstehen lernen und dann das «Mischtemperament» der Doppelzahlen begreifen. Wenn der Numerologe sich die Bilder der Doppelzahlen als eigenständige Persönlichkeiten ins Gedächtnis eingeprägt hat, kann er die typischen Eigenschaften eines Individuums jederzeit genauer bestimmen.

Es ist wichtig, die folgenden Punkte zu verstehen:

- Alle Zahlen sind geheimnisvolle Mittler kosmischer Energie. Sie sind Symbole und keine wirklich existierenden Einheiten.
- Zahlen stehen mit den Gestirnen in Verbindung und werden von ihnen beeinflußt.
- Die meßbaren Frequenzen, die die Himmelskörper aussenden, beeinflussen unser Temperament.
- Zahlen sind ein Schlüssel zur menschlichen Persönlichkeit und zu jeglicher Form begrenzter Existenz.
- Alle Nummern haben sowohl positive als auch negative Seiten.

Nummern im Vergleich

Generell gilt die Regel: Alle Nummern sind gut. Bei näherer Betrachtung werden wir aber feststellen, daß einige Nummern zwar schwierige psychische Nummern, dafür aber gute Schicksalsnummern sind und umgekehrt. Beispielsweise ist es schwierig, mit einer psychischen Nummer 1 zurechtzukommen, aber als Schicksalsnummer wird die 1 zur Glückszahl. Die Nummer 2 ist eine gute psychische Nummer, bringt jedoch als Schicksalsnummer Schwierigkeiten mit sich. Die Nummer 3 ist eine gute psychische Nummer, bereitet aber als Schicksalsnummer Probleme. Die Nummer 4 ist eine gute psychische Nummer, bringt aber als Schicksalsnummer Schwierigkeiten. Die Nummer 5 ist gut als Schicksalsnummer. Die Nummer 6 ist für Frauen eine gute psychische Nummer; als Schicksalsnummer ist die Nummer 6 weder für Frauen noch für Männer gut, obgleich die 6 eine freundliche Nummer ist und oft Hilfe von Freunden erhält. Die Nummer 7 ist eine gute Schicksalsnummer (sie ist meine Schicksalsnummer!), doch als psychische Nummer macht sie die Person egozentrisch, verträumt und schwer erreichbar. Die Nummer 8 ist gut als psychische Nummer, aber nicht als Schicksalsnummer. Die Nummer 9 ist gut als Schicksalsnummer, bereitet aber als psychische Nummer Schwierigkeiten, vor allem was eheliche oder eheähnliche Partnerschaften betrifft. Wenn wir die einzelnen Nummern besprechen, werden wir sehen, daß es durchaus hilfreich sein kann, bestimmte Edelsteine zu tragen oder Namensveränderungen in Übereinstimmung mit der Schicksalsnummer vorzunehmen.

Um ausführliche Informationen über eine Person zu erhalten, genügt eine einzige Nummer nicht. Die Mehrzahl der numerologischen Systeme stimmen darin überein, daß alle drei Zahlen – die psychische Nummer, die Namens- und Schicksalsnummer – bekannt sein sollten.

Wie sich die einzelnen Nummern miteinander vertragen

Manchmal harmonieren alle drei Nummern einer Person ausgezeichnet miteinander und manchmal nicht. Die Nummern 3, 6 und 9 vertragen sich gut; 3, 5 und 7 und 2, 5 und 7 vertragen sich weniger gut miteinander. Wenn die Nummern untereinander verträglich sind, gestaltet sich das Leben harmonischer. Je unterschiedlicher diese Zahlenwerte sind, desto problematischer wird das Leben. Menschen mit unverträglichen Nummern beschweren sich häufig, daß sie keiner versteht. Sie kommen nicht auf die Idee, den Grund dafür in numerologischer Disharmonie zu suchen – beispielsweise in einer Unverträglichkeit ihrer Namens- und Schicksalsnummer.

Manchmal ändern Menschen ihren Namen und ihr soziales Umfeld reagiert plötzlich ganz anders auf sie. Der Name spielt im Leben eine wichtige Rolle. Oft wird sogar ein Phantasiename – wie «Mickey Mouse» – legendär. Ein harmonisches Verhältnis von Schicksals- und Namensnummer hat großen Einfluß auf das Leben. Indische Straßenastrologen können häufig Fremden im Vorbeigehen sehr viel sagen, selbst wenn sie nur den ersten Buchstaben ihres Vor- oder Rufnamens kennen. Die Persönlichkeit, die man für die Außenwelt darstellt, wird stark von der Schicksals- und der Namensnummer mitgeprägt. Harmonie zwischen diesen Nummern ist sehr wichtig, wenn man möchte, daß die gegenwärtigen Karmas (Taten, Handlungen) gute Früchte bringen. Gemäß indischer Tradition, wählt der Astrologe den Namen eines Kindes aus. Damit der Name harmonisch mit der Psyche schwingt, beginnt er stets mit dem ersten Buchstaben des Mondzeichens oder Rashis des Individuums. Doch wird dieser Name dann nur von den Astrologen verwendet. Dieser Tage haben die meisten Inder zwei Namen – einen, der sich vom Mondzeichen und *Nakshatra** ableitet, und einen zweiten, der sich am Zeitgeist orientiert.

Interessierte Leser und Numerologen können sich auf einen Blick über die wechselseitige Beziehung der einzelnen Nummern informieren, wenn sie die Tabellen auf den Seiten 262 bis 267 mit der Überschrift «Entsprechungen und spezifische Wesensmerkmale der Nummern» studieren.

Wohnortnummern

Die Numerologie wird überwiegend für die Beurteilung zwischenmenschlicher Beziehungen zu Rate gezogen. Man kann sie aber auch anwenden, um festzustellen, wie die Beziehungen von Personen zu Objekten, Hausnummern, Straßennummern und Nummern von Ländern oder Städten sind. Wohnortnummern umfassen die Hausnummer, die Nummer der Straße und die Nummer der Stadt, des Ortes oder Landes. Bei der Berechnung der Haus- bzw. Straßennummer sollten mehrstellige Ziffern zusammengezählt werden, bis sich aus der Quersumme eine einfache ganze Nummer ergibt. Die Nummer der Stadt, des Ortes oder Landes wird berechnet, indem man den numerischen Wert der Buchstaben, die den Namen der Stadt oder des Landes bilden, zusammenzählt (auf Seite 10 finden Sie die numerischen Werte der Buchstaben). Diese separaten Nummern der einzelnen Namen werden jedoch nicht miteinander zu einer einfachen ganzen Zahl verbunden. Da jeder Name separat eine individuelle Beziehung zur Schicksalsnummer hat, während der Zeit, in der man in einer Stadt, einem Ort oder Land lebt, muß der numerische Wert jedes Namen einzeln in Betracht gezogen werden. Verträgt sich die Nummer des Wohnorts, den man erwerben oder mieten möchte, nicht mit der Schicksalsnummer, ist von einem Kauf oder Umzug abzuraten.

---

* Nakshatras sind dem westlichen Astrologen als Mondhäuser oder Mondkonstellationen bekannt. Nähere Information ist dem Buch «Die sanfte Kraft der edlen Steine» von Harish Johari (Windpferd Verlag), Seite 46/47, zu entnehmen.

28

Numerologie und Ayurveda

Gemäß Ayurveda, der altindischen Heilkunde und Gesundheitslehre, wird unser Temperament – bzw. unsere chemische Eigenart – von den sogenannten drei Humoren (*Doshas*): Wind (Vayu oder Vata), Galle (Pitta) und Schleim (Kapha) geprägt. Der Planet, der das Sonnenzeichen des Individuums beherrscht, bewirkt auch, daß der ihm entsprechende Humor im Körper des Individuums dominiert (siehe Tabelle Seite 262 ff.). Diese chemische Eigenart, die das physikalische und mentale Milieu im Körper prägt, interpretiert unser Geist als Stimmungen und Emotionen. Solange sich die drei Humoren oder Doshas im Körper im harmonischen Verhältnis zueinander befinden, ist ein Mensch gesund. Gerät aber einer (oder gar zwei) der Humoren aus dem Gleichgewicht, entstehen spezifische Krankheitsbilder. In den Kapiteln der einzelnen Nummern werden unter der Überschrift «*So bringt man den inneren und äußeren Lebensraum ins Gleichgewicht*» Krankheiten nach ayurvedischen Gesichtspunkten besprochen, die typisch für die einzelnen Nummern (bzw. die einzelnen Planeten und Konstitutionstypen) sind.

Das Fasten wir im ayurvedischen System häufig als eine Methode zur Reinigung und Entschlackung des Körpers empfohlen. Fasten bedeutet hier aber nicht vollständiger Verzicht auf Nahrung. Sinn des Fastens ist es, am Fastentag eine bestimmte geistige Einstellung aufrechtzuerhalten. Man sollte versuchen, diesen Tag von übermäßigen Aktivitäten frei zu halten, um sich entspannen zu können; das heißt aber nicht, daß man sich ins Bett legen sollte, um zu schlafen. Man sollte zur Ruhe kommen, Streß meiden und nur einmal am Tag etwas essen, und zwar am Abend nach der Meditation. Abhängig von der individuellen Nummer, werden spezielle Nahrungsmittel als Fastenspeise empfohlen. Am Fastentag sollten Ärger, aggressive Gedanken, Negativität gemieden werden, auch auf Sexualverkehr sollte eine Nacht vor dem Fastentag und am Fastentag selbst verzichtet werden.

Der pharmazeutische Aspekt der Ayurveda schließt die Einnahme oder lokale Anwendung bestimmter Edelsteinpulver ein, um den Körper elektrochemisch zu heilen. Edelsteine sind Mineralien in reinster kristalliner Form; sie entstehen, wenn die Erde die Form geschmolzener Lava hat. Auch unser Körper besteht aus diesen

Mineralstoffen, und ein Mineralstoffmangel verursacht Krankheiten. Durch Einnahme von Edelsteinpulvern wird der Körper mit allen Mineralstoffen versorgt, die für einen ordnungsgemäßen Stoffwechselablauf notwendig sind und uns gesund erhalten. Wenn Edelsteine in Form von Ringen oder Ketten getragen werden, reagieren sie durch das Licht und beeinflussen das elektromagnetische Feld des Körpers, indem sie ein elektromagnetisches Gleichgewicht im Körper schaffen. Spezielle Rituale bereiten den Körper darauf vor, Energie zu absorbieren und sich den chemischen Veränderungen anzupassen.

Herr-schende Nummer	Planet	Guna (Eigenschaft)	Verhaltensweise	Temperament
1	Sonne	Sattva (Essenz)	Rajas (aktiv)	Pitta (Galle)
2	Mond	Tamas (Trägheit)	Sattva (ruhig)	Kapha (Schleim)
3	Jupiter	Rajas (Aktivität)	Sattva (ruhig)	Kapha (Schleim)
4	Rahu	Rajas (Aktivität)	Rajas (aktiv)	Vata (Wind, Luft)
5	Merkur	Rajas (Aktivität)	Rajas (aktiv)	Vata (Wind, Luft)
6	Venus	Tamas (Trägheit)	Rajas (aktiv)	Kapha (Schleim)
7	Ketu	Tamas (Trägheit)	Rajas (aktiv)	Kapha (Schleim)
8	Saturn	Rajas (Aktivität)	Tamas (träge)	Vata (Wind, Luft)
9	Mars	Sattva (Essenz)	Tamas (zornig)	Pitta (Galle)

Mischtemperament

Im Falle eines 1er Menschen, der am 28. Tag eines Monats geboren ist, läßt die 2 vermuten, daß der Schleim (Kapha) im Temperament überwiegt, und die vom Saturn beherrschte 8, weist darauf hin, daß auch der Wind (Vayu) verstärkt tätig ist. Beide Humoren beeinflussen gemeinsam das Temperament einer Nummer 28 und bewirken, daß diese Menschen häufig unter Erkältungskrankheiten, Husten und Blähungen (Probleme mit den Körperwinden) zu leiden haben. Auch ist diese Nummer 1 – durch den gemeinsamen Einfluß der Nummern 2 und 8 – weniger autoritär als jene 1er, die am 1. eines beliebigen Monats geboren sind.

30

Die Zahlen in der Mythologie

In diesem Buch betrachten wir die Zahlen nicht nur als Mittler der Gestirne, wir sehen sie auch als Mittler der geheimnisvollen göttlichen – oder kosmischen – Energie. Die Weisheit, die aus den Geschichten der Mythen spricht, kann dem Numerologen helfen, die spezifischen Wesensmerkmale der Zahlen klarer zu sehen. Westliche Numerologen können diesbezüglich auf die westliche Mythologie zurückgreifen, doch kann das in der traditionellen Hindumythologie enthaltene Wissen zusätzliche Einsicht bringen. Die Fülle an mythologischer Information erlaubt es leider nicht, in diesem Buch näher darauf einzugehen, doch verdient dieses Thema durchaus gesonderte Aufmerksamkeit.

Exaltierte Nummern

Die exaltierte Nummer bezieht sich auf eine einfache Nummer (psychische Nummer, Schicksals- oder Namensnummer), die durch die spezifische Kombination einer Doppelzahl entsteht. Beispielsweise werden Menschen, deren einfache Nummer 1 sich aus der 28 ergibt, im Hintergrund eine besondere Kraft empfinden, die sie erfolgreicher werden läßt, als andere 1er. Die Nummer 1 kann sich aus den Nummern 1, 10, 19, 28, 37, 46, 55, 64, 73, 82, oder 91 ergeben. Aber eine 1, die sich speziell aus der 28 ergibt, bezeichnet man als exaltiert.

Das gleiche gilt für die 2, die sich aus 29 ergibt, für 3 aus 12, 4 aus 31, 5 aus 23 und 32, 6 aus 24 und 33, 7 aus 25 und 34, 8 aus 26 und 35, und 9 aus 27 und 36; die einfachen Nummern aus diesen Zahlen sind alle exaltiert. Bei der Bestimmung, welche der Zahlen exaltiert ist und welche nicht, geht man davon aus, daß eine Doppelzahl als Konjunktion (das Zusammentreffen) zweier Planeten zu betrachten ist. Aus dem spezifischen Effekt dieses Zusammentreffens kann der Numerologe ersehen, welche numerologischen Verbindungen dynamisch wirken und welche nicht. Kennt er die Wirkung, den die Konjunktion auf Vata, Pitta, Kapha (die drei Humoren oder Doshas) ausübt, kann er auf die geistige und körperliche Konstitution eines Menschen, der an einem Datum mit einer Doppelzahl geboren ist, schließen. Ergibt die Konjunktion ein ausgeglichenes Temperament, gilt sie als exaltiert.

Die Zusammenfassung «Entsprechungen und spezifische Wesensmerkmale der Nummern» auf Seite 262–267 enthält alle exaltierten
Nummern der neun einfachen Zahlen. Studieren sie diese Tabelle
genau,

- ehe Sie sich eine Meinung über eine Person oder ein Paar
  bilden, und
- bevor Sie etwas Neues beginnen.

Im Kapitel der Doppelzahlen werden die besonderen Merkmale
dieser exaltierten Nummern ebenfalls beschrieben.

In jedem der folgenden Kapitel besprechen wir detailliert, den Planeten, der die jeweilige Nummer beherrscht, wie die Nummer als
psychische-, als Namens- und als Schicksalsnummer wirkt und wie
sich die zwischenmenschlichen Beziehungen der einzelnen Nummern gestalten (z.B. die Beziehung zwischen einer psychischen
Nummer 1 und einer psychischen Nummer 3; oder die Beziehung
der Menschen mit einer Namensnummer 4 und einer Namensnummer 7 usw.).

Denken Sie daran: Ungerade Zahlen sind dynamisch, gerade Zahlen sind statisch. Das Zusammentreffen freundlicher Nummern
bringt zwar Entspannung, macht aber inaktiv; feindliche Nummern
sind die eigentlichen Freunde, da ihr Zusammentreffen Wachsamkeit und Aktivität mit sich bringt – die notwendigen Voraussetzungen für die Entwicklung und das Wachstum des Menschen.

DAS VEDISCHE QUADRAT

Das Vorhandensein magischer Quadrate, die den einzelnen Planeten zugeordnet sind und als astrologische Yantras bezeichnet werden, beweist, daß die mystische Kraft der Zahlen im alten Indien schon lange bekannt war. Ein gutes Beispiel für dieses Wissen ist das *Vedische Quadrat*, über dessen Herkunft in Indien allerdings nicht mehr viel bekannt ist. Die Muster jedenfalls, die sich aus diesem Quadrat ergeben, schmücken als dekorative Elemente viele Paläste und Heiligtümer in allen Landesteilen Indiens. Auch wenn das Quadrat im heutigen Indien nicht mehr sehr populär ist, hat es doch in der Vergangenheit eine wichtige Rolle gespielt. Zahlreiche moslemische Künstler und Handwerker haben aus dem Vedischen Quadrat ihre Muster bezogen.

Ein Buch mit dem Titel «Islamic Patterns»* zeigt Dutzende fantastischer Ornamente und Muster, die aus dem Vedischen Quadrat hervorgegangen sind. Das Quadrat selbst ist eine Tabelle multiplizierter Zahlen. Die Doppelzahlen, die beim Malnehmen einstelliger Zahlen entstehen, werden hier wieder zu einzelnen ganzen Zahlen reduziert (z.B. 7 x 6 = 42; 4 + 2 = 6). Diese Verwendung einstelliger Zahlen ist das Außergewöhnliche und Bedeutsame am Vedischen Quadrat. Die ständige Wiederholung der Zahlen von 1 bis 9 kommt klar zum Vorschein (siehe Seite 37).

* Keith Critchlow, *Islamic Patterns: An Analytical and Cosmological Approach»*, London, Thames & Hudson, 1984.

Mit Ausnahme der Zahlen 3 und 6 erscheint jede Zahl in sechs Quadraten. Die Zahlen 3 und 6 erscheinen in 12 Quadraten. Die Zahl 9 ist einzigartig im Vedischen Quadrat; sie wiederholt sich 21 mal!

Verbinden wir die Mittelpunkte der Quadrate von jeweils einer der neun Zahlen miteinander, ergibt sich ein Diagramm. Das diese Grundmuster die Handwerker der islamischen Welt dazu inspirierten, wunderschöne ineinander verschlungene Ornamente zu entwickeln, illustriert das bereits zuvor erwähnte Buch «Islamic Patterns».

Auch für Numerologen sind diese Muster interessant. Ich verwende sie, um zu sehen, wie die Zahlen optisch zueinander passen. Damit auch interessierte Leser und Numerologen sich an ihnen optisch orientieren können, haben wir die Muster der Zahlen hier abgedruckt. Die Formen, die sich aus dem Vedischen Quadrat ergeben, sind streng geometrisch. Wenn wir uns intensiv mit diesen Mustern beschäftigen, aktivieren wir automatisch beide Gehirnhemisphären; damit erhält der intuitive Bereich unseres Gehirns Gelegenheit, an das Informationspotential zu kommen, das in den Figuren latent vorhanden ist.

Wenn wir die Mittelpunkte der 6 Quadrate miteinander verbinden, in denen sich die Ziffer 1 wiederholt, erhalten wir das Muster der Nummer 1. Legen wir dieses Muster über andere Muster, die wir auf gleiche Weise von anderen Zahlen gebildet haben, können wir uns ihre wechselseitigen Beziehungen optisch genau betrachten. Malen wir diese Quadrate dann noch mit den Farben der Planeten an, mit denen die einzelnen Zahlen in Beziehung stehen, erhalten wir aufschlußreiche farbige Motive. So können wir uns im wahrsten Sinn des Wortes «ein Bild» von uns machen, indem wir die Muster, die sich aus unserer psychischen Nummer und aus unserer Namens- und Schicksalsnummer ergeben, übereinander legen (wie wir die einzelnen Zahlenwerte dieser Nummern ausrechnen ist auf den Seiten 17 – 22 beschrieben).

Im folgenden erklären wir das Prinzip des Vedischen Quadrats und zeigen die verschiedenen Zahlenmuster, die sich aus dem Quadrat ergeben.

So ensteht das Vedische Quadrat

1	2	3	4	5	6	7	8	9
2	4	6	8	10	12	14	16	18
3	6	9	12	15	18	21	24	27
4	8	12	16	20	24	28	32	36
5	10	15	20	25	30	35	40	45
6	12	18	24	30	36	42	48	54
7	14	21	28	35	42	49	56	63
8	16	24	32	40	48	56	64	72
9	18	27	36	45	54	63	72	81

1	2	3	4	5	6	7	8	9
2	4	6	8	1	3	5	7	9
3	6	9	3	6	9	3	6	9
4	8	3	7	2	6	1	5	9
5	1	6	2	7	3	8	4	9
6	3	9	6	3	9	6	3	9
7	5	3	1	8	6	4	2	9
8	7	6	5	4	3	2	1	9
9	9	9	9	9	9	9	9	9

Berechnungen für das Vedische Quadrat   *Das Vedische Quadrat*

Das Vedische Quadrat ist ein Quadrat mit 9 Feldern, in denen die multiplizierten 9 Grundzahlen stehen. Zur Erstellung des vedischen Quadrats benötigen wir auf allen Seiten des Quadrats 9 gleichgroße Unterteilungen. Verbinden wir die Unterteilungspunkte auf allen Seiten miteinander, entsteht ein Quadrat mit 81 gleichgroßen Einheiten. Nun schreiben wir in die oberste Reihe von rechts nach links und in die erste linke senkrechte Reihe von oben nach unten die Zahlen von 1 bis 9. Die weiteren Reihen entstehen, indem man die Elemente in diesen beiden Reihen multipliziert. Alle Doppelzahlen werden (durch Zusammenzählen) zu einstelligen ganzen Zahlen reduziert. Die Zahlen in der zweiten Querreihe des Vedischen Quadrats entstehen nach folgender Methode:

$$2 \times 1 = 2 \qquad 2 \times 6 = 12 = 3$$

$$2 \times 2 = 4 \qquad 2 \times 7 = 14 = 5$$

$$2 \times 3 = 6 \qquad 2 \times 8 = 16 = 7$$

$$2 \times 4 = 8 \qquad 2 \times 9 = 18 = 9$$

$$2 \times 5 = 10 = 1$$

Die zweite Reihe lautet also: 2, 4, 6, 8, 1, 3, 5, 7, 9; die dritte Reihe lautet: 3, 6, 9, 3, 6, 9, 3, 6, 9; die vierte Reihe lautet: 4, 8, 3, 7, 2, 6, 1, 5, 9; und die weiteren Reihen ergeben sich nach dem gleichen Schema.

Die Nummer Neun

Eines wird dabei sofort ganz deutlich sichtbar, das ständige Auftreten der Nummer 9. Wir sehen, daß diese elegante Zahl den rechten und den unteren Rand des Quadrates ganz alleine besetzt. Neun, die letzte der Zahlen, verändert sich nicht, alle Multiplikationen der 9 ergeben wieder 9. Gleichgültig, welche Zahl der 9 auch immer zugefügt wird, die zugefügte Zahl bleibt was sie ist, und die 9 verliert nie ihre Identität:

$$9 + 1 = 10 = 1$$

$$9 + 2 = 11 = 2$$

$$9 + 3 = 12 = 3 \text{ usw.}$$

Bei dieser Betrachtung des Vedischen Quadrats entdecken wir etwas, was für das Hindu-Numerologie-System sehr typisch ist. Da sich keine Zahl verändert, wenn wir ihr eine 9 hinzufügen, nehmen wir die 9 (bzw. alle Zahlen, die beim Zusammenzählen eine 9 ergeben) einfach heraus, bevor wir mit der Kalkulation beginnen.
Es ist einfacher und energiesparender, die 9 wegzulassen, wenn wir einstellige ganze Zahlen errechnen. Wollen wir eine einstellige Zahl vom Geburtsdatum des 12. Mai 1934 erstellen, gehen wir demnach folgendermaßen vor:

12+5+1934

$$1 + 2 + \not5 + 1 + \not9 + 3 + \not4 = 1 + 2 + 1 + 3$$

Dann zählen wir die verbleibenden einstelligen Zahlen zusammen:

$$1 + 2 + 1 + 3 = 7$$

Das gleiche gilt, wenn wir eine einstellige Zahl aus folgenden Zahlen bilden:

187632954

wir streichen die 9 sowie folgende Kombinationen:

1 und 8 (= 9)

6 und 3 (= 9)

7 und 2 (= 9)

5 und 4 (= 9)

Da wir alle Nummern streichen können, bleibt letztendlich die einstellige Zahl 9 übrig. Um schneller und einfacher zu kalkulieren, können wir also die Zahl 9 einfach weglassen. Nach dem Hindusystem befindet sich die 9 jenseits der «Oktave der Prakriti» (der Oktave des manifestierten Universums). Die manifestierte Prakriti oder «Uranfängliche Natur», setzt sich aus den *drei Gunas* oder Energiequalitäten (3) und fünf Elementen (5) zusammen. Da sich die Neun jenseits dieser vergängliche Natur befindet, ist sie die Zahl des unveränderlichen *Purusha* (Bewußtseins).
Die acht Zahlen der Prakriti plus Eine, der Purusha, ergeben neun, die manifestierte Welt der Namen und Formen. Dieser eine Purusha wird viele und erzeugt zusammen mit der achtfältigen Prakriti Formen. Betrachten wir die Multiplikationen der Zahl 8 im Vedischen Quadrat, werden wir eine allmähliche Reduktion

feststellen – von 8 zu 7 zu 6 (8 x 1 = 8, 8 x 2 = 16 = 7, 8 x 3 = 24 = 6) usw. bis zur 1; wird dann die 8 mit 9 malgenommen, erreicht sie wieder ihre volle Stärke und wird 9 (8 x 9 = 72 = 9). Sie kommt wieder zurück zu sich selbst, wenn sie mit 10 (die eine 1 mit einer Null ist) malgenommen wird. Sie kommt also wieder zu ihrer Grundzahl 8 mit einer Null: 8 x 10 = 80 = 8; und kann mit 1 und 2 usw. eine 8er Serie bilden, bis zur Zahl 89, wo sie die Verbindung mit der Zahl 9 eingeht, die sie ablöst und ihre eigene Serie beginnt. Neun ist die Zahl des Purusha und steht für die Vollendung. Acht ist die Zahl der Prakriti, der Uranfänglichen Natur, die sich allmählich reduziert, um anderen Zahlen die Möglichkeit zur Entwicklung zu geben.

Aus dieser Denkweise, die auf mathematischen Grundlagen basiert, entwickelte sich die Wissenschaft der Zahlenmystik, die sogenannte Numerologie. Diese Wissenschaft geht beim Studium der Zahlen davon aus, daß die Zahlen Repräsentanten kosmischer Energien sind, und daß sie verborgene Kräfte und einen tieferen Sinn in sich tragen. Seitdem man der Uranfänglichen Natur eine Zahl zuordnete, sie als «achtfältig» betrachtete, und die gesamte Existenz durch die Vehikel der 5 Elemente und 3 Gunas (Energiequalitäten) wahrnahm, wurde es dem menschlichen Geist möglich, die Einheit in der Vielfalt zu sehen und die grundlegenden Gesetze zu erforschen, die an der Basis jeglicher Existenz tätig sind. Als der Mensch das «Nichtzählbare» zu Zahlen reduzierte und mit Hilfe der Zahlen über das Unbekannte nachzusinnen begann, begriff er, daß die neun Grundzahlen nicht nur einfache Zahlen, sondern auch als Vertreter der kosmischen Energien sind. Bald begann jede Zahl die Gestalt einer eigenen Persönlichkeit anzunehmen, mit deren Hilfe der Mensch das Kräftespiel hinter zwischenmenschlichen Beziehungen und Objekten leichter wahrnehmen und besser verstehen kann.

Das Spiel der Gegensätze

Das Vedische Quadrat enthüllt klar das Spiel der Gegensätze, das sich beim Malnehmen der Zahlen ergibt. Das optische Muster, das bei einer Verbindung der Zahl 1 mit der Zahl 4 entsteht, bildet eine Diagonale, die den oberen linken mit den unteren rechten Teilen des Quadrates verbindet. Und das Muster, das entsteht, wenn wir die Zahl 5 mit der Zahl 8 zusammenbringen, ist das genaue Gegenteil, die obere rechte Ecke verbindet sich mit dem unteren linken Teil des Quadrats. Das Muster der 1 ist das genaue Gegenstück der 8, so wie 2 und 7, 3 und 6, 4 und 5 genaue Gegenstücke sind. Die Neun bildet ihr eigenes einzigartiges Muster, das sich mit keiner der anderen Zahlen des Vedischen Quadrates ergänzt.

Diese «Gegensätze der Natur» kann man auch in den Zahlenreihen des Vedischen Quadrats erkennen. In der Spalte 1 des Vedischen Quadrats entwickeln die Zahlen sich folgerichtig von 1 bis 9, wogegen in der Spalte 8, die das Gegenstück der Zahl 1 ist, die Zahlen in umgekehrter Reihenfolge verlaufen. Ähnlich verhält es sich mit den Zahlen 2 und 7, 3 und 6, 4 und 5.

Spalte 1 & 8		Spalte 2 & 7		Spalte 3 & 6		Spalte 4 & 5	
1	8	2	7	3	6	4	5
2	7	4	5	6	3	8	1
3	6	6	3	9	9	3	6
4	5	8	1	3	6	7	2
5	4	1	8	6	3	2	7
6	3	3	6	9	9	6	3
7	2	5	4	3	6	1	8
8	1	7	2	6	3	5	4
9	9	9	9	9	9	9	9

Bemerkenswert ist, daß alle Zahlen erst zur 9 zurückkehren, bevor sie mit 10 multipliziert werden und ihre eigene Zahlenserie beginnen (weitere Einzelheiten über diese Serien enthält der Text zur Null auf Seite 12/13).

Diese numerologischen Gegensätze kommen auch zum Vorschein, wenn wir die Zahlen den kosmischen Energien zuordnen, die unser Sonnensystem beeinflussen:

1	Sonne	Licht
8	Saturn	Dunkelheit
2	Mond*	gefühlsgebunden
7	Ketu	losgelöst
3	Jupiter	Lehrer der Gottheiten
6	Venus	Lehrer der Dämonen
4	Rahu	nachteilig, mißgünstig
5	Merkur	nützlich, unterstützend

Wie das Vedischen Quadrat zeigt (siehe Seite 37), bilden gegensätzliche Zahlen, wenn wir sie miteinander verbinden, das gleiche – nur eben entgegengesetzte – Grundmuster. Das die Sonne (1) und ihr Gegenspieler, der Saturn (8), astrologisch betrachtet, völlig unterschiedliche Energien präsentieren – kommt sowohl in ihrem optischen- als auch in ihren Verhaltensmustern zum Ausdruck. Das Vedische Quadrat hilft uns also, die wechselseitigen Beziehungsmuster der Zahlen optisch sichtbar zu machen. Es liefert jedoch keine Information über ihr mystisches Potential, das uns jederzeit das Unbekannte enthüllen kann. Hierfür muß der Numerologe sich auf Informationen zahlreicher anderer Quellen stützen, wie beispielsweise auf die der Mythologie, der Astrologie und der Kabbala.

* gemäß der indischen Astrologie sind Mond und Ketu Opponenten

DIE SONNE UND DIE ZAHL 1

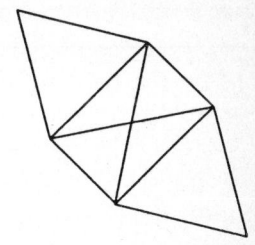

Die Sonne ist der Planet, der über alle Menschen herrscht, die am 1., 10., 19. oder 28. eines Monats geboren sind und über jene, deren Schicksals- oder Namensnummer in der Quersumme eine 1 ergibt. Die Eigenschaften der Sonne, die im folgenden beschrieben werden, kommen am deutlichsten bei Menschen mit einer psychischen Nummer 1 zum Ausdruck. Alle Planeten bewegen sich um die Sonne; sie gilt als «Vater» unseres Sonnensystems. Jegliche Form von Leben in unserem Sonnensystem bezieht ihre Lebenskraft von der Sonne. Jeder Planet, der sich in Konjunktion mit der Sonne befindet, verliert seine Kraft; ein Planet, der sich der Sonne zu sehr nähert, wird rückläufig, d. h. in der Sprache der Astrologen, er «retrogiert». Die Sonne folgt als König des Sonnensystems den gleichen Gesetzmäßigkeiten, die in den kleinsten Energiepartikeln wirken, dem «Kosmischen Gesetz». Innerhalb von 25 Tagen vollendet die Sonne, die für die Regelmäßigkeit ihrer Bewegung bekannt ist, eine Umdrehung um ihre eigene Achse.

Gemäß der Hinduschriften ist die Sonne der Aufenthaltsort der Vorfahren (Ahnen) und der erste der acht *Vasus* (Aufenthaltsorte des Bewußtseins). Der Sonnenkörper besteht aus einer lichtvollen strahlenden Masse, die mit dem bloßen Auge wahrnehmbar ist; ihr Bewußtsein wird mit dem eines *Kshatriya* (einem König der Kriegerkaste) verglichen, der einen von sieben Pferden gezogenen Streitwagen lenkt. Die sieben Pferde stellen die sieben Lichtstrahlen (bzw. Farben des Lichtspektrums) dar. Der Streitwagen bewegt sich stetig auf einem einzelnen Rad.

Die Sonne verleiht ein positives, individualistisches, verschwende-
risches und stolzes Wesens. Sie repräsentiert eine reinigende
männliche Energie. Die Sonne wird *Vishnu*, dem Gott der Erhal-
tung, zugeordnet. Sie gilt als beständig und von selbstloser Natur;
da sie Kraft, Ausdauer und Autorität ausstrahlt, wird sie als Herrscher akzeptiert. Sie regiert den Osten. Mond, Mars und Jupiter
sind Freunde der Sonne. Saturn, Venus, Rahu und Ketu (nördlicher und südlicher Mondknoten) sind ihre Feinde. Merkur hat ein
neutrales Verhältnis zu ihr.

Aus der Sicht der Astrologen bewegt sich die Sonne jeden Monat
durch eines der zwölf Tierkreiszeichen. Im Widder steht sie erhöht, d.h. sie entfaltet dort ihre volle Kraft; bis sie das Tierkreiszeichen der Jungfrau durchläuft nimmt ihre Kraft allmählich ab. In
der Waage ist die Sonnenenergie dann schon ziemlich schwach und
wenn sie das Tierkreiszeichen der Fische erreicht, hat sie die geringste Kraft. Danach nimmt ihre Strahlkraft wieder langsam zu,
bis zu ihrem Höhepunkt im Widder; sie herrscht über das Sternzeichen der Löwen.

Die Sonne beeinflußt den Intellekt. Von der Sonne beherrschte
Menschen sind mehr maskulin, autoritär, streng, willensstark,
geistreich und extravertiert; sie helfen ihren Freunden und sind
erbarmungslos zu ihren Feinden. Der Oberkörper typischer
«Sonnenmenschen» ist – ähnlich wie bei einem Löwen – stärker
entwickelt, als der untere Körperbereich. Sonnenmenschen werden berühmt und nehmen einflußreiche Positionen im Berufsleben
ein. Sie haben ein galliges Temperament. Die Sonne herrscht über
das rechte Auge, das rechte Nasenloch, *Pingala Nadi* (den rechten
Kanal in der Wirbelsäule), über die rechte Körperhälfte und über
die linke Hemisphäre im Gehirn.

NUMMER 1

Psychische Nummer 1

1 ist die psychische Nummer aller Menschen, die am 1., 10., 19.
oder 28. Tag eines Monats geboren sind.

Menschen mit der psychischen Nummer 1 werden von der Sonne

beherrscht, was darauf schließen läßt, daß sie zielstrebig sind und planmäßig handeln. Sie neigen dazu, an ihren Vorstellungen festzuhalten, vor allem, wenn Sie davon überzeugt sind, daß sie auf dem richtigen Weg sind. Sie lassen sich nur schwer dazu überreden, ihre Verhaltensweisen, Ansichten, Überzeugungen oder Entscheidungen zu ändern. Sie können ihre Pläne rasch formulieren. Sie besitzen einen klaren Verstand und haben eine besondere Einstellung zu allem was sie im Leben tun. Sie sind nüchtern, gediegen, pünktlich und drücken sich klar und eindeutig aus.

Sie haben eine ausgeprägte Individualität und benötigen viel Aufmerksamkeit und Respekt. Da sie sich selbst sehr um andere kümmern, erwarten sie umgekehrt auch, daß andere ihnen viel Beachtung schenken. Sie gewinnen leicht Freunde und brechen Freundschaften selten.

Sie sind autoritär und haben oft das Glück, von Autoritätspersonen unterstützt zu werden. Ihr Glück hilft ihnen in allen Bereichen des Lebens. Menschen mit der psychischen Nummer 1 sind meistens sehr erfolgreich.

Sie brauchen Freiraum und haben eine starke Abneigung gegen jede Art der Einschränkung; sie können es keinesfalls ertragen, wenn andere sich in ihre Angelegenheiten oder Projekte einmischen.

Sie haben eine Vorliebe für alles Neue und wenden gern die neuesten Methoden und Technologien bei allen ihren Tätigkeiten an. Sie präsentieren alte Ideen aus einem neuen Blickwinkel und stellen sie als eigene Erfindungen dar. Sie sind kreativ und erfinderisch und sehen die Dinge überwiegend positiv und optimistisch.

Sie sind robust gebaut, verfügen über mehr Lebenskraft als andere Menschen und sind fähig, auch körperlich schwer zu arbeiten. Sie besitzen Elan, sind großherzig und fleißig, frei von Neid, Bosheit und Groll. Im Berufsleben sind sie tüchtig, ehrlich und zuverlässig; sie haben meistens recht, da sie im richtigen Moment die richtigen Entscheidungen treffen. Da sie stets danach streben, in höchste Positionen aufzusteigen, machen sie Karriere. Sie arbeiten schwer, um an die Spitze zu gelangen und meist erreichen sie ihr Ziel auch. Mißerfolge machen sie betrübt, pessimistisch, ärgerlich, gereizt und deprimiert.

Menschen mit der psychischen Nummer 1 besitzen einen schöpferischen Geist voller neuer Einfälle und Ideen. Sie fördern gerne neue Projekte und neue Methoden.

Sie leben gerne luxuriös und fürstlich und investieren gern in Pomp und Show. Sie sind generell verschwenderisch, verausgaben sich für andere und kaufen teure Geschenke. Sie teilen gern und sind Gästen und Freunden gegenüber stets großzügig.

Auf religiösem Gebiet sind sie schwärmerisch und glauben häufig, mit einer besonderen Mission geboren zu sein. Sie arbeiten ständig, um ihren Auftrag gerecht zu werden, selbst wenn es Opfer kostet und beschwerlich ist.

Sie sind hartnäckig und treten dem Auf und Ab in ihrem Leben mutig entgegen, ohne die Nerven zu verlieren.

Sie schätzen es nicht, kritisiert zu werden, kritisieren aber gerne andere.

Sie besitzen gute Umgangsformen und einen guten Geschmack und haben eine Abneigung gegen Unordnung, Faulheit, Stillstand (Flauten), falschen Stolz, falsches Lob, leere Versprechungen, Egoismus und Schmeicheleien.

Sie brauchen grenzenlose Unabhängigkeit.

Sie drücken sich klar aus und erwarten knappe, präzise Antworten auf ihre Fragen.

Sie treten religiösen und sozialen Organisationen bei, verlassen diese aber wieder, wenn sie keine Schlüsselposition einnehmen können. Sie können nur helfen, wenn sie Aufmerksamkeit und Anerkennung erhalten und für ihre schwere Arbeit bewundert werden.

Sie genießen generell die Unterstützung und Zuneigung des anderen Geschlechts.

Sie sind einflußreich und beeinflussen ihre Freunde und Kollegen. Ihre aktivsten Lebensjahre sind die im Alter von 35 bis 49.

Sie sind disziplinierte, aufrichtige, praktische und ernsthafte Menschen. Sie sind außergewöhnlich freundlich, kooperativ und können ihre Nerven kontrollieren. Auch unter ungünstigen Bedingungen bleiben sie standhaft und voller Entschlußkraft. Mitunter sind sie stur und leicht gereizt.

Wie die Sonne sind sie eine Quelle des Lichtes und der Freude und dazu bestimmt, der Menschheit zu dienen.

Sie reisen gern und können sich allen Situationen leicht anpassen.

Sie genießen das Leben und wissen Kunst und Schönheit zu schätzen. Sie sind bereit, die Wahrheit zu akzeptieren und gegebenenfalls ihre Ansicht zu ändern, da Wahrheit ihnen mehr bedeutet, als persönliche Überzeugung. Sie folgen nicht den traditionellen Religionen, in die sie hineingeboren wurden. Stattdessen greifen sie die unterschiedlichsten spirituellen Ansichten auf und machen sich ihren eigenen Pfad daraus.

Sie sind sich ihres äußeren Erscheinungsbildes sehr bewußt.

Da sie generell freundlich und hilfsbereit sind, kommen sie rasch mit Fremden in Kontakt und wissen sie zu inspirieren. Sie ermutigen junge Menschen dazu, Führungspositionen einzunehmen. Sie werden in ihren gesellschaftlichen Kreisen berühmt. Wegen ihres Fleißes, ihrer Ausgeglichenheit, ihrer Freundlichkeit und Freigiebigkeit werden sie von anderen bewundert.

Ratschläge für Menschen mit der psychischen Nummer 1

Menschen mit psychischer Nummer 1 sollten an ihr Budget denken, bevor sie ihr Geld für Pomp und Show verschwenden, teure Geschenke kaufen, Geld verleihen oder in Geschäfte investieren. Sie sollten in Geldangelegenheiten keine Risiken eingehen.

Sie sollten nicht voreilig urteilen, da dies zu Fehlern führt.

Sie sollten sich davor hüten...

- zu ehrgeizig zu sein,
- zu unabhängig, gesetzlos oder rücksichtslos zu sein,
- zu autoritär, herrisch oder diktatorisch aufzutreten,
- überkritisch zu sein,
- zu prahlen,
- zu sinnlich zu werden (gilt vor allem für Männer),
- sich allein durchzukämpfen, anstatt um Hilfe zu bitten,
- über ihre Grenzen hinaus mit Freunden und Gästen zu teilen.

Schicksalszahl 1

Die 1 ist eine ausgezeichnete Schicksalszahl. Als psychische Nummer bewirkt sie, daß die von ihr beherrschten Menschen ehrgeizig sind und überaus hart daran arbeiten, erfolgreich zu sein und Herausragendes im Leben zu erreichen. Als Schicksalszahl läßt sie die Menschen die Früchte der Arbeiten anderer genießen. Menschen mit der Schicksalsnummer 1 erlangen, gewollt oder ungewollt, in ihrem Kreis Bedeutung, während Menschen mit der psychischen Nummer 1 zwar gern danach streben, bedeutend, berühmt und DIE NUMMER EINS in allen Bereichen des Lebens zu sein, aber dies nicht automatisch sind. Menschen mit der Schicksalszahl 1 gelten als Glückspilze. Sie sind mit einem gesunden Geist in einem gesunden Körper gesegnet. Sie werden zu Anführern und Chefs in ihren gesellschaftlichen Kreisen. Sie besitzen die Fähigkeit, die Zukunft klar vor sich zu sehen und entsprechend zu planen; sie haben Erfolg, ohne sich darum bemühen zu müssen. Sie erhalten unerwartet Geld und geben es leicht aus.

Menschen mit der Schicksalszahl 1 sind bekannt für ihre Güte und Geduld, ihr Organisationstalent und ihre Ausdauer. Sie haben spirituelle Interessen, sie werden Führer spiritueller Organisationen und wahrhaftige Lehrer. Als Lehrer sind sie klar, präzise, direkt und authentisch. Da die Nummer 1 in erster Linie aber eine Zahl des materiellen Wohlstands und weltlichen Erfolges ist, findet man selten herausragende spirituelle Lehrer, die diese Schicksalsnummer haben. Menschen mit der Schicksalszahl 1 sind mehr materialistisch, logisch und intellektuell. Spiritualität jedoch bedarf der Emotionalität und des Vertrauens anstelle der Logik.

Die Schicksalszahl 1 macht idealistisch, höflich, freundlich und hilfsbereit; sie bringt Ruhm und ein rasches Urteilsvermögen.

Menschen mit der Schicksalsnummer 1 haben meistens recht, doch können sie zu Zeiten, in denen die Sonne schwach ist (Oktober, November, Dezember) Fehler machen. Dies führt dann zu Enttäuschungen, doch lehren Fehler ihnen Toleranz.

Menschen mit der Schicksalsnummer 1 spornen auch ihre Kollegen zu herausragenden Leistungen an und inspirieren junge Menschen, Anführer einer Organisation zu werden. Sie sind klug, attraktiv, lächeln stets freundlich und ziehen die Aufmerksamkeit anderer an. Da sie nicht sehr romantisch sind, haben sie auf dem Gebiet der Ehe und Liebe weniger Glück. Sie sind talentierte Geschichtenerzähler.

Sie erhalten oft Hilfe von einflußreichen Persönlichkeiten des öffentlichen Dienstes.

Sofern ihre psychische Zahl und die Namensnummer mit ihrer Schicksalsnummer harmonieren (siehe Aufstellung S. 262–267), werden Menschen mit der Schicksalsnummer 1 einen kometenhaften Aufstieg erleben und in jedem Bereich des Lebens erfolgreich sein. Harmonieren diese Nummern jedoch nicht mit der Schicksalsnummer, wirken sie introvertiert. Trotzdem haben sie aber auch dann viel Glück und sind auf materieller Ebene ohne Schwierigkeiten erfolgreich. (Im Gegensatz zu Menschen, die die 1 nur als psychische- oder Namensnummer haben, und denen deshalb Erfolg nicht ohne weiteres zufällt.) Menschen mit der Schicksalsnummer 1 werden mit einem missionarischen Einstellung geboren und haben eine Aufgabe im Leben.

Frauen mit der Schicksalszahl 1

Frauen mit der Schicksalsnummer 1 widmen ihre Energie dem Familienleben, falls sie nicht in einer Organisation tätig sind. Sie schaffen eine gute Atmosphäre für Freunde, Gäste und Familienangehörige. Sie helfen Armen und Hilfsbedürftigen und werden berühmte Mutterfiguren. Sie sind unerschrocken, umsichtig, empfindsam und begegnen Schwierigkeiten mit Charm.

Sofern sie sich für eine Organisation engagieren, werden ihnen – dank ihrer guten Qualitäten – stets wichtige Funktionen anvertraut. Sie sind gesellig und haben eine königliche Art mit allem umzugehen. Sie sind bekannt für ihre Charakterstärke, ihr ordentliches und systematisches Vorgehen und ihre guten Manieren.

Männer mit der Schicksalszahl 1

Männer mit der Schicksalszahl 1, die eine politische Karriere anstreben und weder einer Partei angehören noch für eine Organisation tätig sind, werden berühmt und erlangen einflußreiche Ämter. Sie setzen ihre Energie dafür ein, die Lebenssituation armer Menschen zu verbessern. Sie sind überaus ehrgeizig, autoritär und Pioniere in ihrem Fachbereich. Als Autoren schreiben sie mit Vorliebe über wissenschaftliche Themen; ihre Ausdrucksweise ist sehr klar; ihre Themen sind authentisch.

Wenn Männer mit der Schicksalsnummer 1 sich in einer Organisation engagieren, erhalten sie die Funktion eines Bereichsleiters. Vor allem jene, die in einem Zeitraum geboren sind, in dem die Sonne ihre stärkste Kraft entfaltet oder am 28. eines Monats, werden beruflich sehr erfolgreich sein. Sie gewinnen das Wohlwollen ihrer Vorgesetzten und Untergebenen und erlangen Führungspositionen. Geschäftsleute mit der Schicksalsnummer 1 haben ihre Glücksphase im Alter zwischen 35 und 49 Jahren; sie sparen viel und legen ihr Geld zur Sicherung ihrer Zukunft in Grundbesitz und Bankrücklagen an. In späteren Lebensjahren widmen sie ihre Zeit und Energie dem Wohle der Menschheit. Politiker mit der Schicksalsnummer 1 erhalten Führungsämter in ihren Organisationen.

Namensnummer 1

Die Namensnummer 1 kann sehr nützlich sein. Menschen mit dieser Namensnummer bleiben lange Zeit bekannt. Die Namensnummer 1 allein hat aber nicht die Kraft, erfolgreich zu machen. Wird sie jedoch von einer Schicksalsnummer 1 begleitet, bringt sie viele Vorteile, wie Popularität, gute Kooperation, Ruhm und Respekt. Die 1 als Namensnummer verhilft zum Fortschritt in allen Bereichen; sie ist besonders vorteilhaft für Schriftsteller, Dichter, Musiker, Schauspieler und Führungskräfte. Die Wirkung der Namensnummer bleibt über den Tod hinaus bestehen. Sie bringt nur auf sozialem Gebiet Erfolg und Vorteile.

Verhaltensweisen, durch die wir unseren inneren und äußeren Lebensraum ins Gleichgwicht bringen können:

Wenn wir regelmäßig Fastentage einhalten, die entsprechenden Gewürze und Edelsteinpulver verwenden, mit Hilfe von Meditation, Mantrarezitation und Yantras können wir uns *innerlich* ins Gleichgewicht bringen. Die *äußeren Lebensumstände* können wir positiv beeinflussen, wenn wir für unsere Handlungen den richtigen Zeitpunkt wählen (den zunehmenden oder abnehmenden Mondzyklus berücksichtigen*), uns gute Freunde suchen (d.h. mit

* siehe auch *Atem, Geist und Bewußtsein* von Harish Johari, erschienen im Sphinx Verlag.

verträglichen Nummern Freundschaft schließen) und neue Tätigkeiten zur passenden Zeit beginnen (die schwachen und starken Perioden berücksichtigen). Am mühelosesten kommen wir mit uns selbst und dem äußeren Umfeld in Einklang, wenn wir auf den bereits vorhandenen Energiefluß achten (wie man dies macht, wird in den folgenden Abschnitten beschrieben). Die folgenden Informationen gelten für Menschen mit einer *psychischen Nummer 1*:

Schwache Perioden
Die schwachen Perioden der Nummer 1 sind die sonnenschwachen Monate Oktober, November, Dezember.
Es ist möglich, daß Menschen mit der psychsichen Nummer 1 in diesen Monaten mangelndes Interesse am Beruf und gesundheitliche Probleme haben und sich gestreßt und überfordert fühlen. Sie können dann auch finanzielle Verluste erleiden, sich unnötige Sorgen machen, für Fehler beschuldigt werden und in Verruf geraten.
In diesem Zeitraum sollten sie weder neue Pläne schmieden noch neue Projekte beginnen bzw. sich nicht auf neue Wagnisse einlassen; Investitionen, die während dieser Periode getätigt werden, bringen keine guten Einnahmen.
Für Männer mit der psychischen Nummer 1 ist es außerdem ratsam, in diesem Zeitraum auch im sexuellen Bereich nicht übermäßig aktiv zu sein.

Starke Perioden
Die starken Perioden der 1er sind vom 21. März bis 28. April und vom 10. Juli bis 20. August.
Diese Zeiträume sind hervorragend dazu geeignet, neue Projekte zu planen, Investitionen zu machen, neue Zusagen zu geben, neue Verträge abzuschließen und einen neuen Start im Berufsleben zu wagen.

Gute Daten
Der 1., 4., 10., 13., 19., 22., 28. und 31. jedes Monats sind gute Tage für Menschen mit der psychischen Nummer 1, jedoch sind der 1., 19. und 28. ganz besonders gut. Alle Tätigkeiten, die an diesen Tagen begonnen werden, gehen leicht von der Hand. Diese Daten

können sich als Wendepunkt im Leben erweisen und sind in den starken Perioden besonders glückbringend.

Gute Wochentage

Sonntag und Montag sind gute Wochentage für Menschen mit der psychischen Nummer 1. Fällt der Sonntag oder Montag auf den 19. oder 28. Tag eines Monats, ist dies noch vorteilhafter.

Vorteilhafte Farben

Die Farben Orange, Gelb, Goldgelb, Kupfer und Gold passen am besten zu Menschen mit der psychischen Nummer 1. 1er sollten diese Farben in ihrer Wohnung und am Arbeitsplatz verwenden, z.B. in Form von Vorhängen, Kissen, Tischdecken, Bettwäsche o.ä. Auch wird es für sie hilfreich sein, wenn sie während ihrer Streßphasen oder schwachen Perioden stets ein Taschentuch in einer dieser Farben bei sich haben; bereits ein Blick auf dieses Taschentuch gibt ihnen positive Energie.

Edelsteine

Der Glückstein für Männer mit der psychischen Nummer 1 ist ein Rubin von 5 Rattikas (3 Karat). Er sollte als Ring am Ringfinger der linken Hand getragen und so gefaßt werden, daß die Rückseite des Ringes offen ist, damit der Stein die Haut berührten. Der Rubin sollte an einem Sonntag oder Montag gekauft und erst getragen werden, wenn die entsprechenden Rituale* ausgeführt worden sind.

Für Frauen mit der psychischen Nummer 1 ist es *nicht ratsam*, Rubine zu tragen. Sie sollten stattdessen einen roten Spinel, Granat und andere dem Rubin ähnliche Steine wählen, wie z. B. den roten Saphir.

Männern, die am 10. Tag eines Monats oder im 10. Monat geboren sind oder eine Null im Jahr der Geburt haben, wird dringend ge-

---

* Nähere Informationen hierzu finden Sie im Buch *Die sanfte Kraft der Edlen Steine* von Harish Johari, Windpferd Verlagsgesellschaft.

raten, einen Rubin zu tragen. Trifft das zuvor gesagte auf Frauen zu, so sollten sie Granatschmuck tragen (Ringe, Anhänger usw.) oder einen anderen Rubinersatz. Sowohl Männer als auch Frauen können das Mißgeschick, das eine 0 im Geburtsdatum mit sich bringt verringern, wenn sie auf ihren Edelstein meditieren. Dafür sollten sie vor Sonnenaufgang aufstehen und, noch ehe sie jemanden sehen, ihren Edelstein mit den Lippen berühren und liebevoll in Augenschein nehmen. Gemäß tantrischer Tradition und indischer Astrologie ist es für diese Menschen ratsam, ein sogenanntes Sonnen-Puja (Sonnenritual) auszuführen und/oder spiritiuellen Menschen (Heiligen, Priestern etc.) Geld zu spenden.

Nummer 1 Männern, die an einem 19. geboren sind, wird geraten, einen Rubinring zu tragen; Frauen, die am 19. Geburtstag haben, sollten statt Rubin besser Koralle tragen.

Männer, die am 28. eines Monats geboren sind, sollten einen Rubinring tragen; Frauen, die an diesem Tag geboren sind, wird empfohlen, einen Perlenring zu tragen.

Alle 1er Menschen können Rubinpulver einnehmen, um ihrem Kreislaufsystem elektrochemische Energie zuzuführen. Nach dem 50. Lebensjahr sollten 1er regelmäßig vor dem Schlafengehen eine Dosis Rubinpulver und Perlenpulver – vermischt mit 1/2 Teelöffel Honig oder Sahne – einnehmen.

Meditation

1er Menschen wird empfohlen, während des Sonnenaufgangs zu meditieren. Ist das nicht möglich, dann sollten sie ihren Tag mit einer Meditation auf einen Rubin beginnen.

Gottheit

1er sollten den Sonnengott verehren. Er wird personifiziert als Herrscher dargestellt, der im Lotossitz auf einem rosafarbenem Lotos thront und in einem Triumphwagen von sieben Pferden gezogen wird. In einer Hand hält er eine Lotosblume (das Symbol der Reinheit), mit der anderen Hand gewährt er seinen Segen.

Mantra

Die Japa* oder Wiederholung einer bestimmten Anzahl von Planeten-Mantras sollte stets innerhalb der zunehmenden Mondphase vollendet werden. Um die erwünschte Wirkung zu erzielen, sollte die vorgeschriebenen Anzahl eingehalten werden.

AUM HRIM HRIM SURIYAYE NAMAH AUM

Nummer 1 Menschen wird empfohlen, obiges Mantra innerhalb der zunehmenden Mondphase 7.000 mal zu wiederholen.

Sonnen-Yantra**

6	1	8
7	5	3
2	9	4

Gesundheit und Krankheit

Obgleich Menschen mit der psychischen Nummer 1 robust gebaut sind, haben sie stets Beschwerden mit ihrem Kreislaufsystem; im Alter leiden sie häufig unter zu hohem Blutdruck und haben Probleme mit den Augen. Doch selbst, wenn sie sich nach dem 56. Lebensjahr einiger Krankenhausaufenthalte unterziehen müssen, werden sie sich stets rasch erholen und eines langen Lebens erfreuen. Menschen mit der psychischen Nummer 1 wird empfohlen, Nahrungsmittel zu verwenden, die eine blutreinigende Wirkung

* Detaillierte Erklärungen zum Thema *Japa* können Sie dem Buch *Wege zum Tantra* von Harish Johari entnehmen, Hermann Bauer Verlag, Freiburg .
** Die numerischen Yantras sind mystische Diagramme planetarischer Energie. Sie sind als magische Quadrate bekannt. Nähere Information hierzu können Sie dem Buch entnehmen *Die sanfte Kraft der edlen Steine* von Harish Johari

haben. Nach dem 50. Lebensjahr sollten sie Schwerarbeit meiden. Zur Unterstützung und Kräftigung der Blutzirkulation sollten sie ihren Körper regelmäßig mit Sesamöl oder Mandelöl massieren. Jede Art von Körpertraining, das den Blutkreislauf anregt, ist für sie von Nutzen. Sie sollten säurebildende Nahrungsmittel meiden. Da sie ein galliges (Pitta) Temperament besitzen, sollten sie darauf achten, daß ihre Blutzusammensetzung überwiegend alkalisch (basisch) bleibt. Ärger, Kummer, Angst, körperliche Überanstrengung, mangelhafte Verdauung und die Verwendung von überwiegend bitteren, scharfen, sauren, salzigen und trockenen Substanzen vermehren die Galle. Die Galle wird auch vermehrt, wenn man der Sonne oder Hitze ausgesetzt ist. Im Sommer und Herbst, am Mittag und um Mitternacht ist die Galle natürlicherweise verstärkt im Körper vorhanden. Menschen mit der psychischen Nummer 1 sollten ölige Nahrungsmittel sowie Fisch, Fleisch, Wein, Joghurt und Molke meiden und nicht zu späten Abendstunden essen. Bevor sie mit der Einnahme irgendeiner Arznei beginnen, sollten sie *Mukta Pishthi* (Perlenpulver) und *Manikya Pishthi* (Rubinpulver) zu sich nehmen. Rubinpulver gibt ihnen während der schwachen Perioden Energie und Perlenpulver hilft, den chemischen Haushalt des Körpers alkalisch (basisch) zu halten.

Fasten
Es ist für alle Menschen mit der psychischen Nummer 1 vorteilhaft, an Sonntagen zu fasten und nur einmal am Tag, kurz vor Sonnenuntergang, eine spezielle salzlose Fastenspeise zu essen. Diese Fastenspeise besteht aus einer Art Pfannkuchen (zubereitet aus Kichererbsenmehl, getrocknetem Zuckerrohrsaft (Succanat) und Wasser) und einem Glas mit Datteln gesüßter Milch, der eine Prise geriebener Kardamom- und Anissamen zugefügt wird. Regelmäßig durchgeführt schafft diese Art des Fastens im Laufe der Zeit ein seelisches Gleichgewicht und stärkt die Psyche. Unabhängig davon ist es für Menschen mit der psychischen Nummer 1 hilfreich, gelegentlich im Sommer und Herbst, wenn die Galle natürlicherweise verstärkt im Körper vorhanden ist, ein dreitägiges Fasten zum Zwecke der Blutreinigung durchzuführen, wobei sie lediglich Zitronensaft mit Wasser zu sich nehmen sollten.

Freundschaften

Menschen mit der psychischen Nummer 1, die am 1., 10., 19. oder 28. eines Monats geboren sind, haben gute Freundschaften mit anderen 1ern; auch mit Menschen, deren Schicksals- oder Namensnummer eine 1 ist. Mit jenen 1ern, die zwischen dem 10. Juli und 20. August geboren sind, werden sie besonders schnell gute Freundschaft schließen.

Romanzen

Menschen mit der psychischen Nummer 1 fühlen sich natürlicherweise von Partnern des anderen Geschlechts angezogen, deren Geburtsdatum entweder eine Nummer 1, 4 oder 7 ergibt. Wenn beide Partner die psychische Nummer 1 haben, wird die Beziehung für einige Jahre gut verlaufen, dann müssen sie ein Projekt von gemeinsamem Interesse finden, damit die Partnerschaft nicht problematisch wird.

Für Menschen mit der psychischen Nummer 1 sind andere 1er oder 4er keine idealen Liebes- oder Lebenspartner, doch geben die 4er den 1ern Energie. 7er sind nicht geeignet für Langzeitpartnerschaften, obgleich 1er sich sowohl mit 4ern als auch mit 7ern leicht anfreunden, vor allem aber mit 4ern. 1er sollten keine Ehe mit 8ern schließen, doch können 8er nützliche Geschäftspartner für 1er sein; auch Liebesaffären sind zwischen diesen Nummern durchaus möglich.

Besonders Frauen mit einer psychischen Nummer 1 wird davon abgeraten, Männer mit einer psychischen-, Schicksals- oder Namensnummer 8 zu heiraten. Auch sollten sie keinen Partner heiraten, dessen Geburtsjahr zusammengezählt eine 8 ergibt. Selbst den 8. eines Monats sollten sie als Hochzeitsdatum meiden!

Gute Lebensjahre

Das 1. Lebensjahr, 10., 19., 28., 37., 46., 55., 64., 73., 82. und 91. Lebensjahr sind besonders gute Jahre für 1er Menschen.

Anmerkung

Alle am 28. eines Monats geborene Menschen sollten ihre Zukunft finanziell gut absichern. Sie sollten ihr Geld vorsichtig ausgeben und aufpassen, daß sie keine Verluste durch Geschäfte oder Prozesse erleiden.

Die Beziehungen der Nummer 1 zu anderen Nummern

Die folgenden Informationen basieren auf Vergleichen der psychischen Nummer 1 mit anderen psychischen Nummern. Sie gelten aber auch für Menschen mit der Schicksalsnummer 1 und anderen Schicksalsnummern und Namensnummer 1 mit anderen Namensnummern. (Die Vergleiche basieren auf gleichen Kategorien.)

Nummer 1 und Nummer 1

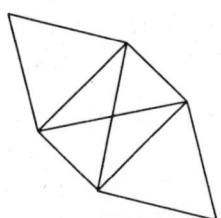 Partner mit der gleichen Nummer vertragen sich, doch unterstützen sie sich gegenseitig nicht in ihrer Entwicklung und in ihrem Wachstum. Hier gelten die Gesetze der Anziehungskraft: Treffen zwei ähnliche Objekte zusammen, stoßen sie sich gegenseitig ab; nur gegensätzliche Pole ziehen sich an. Wenn zwei Menschen mit der gleichen Nummer zusammentreffen, freunden sie sich leicht an, da sie ähnliche Schwingungen haben, doch bieten sie sich keine Herausforderung. Sie entspannen sich und werden inaktiv.

Falls irgendeine Nummer des Wohnorts in der Quersumme eine 1 ergibt, ist dies für 1er vorteilhaft. Als Freunde und Geschäftspartner unterstützen sich zwei 1er gegenseitig hervorragen, da sie aber beide Macht und Autorität ausüben wollen, eignet sich ihre Verbindung nicht so sehr für eine Langzeitpartnerschaft. Zwei 1er sind keine idealen Ehepartner und sollten deshalb besser ohne Trauschein zusammenleben.

Nummer 1 und Nummer 2

Sonne und Mond werden üblicherweise symbolisch als Mann und Frau oder Vater und Mutter gesehen. Dennoch bilden die Nummern 1 + 2, obgleich sie von Sonne und Mond beherrscht werden, kein ideales Freundes- oder Ehepaar. Auch wenn sie das ewige Paar der Gegensätze symbolisieren, ist die zwischenmenschliche

59

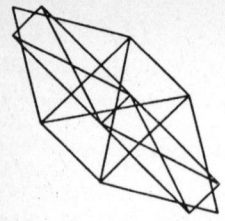

Beziehung – wegen ihrer ungleichen Stellung – nicht ideal. 1er sind als Sonnenmenschen außerordentlich stark und dominieren die zartbesaiteten, nachgiebigen 2er. 2er werden von 1ern leicht beeinflußt und manipuliert und benehmen sich dann wie Anhänger, Untergebene oder Sklaven. Dadurch, und weil sie von Natur aus launisch und unstabil sind, wird die Beziehung für die Psyche der 2er problematisch. Ein 1er Mann, der eine Dienerin aus einer Frau machen will, hat bei 2er Frauen leichtes Spiel. Ansonsten wird die Beziehung mit einer 2er Ehefrau problematisch, da sie unbewußt das herrische Wesen und den Starrsinn des 1ers stärkt. Für 1er, die ihren Machtbereich auf politische Ebene auszudehnen wollen, sind 2er hilfreiche Parteifreunde.

Nummer 1 und Nummer 3

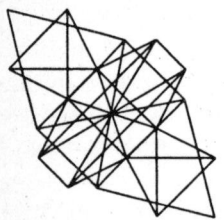

Die Nummer 3 wird von Jupiter, einem Freund und Lehrer der Sonne, beherrscht und ist den 1ern daher günstig gesinnt. 1er, die Wert auf ein förderliches und angenehmes Lebensumfeld legen, sollten einen Wohnort wählen, dessen numerischer Wert eine 3 ergibt. 1er sollten wichtige Besprechungstermine und Termine für den Beginn eines neuen Projektes auf ein 3er Datum legen. Im Bereich der Ehe- und Geschäftspartnerschaften profitieren 3er eher mehr von 1ern als umgekehrt. Menschen mit der Nummer 3 sind gute Berater und lieben Disziplin. Da sie aber etwas egoistisch sind und häufig vom anderen Geschlecht hofiert werden, stellen sie für 1er keine idealen Lebenspartner dar.

Im Geschäftsleben sind 3er für 1er auch keine idealen Partner. 1er sind von Natur aus gute, fleißige Arbeiter, während den 3ern die Vorteile und Anerkennung, die sich die 1er mühsam erarbeitet haben, mühelos zugute kommt. Auf politischer Ebene ist die Freundschaft der 3er für 1er sehr hilfreich, da 3er sehr extravertierte Menschen, gute Redner und universelle Freunde sind. Diese Qualitäten der 3er helfen den 1ern, als Anführer oder Politiker bekannt und berühmt zu werden.

Die Weitsichtigkeit und die Ratschläge der 3er sind den 1ern eine Hilfe. Menschen mit der Nummer 3 können 1er problemlos als führende Köpfe politischer Organisationen akzeptieren. Dreier können gut organisieren. Da auch die 1er ein ausgeprägtes Organisationstalent besitzen, bilden sie ein äußerst praktisches politisches Team. Ihre Ideale und ihre Projekte dienen dem Wohle der Massen.

Nummer 1 und Nummer 4

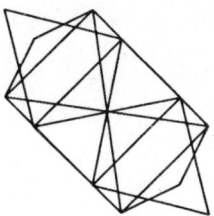

Die Nummer 4 wird von Rahu, dem Drachenkopf oder nördlichen (aufsteigenden) Mondknoten, beherrscht. Gemäß der indischen Mythologie und Astrologie ist Rahu ein Feind der Sonne. Eine Person mit der Nummer 4 ist ein Feind der Nummer 1, die sich stets von feindlichen Nummern angezogen fühlt (gegensätzliche Pole ziehen sich an); und paradoxerweise werden sie auch Freunde.

Einser fühlen sich natürlicherweise zu 4ern hingezogen und sind ihnen stets hilfreich zur Hand. Obwohl die 4er diese Energie nicht in gleichem Maße zurückgeben können, sind sie den 1ern zugeneigt. Sie werden leicht Freunde. Zwar sollten in freundschaftlichen Beziehungen beide Freunde gleichermaßen voneinander profitieren, doch haben in diesem Fall nur die 4er Vorteile. Kurz gesagt, Menschen mit der Nummer 4 sind nicht sehr hilfreich für Menschen mit der psychischen oder Namensnummer 1; sie sind gut für Menschen mit einer Schicksalsnummer 1.

Nummer 1 und Nummer 5

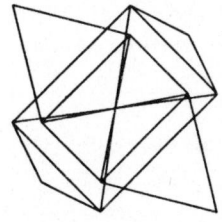

Obwohl die Nummer 1 als auch die Nummer 5 eine freundliche Nummer ist, ergibt sich aus der Verbindung einer 1 und einer 5 keine ideale Freundschaft bzw. Ehe- oder Geschäftspartnerschaft. Die Nummer 5 wird von Merkur beherrscht, dem Planten der der Sonne am nächsten ist. Diese Nähe zur Sonne beunruhigt Merkur und er retrogiert* mehrmals im Jahr. Menschen mit der

*Als retrogierend, d.h. «rückläufig» bezeichnet man einen Planeten, wenn er

Nummer 5 werden in Gesellschaft von 1ern labiler und lehnen deren Einfluß ab. Zwar sind 5er in keinster Weise nachteilig für 1er, da sie aber beide ein sehr unabhängiges Wesen besitzen, arbeiten sie nicht sehr harmonisch zusammen. Die 1 macht die 5 nervös. Menschen mit der Nummer 5 versuchen stets, alle Menschen glücklich zu machen, und es bedarf harter Arbeit, die Nummer 1 zufriedenzustellen. Beide Nummern haben eine Vorliebe für das Ungewöhnliche, Neuartige und Moderne und beide sind keine Anhänger der populären Religion; auf der Ebene ihrer gemeinsamen Interessen verläuft ihre Zusammenarbeit gut. Im Gegensatz zu 5ern sind 1er idealistisch. Beide haben stets unterschiedliche Ansichten. Auf politischer und sozialer Ebene ist gute Zusammenarbeit möglich, hier kann die 5 eine 1 unterstützen.

Nummer 1 und Nummer 6

Die Nummer 6 wird von der Venus beherrscht. Sonne und Venus sind Feinde. Da Männer und Frauen mit der Nummer 6 sehr unterschiedlich sind, müssen wir diese Beziehung auf vierfache Weise betrachten:

- Männer mit der Nummer 1 und Männer mit der Nummer 6
- Männer mit der Nummer 1 und Frauen mit der Nummer 6
- Frauen mit der Nummer 1 und Frauen mit der Nummer 6
- Frauen mit der Nummer 1 und Männer mit der Nummer 6

Diese Unterschiede sollten auch bei der Betrachtung der anderen Nummern Beachtung finden, doch sind sie bei der Nummer 6 sehr wesentlich und von besonderer Art.

Männer mit der Nummer 1 und Männer mit der Nummer 6
1er Männer freunden sich leicht mit 6er Männern an, doch dauern

auf seiner Umlaufbahn zu nahe an die Sonne gerät, und deshalb für einen gewissen Zeitraum still steht. Von der Erde aus betrachtet, sieht es dann so aus, als würde der Planet sich zurückbewegen, also rückwärts laufen (retrogieren).

diese Freundschaften nie sehr lange, denn 6er Männer haben keine moralischen Bedenken und glauben, daß in der Liebe und im Krieg alle Mittel recht sind. 6er haben kein Verständnis für den Idealismus der 1er, die an ein diszipliniertes Leben glauben. Für Politiker mit der Nummer 1 können 6er beiderlei Geschlechts sehr vorteilhaft sein. Dies trifft aber nicht für Geschäftspartnerschaften zu.

Männer mit der Nummer 1 und Nummer 6 Frauen
Obwohl 1er Männer 6er Frauen sehr begünstigen und ihnen wertvolle Geschenke machen, ist diese Verbindung nicht sehr ideal für eine Lebenspartnerschaft. 6er Frauen können 1er Männer nicht verstehen und da Kommunikation nur auf Sparflamme möglich ist, friert ihre Beziehung früher oder später ein. 6er Frauen können gute Sekretärinnen oder PR-Assistentinnen für 1er Männer sein. Beide schließen schnell Freundschaft, da 6er Frauen viele Talente und einen guten Geschmack besitzen und 1er Männer von optischer Schönheit sehr angezogen werden. Da 6er Frauen aber nur wenig Disziplin besitzen und schnell die Nerven verlieren, sind sie für 1er Männer keine idealen Lebenspartner. 6er Frauen empfinden 1er Männer meist als zu ehrgeizig, zu anspruchsvoll, zu direkt und zu geradlinig.

Frauen mit der Nummer 1 und Nummer 6 Männer
6er Männer passen nicht zu 1er Frauen. 6 Männer haben häufig Affären mit anderen Frauen. Da 1er Frauen von Natur aus idealistisch, diszipliniert und besitzergreifend sind, ist diese Schwäche der 6er Männer für 1er Frauen ein Problem. Als Kollegen und Reisepartner können sie sich gut verstehen, aber nicht als Lebenspartner.

Frauen mit der Nummer 1 und Frauen mit der Nummer 6
Diese Beziehung kann sehr gut verlaufen; 1er Frauen sind sehr gesprächig, doch 6er Frauen drücken sich nicht immer klar und direkt genug aus. Die umschweifende Ausdrucksweise der 6er kann 1er nerven. 1er Frauen bewundern aber die natürliche Gelassenheit der 6er Frauen und machen ihnen kostbare Geschenke.

Nummer 1 und Nummer 7

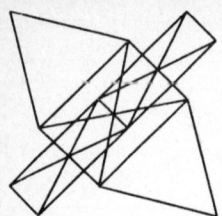

Nach dem indischen System wird die Nummer 7 von Ketu, dem Drachenschwanz oder südlichen (absteigenden) Mondknoten, beherrscht, der ein Feind der Sonne ist. Nach dem westlichen System herrscht Neptun über die Nummer 7. 7er Menschen sind intuitiv, erfinderisch und phantasieren gerne. 1er sind von diesen Eigenschaften der 7er fasziniert. Die 1er möchten mit ihrem Ehrgeiz und ihrer Vorliebe für das Ungewöhnliche und Moderne, die kreativen Ideen der 7er gern «vermarkten». Sobald die 1er die 7er jedoch darauf aufmerksam machen, daß ihre Ideen nicht praktisch umsetzbar sind, fühlen sich die 7er verletzt und unterlegen. Deshalb ist gute Zusammenarbeit zwischen 1ern und 7ern schwer möglich. Ihre Standpunkte sind stets verschieden; da 1er aber stark und erfolgreich sind, lassen sie sich von 7ern nicht irritieren. 1er können von dieser Freundschaft profitieren; 7er können gut als Kreative und Designer für 1er arbeiten. In der Tat, bringt die Freundschaft mit 7er Menschen allen anderen Nummern Glück. Romanzen zwischen 7ern und 1ern sind gut möglich. Die 7er werden das trockene Leben der 1er verschönern und mit Träumen bereichern. Es kann aber auch vorkommen, daß die unpraktischen Phantasien der 7er den 1ern geschäftlichen Nachteil bringen. Daher ist eine Geschäftspartnerschaft zwischen 1ern und 7ern nicht ratsam. Auf politischer Ebene können 1er und 7er erfolgreich zusammen arbeiten, auch wenn sie verschiedene Ansichten haben.

Wenn 7er gut kooperieren, können 1er mit ihrer Hilfe bekannt und berühmt werden.

Nummer 1 und Nummer 8

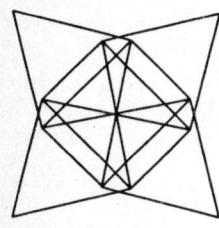

Die Nummer 8 wird vom Saturn beherrscht; dem Planeten, der Dunkelheit repräsentiert. Die Sonne repräsentiert das Licht und herrscht über die Nummer 1. Nummer 1 und 8 sind die genauen Gegensätze. Gemäß der Hindumythologie entsteht der Saturn aus der Verbindung der Sonne mit «Chaya» (dem Schatten). Saturn ist ein rebellisches Kind, das genaue Gegenteil des Vaters. Dieser Gegensatz wirkt attraktiv, vor allem im sexuellen Bereich. 1er gehen gern heimliche Beziehungen mit 8ern ein. Diese Anziehungskraft ist besonders stark zwischen 1er Männern und 8er Frauen. 1er sind häufig im Vorstand öffentlicher Einrichtungen und im gesetzgebenden Bereich tätig. 8er haben eine Abneigung gegen Gesetze. 1er schätzen Disziplin und respektieren Gesetze; 8er stiften Unruhe und Aufruhr. Da der Einfluß der 8 für 1er nachteilig ist, wird vor allem 1er Frauen geraten, keinen 8er Mann zu heiraten. Auch sollten sie nicht am 8. eines Monats heiraten. Auf politischer Ebene werden sich 8er und 1er stets im Widerspruch befinden.

Anmerkung für Menschen, die die psychische Nummer 1 und Schicksalsnummer 8 haben

In Indien raten Astrologen und Tantriker den Menschen mit dieser Nummernkombination, daß sie einer gebildeten, alten und bedürftigen Person mit der Schicksalsnummer 8 schwarze Kleidung schenken sowie schwarze Hülsenfrüchte, Sesamsamen und einen blauen Saphir oder einen Lapislazuli. Diese Schenkung oder Spende ist ein Versuch, 1er Menschen mit der Schicksalsnummer 8 vor saturnischen Problemen zu bewahren. Sie sollten die o.g. Gegenstände mindestens einmal in ihrem Leben spenden, und zwar an einem Samstag, der auf ein Datum fällt, dessen Quersumme insgesamt eine 1 ergibt. In Indien gibt es eine spezielle Kaste unter den Brahmanen, die Spenden für den Saturn akzeptiert; im Westen kann man aber eine Person wählen, die eine dunklere Hautfarbe hat, alt, gebildet aber bedürftig ist, die Probleme hat im Leben, und deren Schicksalsnummer eine 8 ergibt. Menschen mit der psychischen Nummer 1 sollten außerdem einen Rubin tragen der in eine Mischung aus Kupfer und Gold gefaßt ist; auch wird ihnen empfohlen, auf einen Rubin zu meditieren, der den Mittelpunkt eines in Kupfer gravierten Sonnenyantras* bildet.

---

* Nähere Informationen darüber enthält das Buch *Die sanfte Kraft der edlen Steine* von Harish Johari.

Nummer 1 und Nummer 9

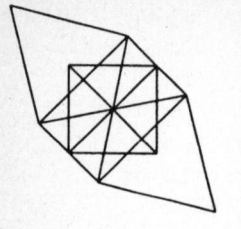 Die Nummer 9 wird vom Mars beherrscht, einem Freund der Sonne. Die Sonne steht in dem von Mars beherrschten Tierkreiszeichen Widder erhöht. Die Gesellschaft der 9er gibt den 1ern positive Energie und bewirkt, daß die 1er ihre Identität verlieren; in Gegenwart jeder anderen Nummer benehmen sich 1er als ganze Person. In der Numerologie sind die Nummer 9 und die Nummer 1 nahezu identisch – 1 ist der Anfang und 9 das Ende. Obwohl sie beide stark, energiegeladen und perfektionistisch sind, sind 1er vergleichsweise erfolgreicher und glücklicher als 9er. Letztere leiden häufig unter starken Zweifeln. Mit ihrer Zuversichtlichkeit und Geradlinigkeit können 1er den 9ern helfen, Zweifel abzulegen. 1er Menschen sind praktische und fleißige Arbeiter. Ein 1er Mann sollte mit Problemen rechnen, wenn er eine 9er Frau heiratet. Ihr Bedürfnis, sich zurückzuziehen, kann ein 1er Mann nur schwer tolerieren, da er selbst sehr sozial und gesellig ist. Im umgekehrten Fall wird die 1er Frau das Rückzugsbedürfnis des 9er Mannes als befreiend empfinden. Sie bilden ein ideales Paar. Auch wenn 9er in jeder Beziehung gut zu 1ern passen, müssen die 1er bei dieser Beziehung mehr arbeiten und mehr investieren als die 9er.

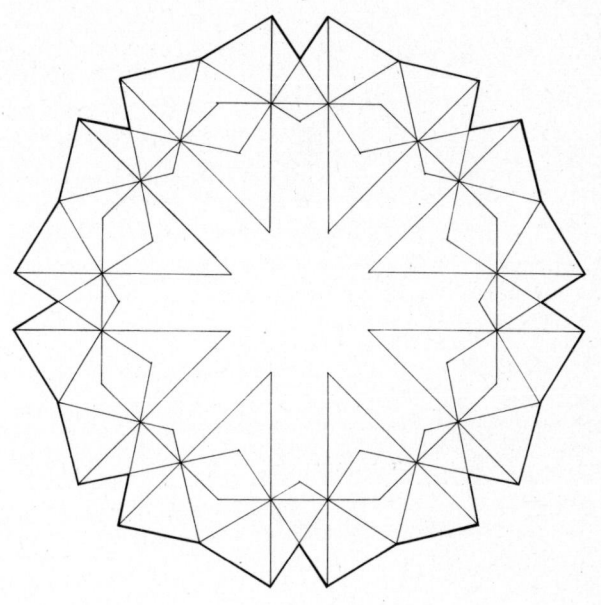

DER MOND UND DIE ZAHL 2

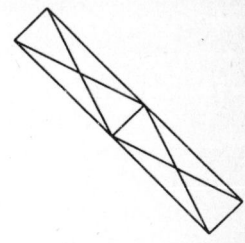

Der Mond ist der Planet, der über alle Menschen herrscht, die am 2., 11., 20. oder 29. Tag eines Monats geboren sind, oder deren Schicksals- oder Namensnummer in der Quersumme eine 2 ergibt. Die unten beschriebenen Eigenschaften des Mondes sind am deutlichsten bei Menschen zu erkennen, deren psychische Nummer eine 2 ist.

Der Mond ist einer der wichtigsten Planeten für unsere Erde und unser Leben. Zwar erhalten wir unsere Lebenskraft von der Sonne; doch wäre kein Leben auf dem Planeten Erde möglich, würden wir sie auf direktem Wege von ihr beziehen. Der Mond reflektiert das Licht der Sonne durch seinen alchemistischen Reflektor, der aus einem besonderen Edelsteinmaterial, den sogenannten Mondkristallen (chandra mukhi mani), besteht. Diese Kristalle reflektieren das Sonnenlicht und fügen ihm Farben und Lichttöne zu, die heilend auf unseren Planeten wirken. Deshalb wachsen Heilpflanzen besser nachts unter Einwirkung des Mondlichts. Sonnenstrahlen sind mit positiven Ionen geladen, die der Mond in lebensspendende negative Ionen umwandeln muß. In den ayurvedischen Schriften wird der Mond «der Herrscher über Kräuter und Heilpflanzen» genannt. Das Sanskritwort *Soma* bedeutet Nektar und ist ein anderer Name für den Mond. Etymologisch besagt dies, daß im Mond Nektar vorhanden ist.* Der Mond ist nicht nur ein aus Energieteilchen zusammengesetzter physikalischer Körper, er ist

* Eine Beschreibung des Soma Chakras finden Sie in dem Buch *Chakras* von Harish Johari, Sphinx Verlag, Basel 1992.

auch die Energie, die die Welt der Namen und Formen nährt. Er ist die lebensspendende Mutterenergie, die kreative Energie, die magnetisch und lebensbejahend ist. Der Planet an sich ist nur das Vehikel, das die Energie für unseren Planeten verfügbar macht. Diese Energie wirkt auf unsere imaginäre, reflektierende, intuitive Natur, die wir auch als unsere Psyche bezeichnen. So wie die Sonne unseren Intellekt beeinflußt und der Mars unsere Verhaltensweise prägt, so wirkt der Mond auf unser Psyche und unser Unterbewußtsein. Er gibt uns Empfindsamkeit und Gefühl. Astrologische Schriften beschreiben den Mond als rajasisch, phantasievoll, empfänglich und wechselhaft. Wegen seiner unregelmäßigen Bewegung ist der Mond für unsere Erde wichtiger als manch anderer Planet. Zwischen Erde und Sonne existierten eine Vielfalt von Mustern und ein sich ewig wandelndes Spiel der Energiefeldern. Diese Fluktuationen bewirken, daß der Mond im Gefühlsleben eines jeden Individuums die Hauptrolle spielt.

Der Mond gibt den Menschen ein veränderliches Wesen, eine Vorliebe für Aromas und Parfüms, eine Vorliebe für Wasser und hegende und pflegende Tendenzen. Er bringt den Menschen, die von ihm beeinflußt werden,* Wohlstand, Respekt und Ehre und bewirkt, daß sie gerne zurückgezogen leben. Vom Mond beherrschte Menschen sind launisch und neigen zu Husten und Erkältungskrankheiten sowie zu Hautkrankheiten und Herzbeschwerden. Sie haben meistens eine helle Hautfarbe, ein rundes Gesicht und lockiges Haar; ihre untere Körperhälfte ist häufig attraktiver als der Oberkörper.

Der Mond herrscht über das Tierkreiszeichen Krebs und steht im Stier erhöht. Im Steinbock ist der Mond schwach und im Skorpion hat er die geringste Einflußkraft. Sonne, Mars und Jupiter sind seine Freunde; Merkur, Venus, Saturn, Rahu und Ketu seine Feinde. Menschen mit der psychischen Nummer 2 sind friedlich, sie lieben Gerechtigkeit, sind mitfühlend, sinnlich und schätzen Poesie, Musik und Kunst. Frauen mit der psychischen Nummer 2 sehen gut

---

* Menschen, die vom Mond beherrscht werden sind jene mit einer psychischen Nummer 2, Menschen mit einem Krebs-Aszendent oder Menschen mit dem Sonnenzeichen Krebs.

aus und sind sehr feminin. Gemäß ayurvedischer Klassifikation überwiegt in ihrem Temperament (ihrer Grundkonstitution) *Kapha* (der Schleim bzw. das wässrige Element). Der Mond herrscht über das linke Auge, das linke Nasenloch, über *Ida Nadi*, die linke Körperseite und die rechte Gehirnhälfte.

Nummer 2

Psychische Nummer 2

Zwei ist die psychische Nummer aller Menschen, die am 2., 11., 20. oder 29. eines Monats geboren sind. Unter diesen Menschen, sind jene, die am 29. eines Monats geboren sind, die 2er mit dem meisten Glück.

Die Nummer 2 wird vom Mond beherrscht; vom Mond beherrschte Menschen sind zartfühlend, haben künstlerische Neigungen und ein romantisches Wesen. Menschen mit der psychischen Nummer 2 sind friedlich und sanft. Ihr phantasievolles Wesen macht sie erfinderisch, da es ihnen aber an Entschlußkraft mangelt, gelingt es ihnen nicht so gut wie den 1ern, ihre Ideen wirkungsvoll umzusetzen. Sie brauchen Helfer, die sie bestätigen, unterstützen und ihre Ideen ausführen.

Das beständige Zu- und Abnehmen des Mondes beeinflußt die Menschen mit der psychischen Nummer 2 stärker als andere Nummern. Frauen mit der psychischen Nummer 2 empfinden die Höhen und Tiefen der Gefühle stärker als die Männer mit dieser Nummer. Manchmal sind sie voller Hoffnung, manchmal deprimiert; sie sind besonders empfindsam, launisch und sentimental. Ist der Mond im Geburtshoroskop eines Menschen mit der psychischen Nummer 2 gut plaziert, kann er die Mondenergie auf kreative oder positive Art umsetzen. Ansonsten verursacht diese rasch wechselnde gefühlsbetonte Energie seelische Probleme. Menschen, die am 20. eines Monats geboren sind, empfinden diese seelische Qual sehr stark. Ist der Mond im Geburtshoroskop ungünstig gestellt, deutet dies auf Schwierigkeiten hin. Menschen, die am 29. eines Monats geboren sind, werden leicht Hilfe finden und haben es vergleichsweise leichter im Leben. Männer, die am 29.

geboren sind, besitzen geistige Stärke; sie arbeiten fleißig und haben Glück. Menschen, die am 11. eines Monats geboren sind, haben eine starke Psyche, doch sind sie generell zart und körperlich nicht sehr kräftig gebaut. Sie haben persönliche Probleme, da ihr starkes und forderndes Wesen sie von ihrem Freundeskreis isoliert. Zwar leben alle Menschen mit der psychischen Nummer 2 gerne alleine, doch haben die an einem 11. geborenen 2er ein besonders starkes Bedürfnis, sich zu isolieren.

So, wie der Mond das Sonnenlicht reflektiert, so spiegeln die Menschen mit der psychischen Nummer 2 den Einfluß ihres sozialen Umfelds wider. Sofern sie sich für Politik interessieren, führen sie Reformen zur Veränderung der Sozialstrukturen durch. Als Schriftsteller versuchen sie, durch Schreiben die Welt zu verändern und besser und friedlicher zu machen. Sie widmen ihr Leben selbstlosen sozialen Aufgaben und helfen gerne anderen.

Der Mond gibt ihnen eine Vorliebe für Aromas und Wohlgerüche. Sie sind gebildet und haben einen guten ästhetischen Sinn. Frauen mit der psychischen Nummer 2 haben eine besondere Vorliebe für Parfüms, für Süßigkeiten, Kuchen und Pasteten, die sie gern mit besonders duftenden Gewürzen zubereiten. Auch baden sie gerne in wohlriechendem Wasser. Obgleich Frauen mit der psychischen Nummer 2 familienorientiert und ihren Männern gegenüber aufrichtig sind, haben sie ein sehr romantisches und wechselhaftes Wesen. Sie beschränken sich nicht unbedingt darauf, nur einem Partner treu zu sein.

Wenn 2er verletzt oder gedemütigt werden, zeigen sie sich als starke, ausdauernde Kämpfer. Sie bleiben ihren Entscheidungen, Verpflichtungen oder Überzeugungen treu und nehmen alle Widerstände in Kauf, bis sie ihr Ziel erreichen. Sie lassen sich weder schnell entmutigen, noch geben sie leicht auf.

Der Mond repräsentiert das Mutterprinzip – Nachsicht, Geduld, Liebe und Fürsorge. Menschen mit der psychischen Nummer 2 besitzen alle diese Eigenschaften mit Ausnahme der Geduld. Sie sind freundlich, sanftmütig, hilfreich, behütend und führen ihre Pflichten gewissenhaft aus. Freundschaften sind ihnen heilig, sie opfern alles für andere. So wie der Mond das Licht der Sonne braucht, so brauchen die 2er die anderen Nummern – sie werden geselliger und finden schnell gesellschaftlichen Anschluß. Wegen ihres stets veränderlichen Wesens können sie schnell umdenken. Da sie auf ihre Mitmenschen emotinell eingehen, werden sie häufig mit Problemen konfrontiert. Als große Menschenfreunde entwickeln sie eine Philosophie friedlicher Koexistenz – nach dem Motto «leben und leben lassen».

Ihre Abneigung gegen Streit macht sie zu hervorragenden Friedensstiftern. Sie vermitteln und schlichten Auseinandersetzungen auf so wunderbare Weise, daß beide Parteien zufrieden sind.

Sie sind gute Diplomaten. Sie setzen ihre instinktiven und intuitiven Fähigkeiten ein, um den Gruppen zu helfen, die sie vertreten.

Da sie gerne reisen und fremde Länder besuchen, entwickeln sie eine kosmopolitische Weltsicht.

Sie mögen es nicht, wenn andere Menschen ihre Zeit verplanen oder Dinge für sie arrangieren; sie brauchen das Gefühl der Freiheit.

Im Vergleich zu manchen anderen Nummern sind sie weniger mutig und weniger ehrgeizig.

Sie sind von Natur aus reserviert, etwas scheu und stets ehrlich. Obwohl sie offen zu ihren Fehlern stehen, werden ihre Schwächen mitunter von Menschen benutzt, die sie ausnutzen oder erpressen wollen. Manchmal werden sie von Freunden und Verwandten gerügt, da sie die Angewohnheit haben, sich dauernd zu ängstigen und ihre Ängste mit ihrer Imagination und ihrer phantasievollen Vorstellungskraft noch stärker machen.

Sie mögen keine Menschen, die falsche Versprechungen machen.

Sie sind ungeduldig und müssen dies oft bereuen.

Auch wenn sie ihre Fehler schnell einsehen und bedauern, ändern sie weder ihre Verhaltensweise, noch verbessern sie sich. Sie machen immer wieder die gleichen Fehler und leiden darunter.

Sie halten nicht viel von Logik und Kritik.

Ist der Mond in ihrem Geburtshoroskop ungünstig plaziert, werden sie Opfer ihrer Irrtümer und ihres schwankenden Wesens. Sie werden mißtrauisch und ängstlich und verzetteln sich in ihrem inneren Dialog. Sie fallen auch auf Schmeichler rein. Auf dem Gebiet der Liebe und Schönheit sind sie führend.

Sind sie unter Menschen, mit denen sie harmonieren, stellen sie ihre Ideen mutig und mit ungewöhnlicher Entschlossenheit dar. Da sie hart arbeiten können, sind sie trotz ihrer zarten Statur erfolgreich.

Wenn ihre Schicksalsnummer mit ihrer psychischen Nummer harmoniert, werden sie standhaft und selbstsicher. Ist der Mond in ihrem Geburtshoroskop dazu noch günstig plaziert, werden sie gute Gesprächspartner und hervorragende Redner; ihr Geist ist klar, Intellekt und Intuition arbeiten gut zusammen. Besteht zwischen psychischer Nummer und Schicksalsnummer Disharmonie, ist der Mond im Geburtshoroskop schwach oder in Konjunktion mit einem ungünstigen Planeten, werden Menschen mit der psychischen Nummer 2 streitsüchtige nervöse Zweifler.

Menschen mit der psychischen Nummer 2 haben generell die Angewohnheit, die Ansichten oder Vorschläge anderer zu akzeptieren, sie können andere Menschen nicht abweisen, selbst wenn es ihnen Probleme bereitet.

Sie sind attraktiv und beherrschen die Kunst, andere zu betören und für sich einzunehmen.

Da sie schnell zufrieden sind, arbeiten sie weniger hart und haben mehr Zeit für ihre imaginäre Welt. Aus diesem Grunde sind sie nicht sehr praktische Menschen. Männer mit der psychischen Nummer 2 haben Glück bei Frauen, sie können sofort ihr Vertrauen gewinnen. Sie besitzen auch die Fähigkeit, Frauen zu beeinflussen und zu manipulieren und ihnen ihre Geheimnisse zu entlocken. Sie sollten es vermeiden, mit Menschen der Schicksalsnummer 5 gemeinsam an Projekten zu arbeiten.

Anmerkung für alle, die am 11. eines Monats geboren sind:
Die Nummer 11 gilt als eine besondere Nummer; in zahlreichen okkulten Traditionen wird sie auch als mystische Nummer bezeichnet. Die Babylonier erwähnen beispielsweise in ihrer Schöpfungsgeschichte den Namen TIAMAT mit seinen elf Helfern, den Chaos Dämonen. In der Hindutradtion gibt es 11 Inkarnationsformen von Rudra, dem Herrn der Zerstörung.

Im ersten Buch Moses träumt Joseph, daß Sonne und Mond sowie 11 Sterne sich vor ihm verbeugen (Genesis 37:9). Theologische Schriften interpretieren die 11 als Zahl mit schlechtem Omen, eine

Zahl der Sünder und der Buße. Die Hindutradition interpretiert die 11 jedoch weder als negativ noch als Zahl der Sünde, vielmehr gilt sie als günstige und dynamische Nummer. Da die Nummer 1 in ihr gleich zweimal erscheint, sprechen ihr die Numerologen einen eigensinnigen, revolutionären und autoritären Charakter zu. Menschen mit einer psychischen Nummer 2, die an einem 11. geboren sind, reagieren schnell, sind optimistisch und können sich selbst und andere durch schwierige Situationen schleusen. Sofern sie gute Ratgeber und das passende Feedback haben, können sie auf materieller Ebene sehr erfolgreich sein. Obwohl die Nummer 11 mit dem Mond assoziiert wird und Menschen mit einer psychischen Nummer 2, die an einem 11. geboren sind, alle Eigenschaften der 2er aufweisen (sie sind wankelmütig, leiden unter zeitweiser Trennung von ihrem Lebenspartner und gehen häufig durch emotionelle Höhen und Tiefen), erlangen sie in ihrem späteren Leben doch Ruhm und Ansehen.

Ähnlich wie in der Numerologie – wo dieser Nummer besondere Beachtung geschenkt wird, da sie sowohl als 2 als auch als 11 betrachtet wird – schafft es die 11 auch im Leben, besondere Aufmerksamkeit auf sich zu ziehen. Die 11 gilt auch als mystische Nummer, da Menschen, die an einem 11. geboren sind, ein besonderes Feingefühl besitzen, Schwingungen zu spüren und Geistwesen wahrzunehmen. Dies ist Teil ihres phantasievollen Wesens. Auch machen sie gerne aus allem was sie tun ein persönliches Ritual, um Gefühle anzusprechen und die Aufmerksamkeit auf sich zu lenken.

Ratschläge für Menschen mit der psychischen Nummer 2:

- Menschen mit der psychischen Nummer 2 sollten Selbstvertrauen, Willens- und Entschlußkraft kultivieren.
- Sie sollten sich hüten, mutlos zu werden oder sich zu schnell zu verlieben.
- Sie sollten unabhängig werden. Sie sollten ihre Arbeit nicht aus Rücksicht auf andere verschieben, noch sollten sie Energie verschwenden, indem sie auf andere warten und ihnen helfen, ihre Aufgaben zu erledigen.

- Sie sollten ihre Arbeit nicht aus Mangel an Interesse unvollendet lassen.
- Sie sollten zu ihren Entscheidungen stehen.
- Sie sollten es vermeiden, in tiefen Gewässern zu schwimmen oder mit dem Boot zu fahren.
- Sie sollten es vermeiden, Dinge in Eile zu erledigen. Sie sollten meditieren oder eine Technik zur geistigen Konzentration praktizieren, damit sie ihre Unruhe kontrollieren können. Zusätzlich zur Meditation ist es für Menschen mit der psychischen Nummer 2 hilfreich, wenn sie vor dem Zubettgehen Perlenpulver* (mukta pishthi) mit 1/2 Teelöffel Honig vermischt einnehmen. Das Perlenpulver wird nicht nur ihre Nervosität kurieren, sondern auch ihr zweifelndes Wesen heilen. Zweifel haben ihren Ursprung in einem niedrigen Blutzuckerspiegel und einem gestörten körperchemischen Haushalt.
- Sie sollten die Gesellschaft von Menschen meiden, die ihnen schmeicheln.
- Sie sollten Speisen meiden, die ihrem Magen und Herz nicht bekommen. Übertriebene Empfindsamkeit (zu der 2er generell neigen) irritiert den Magen und verursacht Verstopfung. Diese wiederum erzeugt Gastrities und Blähungen, die Herzbeschwerden hervorrufen, weil die Körpergase aus dem Gleichgewicht geraten sind. Menschen mit der psychischen Nummer 2 neigen zu Magen- und Herzproblemen. Der Schlüssel zu ihrem körperlichen und geistigen Wohlbefinden ist, Verstopfung zu vermeiden.
- In ihren Beziehungen zum anderen Geschlecht sollten sie ein klares Bewußtseins entwickeln. Ein zu großer Freundeskreis bringt Probleme mit sich, denn jeder Freund ist «eine Welt für sich». Menschen mit der psychischen Nummer 2 sind emotionelle, empfindsame Menschen, die zur Energieverschwendung neigen, sobald siegefühlsmäßig engagiert sind.
- Sie sollten den Kontakt zu Menschen meiden, die an Infektionskrankheiten leiden, da sie sich selbst schnell anstecken und im allgemeinen ein schwaches Immunsystem besitzen. Frühmorgentliche Spaziergänge und Massagen stärken das Immun-

* Siehe auch *Die sanfte Kraft der edlen Steine* von Harish Johari, Windpferd Verlag 1978.

76

system. Sie sollten etwas zur Kräftigung ihres Körper tun, da ihr System anfällig ist.

- Sie sollten sich über den Einfluß des Mondes auf die Psyche informieren und seine starken und schwachen Zeiten kennen.
- Sie sollten es vermeiden, bei Krankheiten der Kehle und Lungen den Hals oder die Brust zu entblößen.
- Da sie körperlich nicht sehr kräftig sind, sollten sie möglichst vermeiden, zornig zu werden, denn Wut und Zorn verbrennen die lebensspendenden Körpersäfte. Wutanfälle führen leicht zur Hysterie bis hin zur Bewußtlosigkeit.
- Sie sollten keine wichtigen Entscheidungen treffen:

    1. bei Vollmond
    2. wenn die Mondaufgangs- beinahe mit der Sonnenaufgangszeit zusammenfällt (das ist in den letzten 3 Tagen des abnehmenden Mondzyklus der Fall)
    3. wenn sie in der Nähe großer Gewässer sind.
       Entscheidungen treffen sie am besten in der Mitte des ab- oder zunehmenden Mondzyklus. Innerhalb dieser Zeiten ist der Mondeinfluß nicht sehr stark. Da 2er Menschen vom Mond beherrscht werden, beeinflußt sowohl der Vollmond als auch der Neumond ihr Temperament.

- Sie sollten sich sportlich betätigen und Hobbies pflegen, die sie im Freien ausüben können. Sie sollten sich dazu zwingen, irgendeine Art von Körpertraining zu betreiben, damit sie körperlich gut in Form bleiben.

Schicksalsnummer 2
Generell ist die 2 keine gute Schicksalsnummer. Ist die 2 sowohl die Schicksals- als auch die psychische Nummer, hat sie eine sehr starke Wirkung. Die Schicksalsnummer 2 führt zu geistigem und psychischem Wachstum, dies gibt den von ihr beherrschten Menschen mehr Selbstvertrauen, so daß sie sich in der Welt einen Namen machen können. Von allen möglichen 2er-Kombinationen, ist diese Verbindung (psychische Nummer 2 und Schicksalsnummer 2) die beste.

Ergeben psychische-, Namens- und Schicksalsnummer jeweils eine 2, überwiegt der Einfluß des Mondes und kann geistige Labilität sowie mangelnde Entschlußkraft und vermehrte Zweifel verursachen. Hat der Mond jedoch im Horoskop eine günstige Stellung und wird er von freundlichen Planeten unterstützt, kann diese Verbindung auch sehr vorteilhaft sein.

Menschen mit der Schicksalsnummer 2 werden mit vielen Höhen und Tiefen konfrontiert; Chancen entgleiten ihnen, wenn der Erfolg schon greifbar nahe ist. Da sie sich häufig als Opfer unvorhergesehener Veränderungen sehen, fühlen sie sich oft hilflos.

2er lieben ihr Zuhause und ihre Familie. Sie kümmern sich gern um den häuslichen Bereich und fühlen sich mit ihrer Familie stark verbunden.

Die Schicksalsnummer 2 macht sie unsicher und wenig erfolgreich in Liebesangelegenheiten, das trifft vor allem auf Männer mit dieser Schicksalsnummer zu. Frauen mit dieser Schicksalsnummer erhalten oft die Schuld am Scheitern einer Liebesbeziehung.

Männer mit der Schicksalsnummer 2 studieren viel, um ihr Wissen zu erweitern und ihr Verständnis zu vertiefen.

Menschen mit der Schicksalsnummer 2 verfügen über einen natürlichen Sinn der Selbstachtung, sie sind korrekt und haben gute Umgangsformen. Sie handeln nach dem Grundsatz: «Sei zu anderen so, wie du es erwartest, daß sie zu dir sind.» Sofern sie die Unterstützung guter Freunde, starker Helfer, günstiger Umstände bekommen und einen klaren Verstand besitzen, handeln sie mit großer Zuversicht und ohne an sich selbst zu zweifeln. Unter diesen Bedingungen können sie in jedem Bereich, mit dem sie sich intensiv beschäftigen, wahre Wunder vollbringen.

Menschen mit der Schicksalsnummer 2 haben eine Vorliebe für Flüsse, Ströme, Wasserfälle, Quellen, Seen und Teiche.

Sie leben gern in Gruppen und lieben es, in guter Gesellschaft zu sein. Für Freunde verschieben sie mitunter wichtige Arbeiten, verzögern Termine und wichtige Transaktionen, oder geben diese gar ganz auf. Ihr Berufsleben leidet unter ihrer Abhängigkeit von anderen Menschen und ihrer Vorliebe für trautes Beisammensein mit Freunden in harmonischer Atmosphäre. Menschen mit der Schicksalsnummer 2 besitzen starke intuitive Kräfte. Sie können die Gedanken anderer lesen und tief in die Persönlichkeit anderer Menschen eindringen und in ihre Tiefen gehen.

Männer mit der Schicksalsnummer 2 haben Glück und heiraten gebildete und schöne Frauen; sie haben charakterstarke Mütter und liebenswerte Schwestern und Schwägerinnen. Sie erhalten Hilfe von älteren Damen und Frauen in leitenden Positionen. Die Ehen von Männern mit der Schicksalsnummer 2 sind häufig nur von kurzer Dauer.

Frauen mit der Schicksalsnummer 2 sind gefühlvoll und aufrichtig zu ihren Lebenspartnern. Sie kleiden sich schick, sehen jung aus und sind attraktiv.

Menschen mit der Schicksalsnummer 2 interessieren sich für Kräuter und Heilpflanzen und gärtnern gern. Sie dekorieren gerne und schmücken und gestalten ihr Zuhause immer wieder neu.

Sie können gute Psychologen werden, auch kreative Denker, Poeten, Schriftsteller, Anwälte, Therapeuten, Ärzte, Schauspieler und Tänzer.

Sie sind selbstlos und erwarten keine Anerkennung für ihre Dienste. Für Paare mit zwischenmenschlichen Problemen können sie gute Ratgeber sein.

Nach ihrem 35. Lebensjahr beginnen sie sich mehr für okkulte Wisschenschaften, Philosophie und Spiritualität zu interessieren.

Besonderer Hinweis:
Menschen, mit der psychischen oder Schicksalsnummer 2 machen alles mindestens zweimal. Es kommt selten vor, daß ihnen etwas auf Anhieb gelingt. Auf diese Art vergeuden sie viel Geld und Energie.

Namensnummer 2
Als Namensnummer verleiht die 2 ein sanftes, jugendliches Wesen. Die beruhigende Wirkung, die von ihr ausgeht, macht die Menschen, die sie als Namensnummer haben, zufrieden und friedlich. Sie verhilft zu Ruhm, sofern sie mit der Schicksalsnummer harmoniert. Menschen mit der Namensnummer 2 werden feststellen, daß sie Veränderungen in ihr Leben bringt. Erfolg bringt sie vor allem jenen, die auf dem Gebiet des Import- und Exporthandels und im

Heilkräutergeschäft tätig sind. Diese Namensnummer erhält stets Hilfe vom weiblichen Geschlecht und insbesondere von älteren Frauen.

Verhaltensweisen, durch die wir unseren inneren und äußeren Lebensraum ins Gleichgwicht bringen können:
Wenn wir regelmäßig Fastentage einhalten, die entsprechenden Gewürze und Edelsteinpulver verwenden, mit Hilfe von Meditation, Mantrarezitation und Yantras können wir uns *innerlich* ins Gleichgewicht bringen. Die *äußeren Lebensumstände* können wir positiv beeinflussen, wenn wir für unsere Handlungen den richtigen Zeitpunkt wählen (den zunehmenden oder abnehmenden Mondzyklus berücksichtigen), uns gute Freunde suchen (d.h. mit verträglichen Nummern Freundschaft schließen) und neue Tätigkeiten zur passenden Zeit beginnen (die schwachen und starken Perioden berücksichtigen). Am mühelosesten kommen wir mit uns selbst und dem äußeren Umfeld in Einklang, wenn wir auf den bereits vorhandenen Energiefluß achten (wie man dies macht, wird im den folgenden Abschnitten beschrieben). Die hier gegebenen Informationen beziehen sich auf Menschen mit einer psychischen Nummer 2.

Schwache Perioden
Dezember, Januar und Februar sind Monate, in denen 2er häufiger unter körperlichen und/oder seelischen Problemen leiden.

Starke Perioden
Die Zeit zwischen 20. Juni und 27. Juli, die als «Haus des Mondes» bezeichnet wird, ist für 2er Menschen am günstigsten. In diesem Zeitraum sollten sie ihre Energie einsetzen, um Geschäfte anzukurbeln. Diese Zeit eignet sich auch zur Ausführung von glückverheißenden Aktivitäten, zum Reisen und zum Schmieden von Zukunftsplänen.

Gute Daten
Der 2., 11., 20. und 29. Tag eines jeden Monats ist gut; auch der 1., 4., 7., 10., 13., 16., 19., 22. und 25. Tag eines jeden Monats ist gün-

stig; fallen die letztgenannten Tage auf einen Montag, werden sie besonders gut.

Gute Wochentage
Der beste Tag für 2er Menschen ist der Montag. Fällt der Montag auf den 1., 2., 4., 7., 10., 11., 13., 16., 19., 20., 22., 25. oder 29. eines Monats wird es ein besonders guter Tag. Des weiteren erweist sich jeder Sonntag, der auf eines der zuvor genannten Daten fällt als günstig.

Vorteilhafte Farben
Weiß, die Farbe des Mondes, ist die beste Farbe für 2er Menschen. Zweiern wird geraten, stets ein weißes Taschentuch bei sich zu tragen. Wenn sie sich nicht gut fühlen oder wenig Energie haben, sollten sie dieses Taschentuch mit den Händen und mit dem Gesicht in Berührung bringen, damit sich ihre Stimmung hebt. Ein leichter Grünton, ein helles Blau, Cremé oder die Farbe heller Trauben sind ebenfalls hilfreich. Hellgrün wirkt positiv auf den Geist, und die Farbe heller Weintrauben beruhigt das Nervensystem.

Edelsteine
Perlen sind die Edelsteine, die dem Mond zugeordnet werden. Da der Mond die 2er beherrscht, sind Perlen ihre Edelsteine. Auch Kristalle, Quarz, Mondsteine, grünlicher oder weißer Achat bzw. Jade sind empfehlenswert. Das Mindestgewicht einer Perle sollte 4 Rattikas betragen. Perlen wiegt man in Indien nicht nach Karat sondern nach Chav. Demnach sollte eine Perle das Gewicht von 9 Chav, 16 Punkt haben (das entspricht etwa 3 1/2 Karat).
Die Perle oder einer der oben genannten Ersatzedelsteine, sollte an einem Montag während des zunehmenden Mondzyklus erworben und am gleichen Tag dem Juwelier oder Goldschmied zur Bearbeitung gegeben werden. Der fertige Ring oder Anhänger (was immer angefertigt wird) sollte an einem Montag im zunehmenden Mondzyklus erstmalig getragen werden. Außerdem können die dazugehörigen Rituale (siehe hierzu: *Die sanfte Kraft der edlen Steine* von Harish Johari, erschienen im Windpferd Verlag) ausgeführt werden.
Frauen können Perlen als Halskette, als Armband oder auf eine

beliebige Art so gefaßt tragen, daß die Perlen die Haut berühren. Allen Frauen wird generell geraten, regelmäßig Perlenpulver einzunehmen, um dem Körper elektrochemische Energie zuzuführen.

Meditation

Nummer 2 Menschen sollten auf Gott *Shiva* meditieren. Ist dies nicht möglich, können sie den Tag mit einer Meditation auf eine Perle, einen Kristall, einen Mondstein oder Quarz beginnen.

Gottheit

2ern wird geraten, *Shiva* zu verehren. Shiva wird im Lotosasana auf einem Tigerfell sitzend dargestellt. In der linken Hand hält er einen Dreizack, mit der rechten Hand gewährt er seinen Segen. Aus seinen verfilzten Haarlocken entspringt ein Strom (der Ganges). Milde lächelnd und liebevoll blickt Shiva durch halbgeöffnete Augenlider.

Mantra

*Japa** (Wiederholung) des Mantras irgendeines Planeten sollte innerhalb des zunehmenden Mondzyklus vollendet werden. Es ist wichtig, daß die vorgeschriebene Anzahl von Mantras genau wiederholt wird:

AUM SOM SOMAYE NAMAH AUM

AUM SHRIM KRIM CHAM CHANDRAYE NAMAH AUM

Eines der oben genannten Mond-Mantras sollte 11.000 mal rezitiert werden.

* Zusätzliche Informationen zum Thema «Japa» sind im Buch *Wege zum Tantra* von Harish Johari, Bauer Verlag, Freiburg 1987, enthalten.

Mond-Yantra*

7	2	9
8	6	4
3	10	5

Gesundheit und Krankheit

Nummer 2 Menschen sind meistens nicht sehr robust gebaut, sie haben eine schwache Kondition und sind für folgendes anfällig:

- *Stress und Überanstrengung* können ihr Nervensystem belasten.
- *Herzkrankheiten.* Da sie von Natur aus gefühlvoll und sensibel sind und ihr Familienleben lieben, geraten sie häufig in emotinale Konflikte. Sie sollten Konflikten besser aus dem Wege gehen und stattdessen Perlenpulver einnehmen, Rudraksha-Perlen (ein Samen, der «als heilige Perle Shivas» verwendet wird) tragen, Getränke stets aus einem Silberglas trinken und regelmäßig meditieren. Des weiteren ist es hilfreich, wenn sie sich der Übung des Sprach- und Schlaffastens unterziehen, bzw. wenn sie in Vollmondnächten schlaffasten, d.h., die Vollmondnacht hindurch wach bleiben und auch in den darauffolgenden Tagesstunden nicht schlafen.
- *Schwaches Verdauungssystem.* Sie neigen zu Verdauungsstörungen, Verstopfung, Appetitlosigkeit, Darm- und Gasbeschwerden.
- *Schwaches Immunsystem.* Sie sind besonders anfällig für Infektionen und Infektionskrankheiten.
- 2er Männer neigen zu *Samenkrankheiten;* 2er Frauen zu *Gebärmutterinfektionen und Weißluß(Leukorrhöe).*
- Wegen ihrer Vorliebe für Süßigkeiten und ihrer unregel-

---

* Siehe Anmerkung 2 auf Seite 56.

mäßigen Ernährungsgewohnheiten leiden die unter *Funktionsstörungen der Leber.*

• Da der Schleim in ihrem Körper überwiegt, neigen sie zu *Erkältungskrankheiten, Husten und Lungenbeschwerden.*

2er sollten ihren Körper regelmäßig massieren und frühmorgens als erstes 1 Teelöffel Honig – gut vermischt mit frisch gemahlenem schwarzen Pfeffer – zu sich nehmen. Bei der Zubereitung von Suppen oder Gemüse ist es ratsam, Bockshornkleesamen zum Würzen zu verwenden. Wenn möglich, sollten sie eine Paste aus frischzerriebenen Mandeln essen. Dazu werden die Mandeln (ca. 3 bis 7 Stück) über Nacht in Wasser eingeweicht. Frühmorgens werden sie geschält und mit Hilfe von ein paar Tropfen Wasser per Hand auf einem Stein mit glatter Oberfläche zerrieben. 2er sollten darauf achten, weder von Kaffee, Tabak noch von verstopfenden Speisen abhängig zu werden. Einmal im Monat sollten sie sich innerlich reinigen und einen ganzen Tag lang nur Wasser mit Zitrone zu sich nehmen. Das Trinken von hausgemachter Buttermilch und anderer Nahrungsmittel, die den unteren Verdauungstrakt reinigen, ist gut für ihre Gesundheit.

Fasten
Menschen mit der Nummer 2 wird empfohlen, jeden Montag zu fasten und an ihrem Fastentag auch nach Sonnenuntergang auf Salz, Gewürze, Getreide, Hülsenfrüchte und feste Nahrung zu verzichten. Sie können reinigende Kräutertees zu sich nehmen, wie z.B. Minze, Löwenzahn, Tee aus Bockshornkleesamen, und frischgepreßte Fruchtsäfte in kleinen Mengen trinken. Sie können auch mit Buttermilch fasten oder mit Zitronenwasser, wobei 1/2 frischgepreßte Zitrone pro Glas Wasser verwendet wird. Wenn 2er auf diese Art regelmäßig an Vollmondtagen fasten, wirkt sich diese sehr positiv auf ihre Psyche aus.

Freundschaft
Gute Freunde für Menschen mit der Nummer 2 sind alle Männer und Frauen, die am 02., 11., 20., 29. oder 04., 06., 08. und 09. eines Monats geboren sind.

Romanzen

2er fühlen sich natürlicherweise zu 1ern, 2ern, 7ern, 8ern oder 9ern hingezogen. Obwohl 2er wegen ihrer Wechselhaftigkeit keine perfekten Liebespartner sind, sind 1er und 9er gute Partner für sie. Ihre Verbindung mit 7ern oder 8ern führt auch zu guten Ergebnissen, doch beeinflussen diese Nummern mehr das spirituelle Wachstum der 2er Menschen. Ihre Verbindung mit 4ern oder 5ern bringt Schwierigkeiten mit sich, doch hilft sie ihrem Wachstum. Nummer 1, 2, 7 oder Nummer 9 Menschen, die zwischen dem 20. Juni und 27. Juli geboren sind, gelten als ideale Liebespartner für Menschen mit der Nummer 2.

Gute Lebensjahre

Das 1. Lebensjahr sowie das 2., 4., 7., 10., 11., 13., 16., 19., 20., 22., 25., 28., 29., 31., 34., 35., 37., 38., 40., 43., 44., 46., 47., 52., 53., 55., 56., 58., 61., 62., 64., 65., 67., 71., 74. und 83. sind gute Jahre. Davon sind das 11., 20., 29., 38., 47., 56., 65., 74. und 83. besonders bedeutende und glückbringende Jahre.

Die Beziehung der Nummer 2 zu anderen Nummern

Die folgende Information basiert auf dem Vergleich der psychischen Nummer 2 mit anderen psychischen Nummern. Man kann auch die Beziehung zwischen Menschen mit der Schicksalsnummer 2 und anderen Schicksalsnummern vergleichen. (Die Vergleiche basieren auf gleichen Kategorien.)

Nummer 2 und Nummer 1

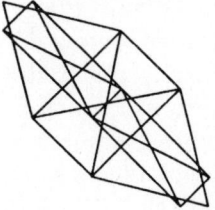 Die Nummer 2 wird dem Mond zugeordnet, die Nummer 1 der Sonne. Der Mond wird von der Sonne begünstigt, er wandelt die Solarenergie in lunare Energie um. Solarenergie enthält positive Ionen, die für das Leben auf der Erde schädlich sind; der Mond verwandelt die positiven Ionen in lebensspendende negative Ionen, die für das Leben auf unserem Planeten hilfreich sind.

So, wie der Mond die Energie der Sonne umwandelt, so beseitigt eine Nummer 2 die schlechten Angewohnheiten einer 1. Menschen mit der Nummer 2 können gute Gesellschafter und gute Therapeuten für 1er sein und ihnen helfen, ihre Fehler zu überwinden. Da 1er sehr dominierend sind, wird aus dieser Verbindung keine ideale Ehepartnerschaft. Im Falle einer Ehe würden 1er aus dieser Verbindung mehr Nutzen haben.

Menschen mit der Nummer 1 sind 2ern hilfreiche Freunde und Beschützer. Auch geschäftlich sind 1er gute Partner, doch werden die 2er nur die Rolle des Ja-Sagers zu spielen haben. Selbst wenn beide juristisch gleiche Rechte besitzen, haben 2er in der Praxis nicht das gleiche Sagen. Allerdings verursachen 1er den 2ern keinen geschäftlichen Schaden.

Nummer 2 und Nummer 2

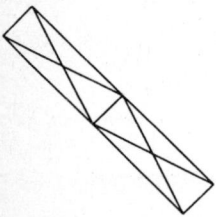

Gleiches stößt Gleiches ab. Diese beiden Nummern können nicht langzeitig miteinander existieren. Sie haben die gleiche Wellenlänge, sie sind sich freundlich gesinnt, doch ist ihre Freundschaft nur von kurzer Dauer. Beide ändern ihre Meinung häufig und dies führt im Falle einer Geschäftspartnerschaft zu Mißerfolg. Auch eine Ehe zwischen zwei 2ern wird in der Regel wenig erfolgreich verlaufen, und sie werden sich früher oder später zur Scheidung gezwungen sehen. Diese Kombination kann gut zusammen arbeiten, sofern die Bereiche für beide klar abgegrenzt sind, nach dem Motto: «Deine Freiheit endet, wo meine Nase beginnt».

Nummer 2 und Nummer 3

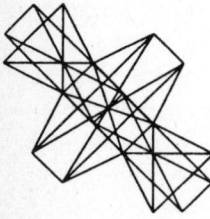

Drei wird von Jupiter beherrscht, einem Planeten, der – als Lehrer personifiziert – wert legt auf Disziplin, Selbstkontrolle, Klarheit, ungeteilte Aufmerksamkeit und Konzentration. Dies alles sind schwierige Aufgaben für eine Nummer 2. Zwar ist Jupiter ein Freund des Mondes, doch verhält er sich ihm gegenüber neutral. Menschen mit der Nummer 3 können 2ern gute Ratschläge geben und Sympathie entgegenbringen. Da die Nummer 2 aber eine wechselhafte Nummer ist und 3er gerne etablierten Gewohnheiten folgen, können 3er aus 2ern weder gute Ehemänner noch ideale Geschäftspartner machen. Menschen mit der Nummer 2 streben nach spirituellem Wachstum; sie entwickeln Interesse für okkulte Wissenschaften und haben auf diesem Gebiet die Hilfe der 3er nötig, die ähnliche Interessen haben. Unter solchen Voraussetzungen können 2er, wenn sie Geduld aufbringen, mit der Hilfe der 3er rechnen. Dreier können 2er auch gut in den verschiedenen Wissenschaftszweigen unterrichten und 2er können hervorragende Studenten sein. Trotzdem ist eine dauerhafte Guru-Schüler-Bindung zwischen beiden schwer aufrechtzuerhalten.

Nummer 2 und Nummer 4

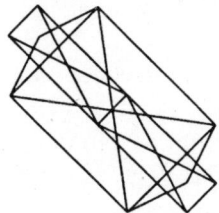 Vier wird von Rahu beherrscht, einem Feind von Sonne und Mond. Rahu, der nördliche Mondknoten, wird auch der magnetische Nordpol des Mondes genannt. Der nördliche und der südliche Mondknoten bilden die beiden Fixpunkte auf dem elliptischen Pfad des Mondes. Nummer 2 Menschen fühlen sich natürlicherweise zu 4ern hingezogen, die durch die Beziehung wachsen und sich weiterentwickeln. Menschen mit der Nummer 2 werden in der Beziehung zu einer Schicksalsnummer 4 mit harter Arbeit und Schwierigkeiten konfrontiert, es sei denn, die Nummer 4 ist ihr Ehemann oder Geschäftspartner. In diesem Fall erhalten die 2er durch die Beziehung Vorteile, und beide Partner leben in Frieden und Wohlstand. Nummer 4 Menschen sind gut für 2er. Da die Nummer 4 selbst eine Nummer plötzlicher und unvorhersehbarer Veränderungen ist, hat sie keine Probleme mit dem wechselhaften Wesen einer 2.

Ist die 2 ein Mann und die 4 eine Frau, haben sie zu Beginn ihres Zusammenlebens zwar Schwierigkeiten und Probleme, doch führen diese Schwierigkeiten zu positiven Ergebnissen. Sie kommen in ihrem Leben gut voran, und selbst wenn sie ihre häuslichen und familiären Angelegenheiten vernachlässigen oder sich darüber ärgern, verläuft ihr Familien- und Geschäftsleben gut.

Sofern Menschen mit der Nummer 2 sich für Politik, Unterricht, Forschung, Philosophie oder okkulte Praktiken interessieren, schreiten sie auf diesen Gebieten – Dank der Unterstützung und Zusammenarbeit der 4er – gut voran.

2er mit einer Schicksalsnummer 4 werden u.U. erst in späten Lebensjahren heiraten. Ihr späterer Lebensabschnitt verläuft gut.

Nummer 2 und Nummer 5

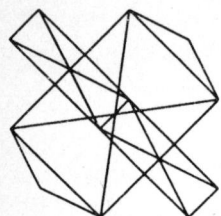

Fünf wird von Merkur beherrscht. Da Merkur kein Freund des Mondes ist, befinden sich diese Nummern nicht in perfekter Harmonie.

Menschen mit der psychischen Nummer 2 und einer Schicksalsnummer 5 werden in ihrem Leben mit familiären Problemen, Konflikten zwischen Kindern und Eltern, konfrontiert. Sie sind äußerst selbstkritisch. Menschen mit der psychischen Nummer 2 wird geraten, keine emotionellen Bindungen mit Menschen der Schicksalsnummer 5 einzugehen. Im Falle einer Heirat wird die Ehe nicht länger als 4 oder 5 Jahre gut gehen. Ihre Beziehung als Lebens- oder Geschäftspartner verläuft nicht sehr harmonisch.

Nummer 2 und Nummer 6

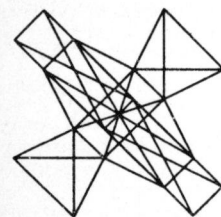

Die Nummer 6 wird von der Venus beherrscht. Obwohl die Venus ein universeller Freund ist, ist dieser Planet kein enger Freund des Mondes. Die Venus hat eine neutrale Beziehung zum Mond. Deshalb können 2er und 6er zwar gute Freunde sein, doch sind sie weder ideale Lebens- noch ideale Geschäftspartner. Die Nummer 6 erhält aus dieser Verbindung größere finanzielle Vorteile als die Nummer 2; auch werden 6er in der Öffentlichkeit bekannt und kommen zu Ruhm und Ehre. Venus ist eine glücksbringender Planet, der 2ern Glück mit 6ern gibt, doch ergibt die Verbindung keine ideale Ehe. Dies trifft vor allem zu, wenn der Mann die Nummer 2 ist und die Frau die Nummer 6. Freundschaften und geschäftliche Verbindungen zwischen 2ern und 6ern sind stets für beide Seiten vorteilhaft.

Nummer 2 und Nummer 7

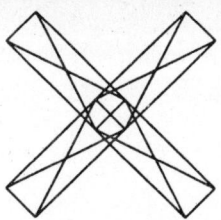

Sieben wird von Ketu beherrscht, einem Feind und genauen Opponenten der Nummer 2. Da der Mond (2) auf seinem elliptischen Pfad stets den Südpol (7) durchlaufen muß, erhalten 2er Vorteile von 7ern. Doch trifft das Gegenteil nicht zu. Menschen mit der Nummer 7 führen 2er stets auf den richtigen Weg, obgleich sie keine idealen Paare bilden. Da die 2 eine gerade, statische Nummer ist und die 7 eine ungerade, dynamische Nummer, bringt ihre Freundschaft den 2ern positives.

Nummer 2 und Nummer 8

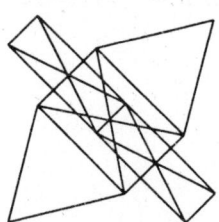

Die Nummer 8 wird von Saturn beherrscht, der eine neutrale Beziehung zum Mond hat. Da beide gerade Zahlen sind, bleibt ihre Beziehung statisch. Ihre Freundschaft und Geschäftspartnerschaft ist gut aber nicht ausgesprochen vorteilhaft. Nummer 2 Frauen wird geraten, keinen Nummer 8 Mann zu heiraten, dagegen bringen Frauen mit der Nummer 8 Männern mit der Nummer 2 keine Nachteile. Zweier helfen 8ern nicht, doch können sie die Hilfe der 8er in Anspruch nehmen, da 8 eine Nummer ist, die ohne Zögern stets zu diensten ist.

Nummer 2 und Nummer 9

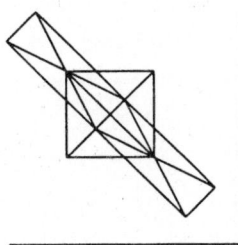

Neun wird vom Mars beherrscht, einem Freund und Beschützer des Mondes. Eine Nummer 9 ist ein idealer Freund, Geschäftspartner oder Liebhaber für eine 2. Sie werden sie eine liebevolle und herzliche Beziehung haben, gleichgültig, ob der Mann oder die Frau in der Beziehung eine 9 ist. Sie geben sich gegenseitig gute Energie. Deshalb wird 2ern geraten, als Ehepartner eine 9 zu wählen.

JUPITER UND DIE ZAHL 3

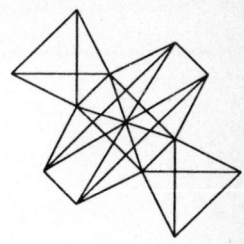

Der Planet Jupiter herrscht über alle Menschen, die am 03., 12., 21. oder 30. Tag eines Monats geboren sind, oder deren Schicksals- oder Namensnummer eine 3 ergibt. Die im folgenden beschriebenen Jupiterqualitäten kommen am deutlichsten bei Menschen mit psychischen Nummer 3 zum Ausdruck.

Jupiter ist ein gigantischer, aus sich heraus leuchtender Planet, der mehr Energie ausstrahlt, als er von der Sonne erhält. Wegen seiner enormen Größe ist er der schwerste der Planeten in unserem Solarsystem. In Indien ist er unter dem Sanskritnamen «Guru» bekannt, was übersetzt sowohl «schwer» als auch «Beseitiger der Dunkelheit» bedeutet. Jupiter nimmt in der Versammlung der Götter (Deva-Guru) den Platz des Lehrers ein, der Charakterstärke, Gerechtigkeit und die Erleuchtung des Selbst vermittelt. So wie Gurus (Lehrer) das Leben ihrer Schüler widerspiegeln und wahre Erzieher und Helfer sind, so verhilft Jupiter allem, was mit ihm in Berührung kommt, zum Wachstum und zur Entfaltung des Bewußtseins.

Gemäß der Hindu-Schriften ist Jupiter ein Planet, der Mut verleiht, Kühnheit, Stärke, Fleiß, Energie, Wissen und Sprachvermögen gibt. Einer der Sanskritnamen Jupiters ist «*Vachaspati*», «Herr der Sprache» («vacha» stammt von «vak», das bedeutet «gesprochene Worte» und «pati» bedeutet «Herr»).

Jupiter ist ein glückbringender Planet. Sonne, Mond und Mars sind seine Freunde. Er herrscht über die Tierkreiszeichen Schütze und Fische; im Krebs steht er erhöht, im Steinbock hat er die geringste Kraft. Zwillinge und Jungfrau sind für ihn ungünstige Zeichen.

Jupiter ist der natürliche Herrscher des 9. und 12. Hauses. Da das neunte Haus als Schicksalshaus eines der wichtigsten Häuser ist, ist die günstige Plazierung Jupiters im Geburtshoroskop sehr wichtig. Jupiter herrscht über Nachkommen, Erziehung (Bildung) und Ehe. Im Geburtshoroskop von Frauen weist die Jupiterstellung auf die Lebenserwartung, die gesellschaftliche Stellung, das Ansehen, den Charakter und die Verhaltensweisen des Ehemannes hin. Ein schwacher Jupiter verzögert die Eheschließung. Steht Jupiter bei Menschen mit Zwillings- oder Jungfrau-Aszendent in Konjunktion oder Opposition zu Sonne, Saturn, Rahu oder Ketu, deutet dies auf eine Scheidung hin. Diese Planetenkonstellation macht eine Eheschließung allgemein schwierig.

Jupiter macht die von ihm beherrschten Menschen kooperativ, aktiv, ehrgeizig, diszipliniert. Er verleiht ihnen ein gediegenes Benehmen und läßt sie nach einem einfachen Leben in geistigen Höhen streben.

Jupiter herrscht über die Leber und das Gebiet von der Taille abwärts zu den Oberschenkeln.

Alle Menschen, die am 03., 12., 21. und 30. Tag eines Monats geboren sind und jene, deren Namens- oder Schicksalsnummer eine 3 ergibt, werden von Jupiter beeinflußt. Menschen, die am 12. Tag eines Monats geboren sind, haben von allen 3ern das meiste Glück.

Nummer 3

Psychische Nummer 3

3 ist die psychische Nummer aller Menschen, die am 03., 12., 21. oder 30. Tag eines Monats geboren sind.

Als Mitglied der ungeraden Zahlenfamilie ist die 3 eine dynamische Nummer. Dreier sind unabhängige, kühne, aktive, fleißige, zuverlässige, beliebte, disziplinierte, selbstbewußte Menschen und fortschrittliche Wegbereiter.

Menschen mit der psychischen Nummer 3 sind äußerst ehrgeizig.

Sie streben danach, voranzukommen und etwas großartiges in ihrem Leben zu leisten, damit sie der Nachwelt in Erinnerung bleiben. So gesehen sind sie sehr zukunftsorientierte Menschen.

Zu Beginn ihrer Karriere, an der sie früh zu arbeiten beginnen, haben 3er schwer zu kämpfen. Doch hilft dieser Kampf ihrer Entwicklung und ihrem Wachstum; er gibt ihnen erst den richtigen Schliff.

Sie haben eine Abneigung gegen untergeordnete Positionen und minderwertige Tätigkeiten. Sie planen die Durchführung großartiger Projekte und suchen sich Tätigkeiten, bei denen sie eigen-verantwortlich arbeiten können. 3er sind wahre Lebensforscher; sie investieren Energie, um praktische Lösungen zu finden, die mehr Farbe, Freude und Genuß ins Leben bringen. Sie sind sich ihrer Verantwortung auf diesem Gebiet sehr bewußt. Dank ihrer geschärften Logik und Beobachtungsgabe kämpfen sie mit offenem Geist und erhalten ein gutes Verständnis vom Leben.

Da sie außerordentlich gewandte Redner sind und sich klar auszudrücken wissen, sind sie gute Berater, Lehrer, Redner und Autoren.

Ihre Lebensphilosophie ist sehr flexibel; sie nehmen sich die Freiheit, auch von anderen religiösen Praktiken das zu übernehmen, was sich für sie persönlich als nützlich erweist.

Da sie von Natur aus religiös sind, verschreiben sie sich keiner konventionellen Religion. Sie glauben an die Wahrheit, an deren praktische Umsetzung und an die Schönheit ihrer Offenbarung im Leben.

Sie bewundern Erfolg und sind selbst gern erfolgreich bei allem was sie tun. Sie genießen es auch, bei jedem Schritt ihres Weges anerkannt und bewundert zu werden. Ähnlich den 1er Menschen benötigen 3er viel Aufmerksamkeit. Um diese auch sicher zu bekommen, eignen sie sich verschiedenartige Techniken an, wie z.B. die Kunst der Konversation, die Fähigkeit, sich durch Gesten, Mimik und Körperhaltungen auszudrücken, oder sie erzählen Witze und erfinden Wortspielereien.

Sie arbeiten ihr Leben lang fleißig und beschäftigen sich stets mit irgendetwas. Selbst wenn sie durch äußere Umstände zur Ruhe gezwungen werden, sind sie ruhelos und können sich nicht vollständig entspannen. Oft nicken sie zwischen den einzelnen Tätigkeiten ein und schöpfen so Kraft, um an mehreren Projekten gleichzeitig zu arbeiten. Sobald sie eine Aufgabe langweilt und ermüdet, wechseln sie zu einer anderen. Auf diese Art schaffen sie viel und verdienen aus unterschiedlichen Quellen. Sie sind sich ihrer Pflichten bewußt und betrachten es als ihr Yoga, sie bestmöglich zu erfüllen. Sie glauben an den Grundsatz: «Devotion to duty is devine» (Hingebungsvolle Pflichterfüllung ist wahrer Gottesdienst).

Sie führen jede Art von Tätigkeit erfolgreich aus und vollenden gewöhnlich was sie beginnen. Dies gibt ihnen Selbstvertrauen. Selbstvertrauen ist das Schlüsselwort für ihr Leben. Sie halten Wort und stehen zu ihren Verpflichtungen. Diese Charaktereigenschaft macht sie zuverlässig. Sie lieben Ordnung und Disziplin. Sie befolgen Anordnungen von Menschen, die sie respektieren oder die ihnen übergeordnet sind. Umgekehrt wünschen sie, daß jüngere und ihnen untergeordnete Menschen ihre Anordnungen auf gleiche Weise respektieren. Dies bringt mitunter Probleme, da sie sich ihren abhängigen Angehörigen gegenüber diktatorisch und tyrannisch benehmen.

Sie haben das Glück, von älteren Personen, von Angehörigen und auch von Menschen, die gesellschaftliches Ansehen genießen, Liebe, Zuneigung, Hilfe und Führung zu erhalten.

Sie verfügen über körperliche Stabilität, Gesundheit und Widerstandskraft. Sie finden rasch Freunde und haben einen großen Bekanntenkreis. Sie sind stets optimistisch, kreativ, inspiriert, heiter und humorvoll. Manchmal kommen sie in Schwierigkeiten, wenn sie sich über Menschen lustig machen, die ihren Humor nicht verstehen. Diese Menschen werden schnell ihre Kritiker und Feinde.

Manche Menschen fühlen sich durch ihr aufbrausendes Wesen und ihre direkte Art herausgefordert und bilden im Laufe der Zeit einen Kritikerkreis, doch ist dieser Kreis glücklicherweise stets kleiner, als der ihrer Freunde und Bewunderer. Allem zum Trotz bewahren sie ihre Heiterkeit und lassen sich nicht auf Gegner ein.

Sie sind stets von Angehörigen des anderen Geschlechts umringt. Eine ihrer Schwächen ist ihr starkes Bedürfnis nach Sexualität. Dennoch sind sie wählerisch und lassen sich nur auf gediegene Beziehungen ein, die gut für sie sind. Sie können körperliche Beziehungen mit Partnern der psychischen Nummern 1, 3, 6 oder 9 eingehen, selbst wenn sie sich nicht ehelich binden. Grundsätzlich sind sie aber keusch und rein. Sie halten ihre Eheversprechen und bleiben ihren Partnern treu, selbst wenn diese sie nicht respektieren und schlechte Angewohnheiten haben.

Sie lieben ihre Verwandtschaft und fühlen sich eng mit ihrer Familie verbunden. Wenn sie familiären Verpflichtungen nachkommen, nehmen sie selbst Schwierigkeiten gern in Kauf. Sie haben eine gute Beziehung zu ihren Eltern und verzichten auf persönliche Bequemlichkeiten zugunsten einer liebevollen und harmonischen familiären Atmosphäre.

Auch wenn ihre Partner Schwächen haben, stehen sie ihnen hilfreich zur Seite. Gewöhnlich haben sie aber attraktive, konservative und treue Lebenspartner, auf deren Unterstützung sie voll rechnen können.

Sie sind universelle Helfer und helfen allen, die sie um Hilfe bitten – auch ihren Feinden. Stets sind sie bereit, sich für gute Zwecke einzusetzen und gute Taten spontan und uneingeschränkt zu unterstützen.

Sie reisen gerne und ziehen daraus Nutzen. Sie haben das Privileg, die berühmtesten Zeitgenossen aus den verschiedensten Bereichen des Lebens zu treffen.

Sie reiten gerne.

Ihre Hauptschwächen sind: übermäßiger Ehrgeiz, übertriebener Optimismus und Zügellosigkeit; sie neigen zur Übertreibung und können aufbrausend, unkontrolliert diktatorisch, eifersüchtig und überheblich sein.

Menschen mit der psychischen Nummer 3, die am 03. eines Monats geboren sind, müssen sich – im Vergleich zu anderen 3ern – im Leben mehr anstrengen, doch sind diese Anstrengungen und Lebenskämpfe für sie nützlich und führen letztendlich zum Erfolg.

3er, die am 12. eines Monats geboren sind, haben mehr Anziehungskraft und Charisma als andere 3er. Sie haben mehr Glück im Leben und müssen weniger hart kämpfen. Sie erhalten Hilfe und die Kooperation von Freunden und Autoritätspersonen. Sie werden erfolgreich, auch wenn sie mit Nichts begonnen haben.

3er, die am 21. eines Monats geboren sind, haben es weniger leicht im Leben und sind durch den Einfluß der 2 vergleichsweise weniger erfolgreich als andere 3er.

Der Einfluß der 0 bewirkt, daß jene Menschen, die am 30. eines Monats geboren sind, vom Glück weniger begünstigt werden als andere 3er. Sie müssen sich von allen Menschen mit der psychischen Nummer 3 am meisten anstrengen um gute Resultate zu erzielen.

Ratschläge für Menschen mit der psychischen Nummer 3:
- Sie sollten unnötige Diskussionen meiden.
- Sie sollten die Gesellschaft von Menschen mit niedriger Gesinnung meiden.
- Sie sollten versuchen, ihr Temperament zu kontrollieren und aus Silbergefäßen zu essen und zu trinken. (Silber wirkt kühlend und beruhigend.)
- Sie sollten ihr Geld überlegt ausgeben. Zwar verdienen sie leicht und durch verschiedenste Quellen, doch genauso leicht geben sie Geld für dekorative Gegenstände und luxuriösen Kleinkram aus, so daß sie finanziell aus dem Gleichgewicht geraten.
- Sie sollten ihre Zukunft finanziell absichern.
- Sie sollten darauf achten, nicht zu viel zu essen und den Verzehr von fetten und stark gewürzten Speisen einzuschränken. Jupiter, der Herrscher über 3er Menschen, herrscht auch über die Leber. Da 3er mit der Energie der Leber arbeiten, sollten sie Nahrungsmittel meiden, die für die Leber schwerverdaulich sind.
  Hilfreich ist es, regelmäßig Bockshornkleesamen, Anissamen, Kokosnußraspeln und Mandeln zu verwenden sowie frühmorgens als erstes 1 Teel. Honig mit frischgemahlenem schwarzen Pfeffer (aus der Pfeffermühle) und 1 Prise Safran zu vermischen und einzunehmen.
- Sie sollten nicht mit ihren Errungenschaften prahlen.
- Sie sollten lernen, ihren Zorn zu kontrollieren.
- Sie sollten ihre Leidenschaften und ihre Sinnlichkeit unter Kontrolle bringen.
- Sie sollten es vermeiden, übertrieben optimistisch und übertrieben ehrgeizig zu sein.

- Sie sollten sich nicht über Kleinigkeiten aufregen und sich besser in Geduld üben.
- Sie sollten ihre hausinternen diktatorischen Neigungen kontrollieren und anderen Familienangehörigen mehr persönliche Freiheit lassen.
- Sie sollten ihre Ehepartner respektieren.
- Sie neigen zu Hautkrankheiten und sollten ihren Körper vorsorglich regelmäßig mit Öl massieren, um Hautprobleme zu vermeiden.
- Sie sollten säureerzeugende Nahrungsmittel und blähende Speisen meiden. Sie sollten nie essen, wenn sie keinen Hunger haben (3er essen oft aus Höflichkeit und um anderen Gesellschaft zu leisten).
- Sie sollten nicht überheblich sein.
- Sie sollten darauf achten, daß sie ihr Geld nicht auf unehrliche Weise verdienen.
- Wenn sie das Gefühl haben, daß die Sterne an ihrem Heimatort nicht gut für sie stehen, sollten sie verreisen.
- Sie müssen lernen, «nein» zu sagen; ihre Angewohnheit, zu allem ja zu sagen, bringt sie in Schwierigkeiten. Wenn Menschen, die sich auf ihr Wort verlassen, entdecken, daß ein «Ja» für sie keine Bedeutung hat, sind sie enttäuscht.
- Sie sollten Stress vermeiden und Entspannungspausen einlegen. Sie sollten nur die Arbeiten und Verpflichtungen auf sich nehmen, die sie wirklich bewältigen können.

Schicksalsnummer 3

Als Schicksalsnummer ist die 3 weniger vorteilhaft. Menschen mit dieser Schicksalsnummer arbeiten viel, sie übernehmen sich und leiden unter Stress und Spannung. Als Schicksalsnummer bringt die 3 auch Unordnung in ihr Leben. Da Menschen mit der Schicksalsnummer 3 jedoch robust gebaut sind und viel Widerstandskraft haben, ist es ihnen möglich, immensen Druck zu ertragen.
Wegen ihrer Schwäche für Sexualität werden sie von ihren Angehörigen kritisiert und häufig abgelehnt. Trotzdem haben sie Glück und können diesen Widerständen aus dem Wege gehen.
Ihre offene und kritische Art bringt sie oft in Schwierigkeiten.

- Sie werden von Freunden betrogen.
- Sie erhalten keine Unterstützung seitens ihrer Brüder.
- Sie machen Fehler in Liebesangelegenheiten und bekommen manchmal sogar einen schlechten Ruf.
- Ihr Egoismus behindert ihr Wachstum und ihre spirituelle Entwicklung.
- Ihr prahlerisches Wesen bewirkt, daß Menschen sich von ihnen abwenden.
- Ihre Überheblichkeit bringt sie um viele Aufstiegsmöglichkeiten.
- Ihre Extravaganz stürzt sie in finanzielle Krisen.

Trotz allem haben sie das Glück auf ihrer Seite, das sie vor allen Schwierigkeiten bewahrt, einschließlich vor Unfällen. Sie erhalten Geld, wenn sie es nötig brauchen und sind fähig, ihre Träume zu verwirklichen. Sie sind geborene Führer; sie machen in der Politik leicht Karriere und werden mit guten Verwaltungsämtern betraut.

Sie beginnen ihre Karriere als normale Durchschnittsmenschen und steigen durch harte Arbeit, Glück, bewußte Planung und ein hohes Verantwortungsbewußtsein in Spitzenpositionen auf.

Sie lassen sich nicht gern auf Debatten ein. Manchmal müssen sie Freunden und Angehörigen Wiedergutmachungsgelder zahlen, da diese Opfer ihrer übereifrigen Pläne, bzw. Opfer ihrer spontanen und kurzfristigen Kursänderungen geworden sind.

Menschen mit der Schicksalsnummer 3 haben das Glück, ein gutes Familienleben zu führen. Ihre Lebenspartner stehen ihnen hilfreich zur Seite und übernehmen die Verantwortung für den häuslichen Bereich, so daß sie ihre Zeit wohltätigen Projekten und spirituellen Aufgaben widmen können.

Von ihren Lebenspartnern erwarten sie, daß diese Interesse an ihrem großen Freundes- und Bekanntenkreis (dem auch zahlreich bedürftige Menschen angehören, die soziale Hilfe und Pflege benötigen) haben und ihm dienen.

Sie sind warmherzige, großzügige, gerechte, zuverlässige Menschen; sie verdienen ihr Geld durch ihre anziehende Persönlichkeit und ihr charmantes Wesen.

Sie finden überall Freunde und Helfer.

Sie benehmen sich gern wie Priester und führen religiöse Handlungen und Rituale aus. Sie rezitieren gerne Mantras. Sie haben ein großes Interesse an historischen Begebenheiten und Politik. Sie verdienen ihr Geld auf vielfältige Art und Weise und setzen manchmal auch unlautere Mittel ein. Doch geben sie ihr Geld auch großzügig für andere Menschen aus. Sie machen guten Gebrauch von ihrem Geld und kaufen Gegenstände, die dekorativ und praktisch sind und das Leben erleichtern.

Sie verfügen über Kreativität, Imaginataion und Intuition und haben das Talent, sich mündlich und schriftlich klar und deutlich auszudrücken.

Trotzdem ist es ihnen nicht möglich, bereits in frühen Lebensjahren zu Ruhm, Ehre und finanziellen Wohlstand zu gelangen (zu einer Zeit, in der ihnen dies am meisten erstrebenswert erscheint). Sie erlangen all dies in ihren reiferen Lebensjahren.

Sie essen gerne gut und legen Wert auf ein gut eingerichtetes, komfortables Heim.

Sie sind der Meinung, daß alle Menschen glücklich und in Frieden leben sollten.

Beruflichen können sie sich am besten im Bereich des Verlagswesens entfalten, als Geschäftsführer, im Bereich der Öffentlichkeitsarbeit (Presseagentur), in höheren Lehrämtern, in Wissenschaft und Forschung, auf dem Reisesektor, im Tourismus und im Import-Export-Handel.

Sie können aber auch als Juweliere oder Rechtsanwälte erfolgreich tätig sein, bzw. Philosophie unterrichten, da Philosophie eines ihrer Lieblingsthemen ist. Auch übernehmen sie gerne Ämter in religiösen oder philantropischen Organisationen.

Namensnummer 3
Die 3 ist eine gute Namensnummer. Die Namensnummer wirkt im Bereich der zwischenmenschlichen Beziehungen. Die Öffentlichkeit identifiziert Personen durch den Namen. Es ist der Name, der im öffentlichen Leben und in der Gesellschaft eine Rolle spielt. Durch ihn wird man erkannt, bekannt und bleibt der Nachwelt u.U. in Erinnerung.

Menschen mit der Namensnummer 3 haben Humor, sind allgemein

bekannt und äußerst hilfsbereit. Sofern die Namensnummer 3 mit der Schicksalsnummer harmoniert, bringt sie Glück. Wenn sie in Harmonie mit der psychischen Nummer schwingt, bringt sie Ruhm und bewirkt, daß diese Menschen der Nachwelt in Erinnerung bleiben.

Menschen mit der Namensnummer 3 sind mutig, zuverlässig, diszipliniert und tolerant. Sie sind ausgezeichnete Geschichtenerzähler und gewandte Redner.

Wenn die Namensnummer 3 mit der psychischen Nummer und der Schicksalsnummer harmoniert, verleiht sie Führungsqualitäten.

Einerseits verhilft die 3 als Namensnummer zu Spitzenpositionen auf der Karriereleiter, andererseits bringt sie Menschen auch in Situationen, in denen sie hart für ihre Ideale und Ideen kämpfen müssen. Sie werden zum «Hans Dampf in allen Gassen» und vermitteln den Eindruck, sie wären Meister in allen Bereichen des Lebens.

Verhaltensweisen, durch die wir unseren inneren und äußeren Lebensraum ins Gleichgwicht bringen können:
Wenn wir regelmäßig Fastentage einhalten, die entsprechenden Gewürze und Edelsteinpulver verwenden, mit Hilfe von Meditation, Mantrarezitation und Yantras können wir uns *innerlich* ins Gleichgewicht bringen. Die *äußeren Lebensumstände* können wir positiv beeinflussen, wenn wir für unsere Handlungen den richtigen Zeitpunkt wählen (den zunehmenden oder abnehmenden Mondzyklus berücksichtigen), uns gute Freunde suchen (d.h. mit verträglichen Nummern Freundschaft schließen) und neue Tätigkeiten zur passenden Zeit beginnen (die schwachen und starken Perioden berücksichtigen). Am mühelosesten kommen wir mit uns selbst und dem äußeren Umfeld in Einklang, wenn wir auf den bereits vorhandenen Energiefluß achten (wie man dies macht, wird im den folgenden Abschnitten beschrieben). Die hier gegebenen Informationen beziehen sich auf Menschen mit einer psychischen Nummer 3:

Schwache Perioden
Die Monate Oktober, November sind ungünstig. Innerhalb dieses

Zeitraums sollten Menschen mit der psychischen Nummer 3 weder neue Projekte beginnen noch sollten sie lange Reisen antreten.

Starke Perioden

Der Zeitraum zwischen dem 19. Februar bis 20. März und zwischen dem 21. November bis 20. Dezember ist günstig. Alle neuen Projekte sollten in diesen Zeiträumen begonnen werden. Reisen, die innerhalb dieser Perioden angetreten werden, bringen langzeitige Vorteile.

Gute Daten

Jeder 03., 12., 21. und 30. Tag eines Monats ist gut. Auch jeder 06., 09., 15., 18., 24. und 27. Tag eines Monats ist vorteilhaft.

Gute Tage

Der beste Wochentage für Nummer 3 Menschen ist der Donnerstag, der Tag, dessen Herrscher Jupiter ist. Der Donnerstag ist für 3er Menschen ein Tag, an dem sie gute Nachrichten erhalten und Vorteile gewinnen. Außer dem Donnerstag sind der Montag und der Mittwoch gute Tage für finanzielle Gewinne.

Glücksfarben

Gelb ist die beste Farbe für 3er, deshalb sollten sie sich in ihrem Umfeld, bei der Arbeit und in der Freizeit, mit möglichst viel Gelb umgeben. Sie sollten für ihre Vorhänge, Kissen, Bettbezüge oder Bettlaken die gelbe Farbe wählen. Bereits der Blick auf ein gelbes Taschentuch, hat eine entspannende Wirkung. Sie können aber auch Rosa, ein helles Blau oder ein leichtes Purpur verwenden.

Edelsteine

Der gelbe Saphir und der gelbe Topas sind die Edelsteine der 3er Menschen. Diese Edelsteine sollten an einem Donnerstag gekauft und dem Juwelier zur Verarbeitung gegeben werden. Der Juwelier sollte den Stein ebenfalls donnerstags als Ring oder Anhänger so fassen, daß die Rückseite des Schmuckstücks offen bleibt und der Edelstein die Haut des Trägers direkt berühren kann.
Der Ring oder Anhänger sollte an einem Donnerstag vom Juwe-

lier geholt und erstmals getragen werden, nachdem die dazugehörigen Rituale* ausgeführt worden sind. Der Ring sollte am besten
am Zeigefinger der rechten Hand, dem Jupiterfinger, getragen
werden. Der Anhänger kann als Schmuckstück um den Hals getragen werden, als Kette kann eine gelbe Kordel aus Baumwoll- oder
Seidengarn verwendet werden. Ring und Anhänger sollten in Gold
gefaßt sein.

Nummer 3 Menschen können pulverisierten gelben Saphir einnehmen, um ihr Kreislaufsystem mit elektrochemischer Energie zu
versorgen.

Meditation

Nummer 3 Menschen sollten sich bei ihrer Meditation auf Gott
Vishnu (den Erhalter) konzentrieren. Vishnu wird als Gott mit 4
Armen visualisiert. Er hat eine himmelblaue Hautfarbe und sitzt
auf der Weltenschlange «Shesha». Mit einer Hand gewährt er seinen Segen, in der anderen hält er ein Chakra, seine dritte Hand
hält einen Lotus und die vierte eine Keule. Sein friedlich lächeln-
des Gesicht strahlt Ruhe aus.

Ist es ihnen nicht möglich, auf Vishnu zu meditieren, sollten sie ihren Tag mit der Meditation auf einen gelben Saphir oder gelben
Topas beginnen.

Gottheit

Nummer 3 Menschen wird empfohlen, den erhaltenden Aspekt
Gottes zu verehren, der in der Hindutradition «Vishnu» genannt
wird.

Mantra

Die Japa oder Wiederholung einer vorgeschriebenen Anzahl von
Mantras sollte innerhalb des zunehmenden Mondzyklus vollendet
werden. Dies gilt generell für alle Mantras der einzelnen Planeten.
3ern wird empfohlen, folgendes Mantra innerhalb des zunehmenden Mondzyklus 19.000 mal zu wiederholen:

AUM BRIM BRAHASPATAYE NAMAH – AUM

* Siehe: *Die sanfte Kraft der edlen Steine* von Harish Johari.

Jupiter Yantra*

10	5	12
11	9	7
6	13	8

Gesundheit und Krankheit

3er Menschen sind anfällig für Krankheiten, die, gemäß ayurvedischer Terminologie, durch Störungen im Humor des Körperwindes (Vayu) verursacht werden:

- *Nervenschwäche*: Gemäß Ayurveda steht das Nervensystem mit dem Humor Vayu, dem Luftelement im Körper,
  in Verbindung. Die Nervenfunktionen haben eine Beziehung zum Aktivitäts- und Bewegungsprinzip. Von den 3
  Humoren des Körpers ist der Humor Vayu (Wind, Luft)
  das einzige aktive Prinzip (Galle und Schleim sind unbeweglich). Massage mit einem Öl, dem in etwas Essig auf-
  gekochte Bockshornkleesamen zugefügt worden sind, ist
  in diesem Fall sehr hilfreich. Als Basis ist Sesamöl bestens
  geeignet.
- *Hautprobleme*: Trockenheit der Haut ist die Folge eines
  gestörten Körperwindes (Vayu). Diese Trockenheit verursacht alle Arten von Hautproblemen. Indem man beim
  Zubereiten von Speisen Knoblauch, Ingwer, Asafötida
  und Bockshornkleesamen verwendet, und Verdauungsbeschwerden, Magenübersäuerung und Verstopfung vermei-
  det, ist es möglich, die übermäßige Aktivität des Humors
  Vayu unter Kontrolle zu bringen. Die Verwendung von
  Kichererbsenmehl bei der Zubereitung von Rotis oder
  Chapatis (indischen Fladenbroten) und die Verwendung

* Siehe Anmerkung 2 auf Seite 56.

von Karotten, bzw. von Karottensaft, unterstützt die Heilung von Hautkrankheiten. Auch Ölmassagen wirken äußerst hilfreich. Die *übermäßige* Verwendung von Knoblauch, Ingwer und Asafötida kann allerdings auch wieder Trockenheit verursachen.

- *Sorgenvoller und ruheloser Geist*: Meditation, Atemübungen, langsames, tiefes Atmen, frühmorgendliche und abendliche Spaziergänge entlang eines Flußufers, das Lesen spiritueller Schriften, das Rezitieren von Mantras und das Singen von Bhajans (spiritueller Lieder) können Abhilfe schaffen.

- *Vermehrtes Sexualverlangen; Schwäche des männlichen Organs*: Gesunde Ernährung (sehr ölige und fettige Speisen sind zu meiden), regelmäßiges Trinken von Dattelmilch (Milch, in der entkernte Datteln aufgekocht, zerdrückt und durch ein Sieb passiert worden sind) mit einer Prise Safran und regelmäßige Ganzkörper-Ölmassage sind hilfreich, um der Erschlaffung der Sexualorgane vorzubeugen.

Um das sexuelle Verlangen ins Gleichgewicht zu bringen ist es wichtig, die Aufmerksamkeit auf ein anderes interessantes Thema zu richten. Dieses Thema kann teilweise sexuelle Bezugspunkte haben, doch sollte es die Energie in höhere Chakras (psychische Zentren) fließen lassen. Sexualenergie kann umgewandelt und in andere Bahnen gelenkt werden, wo sie in Form von Kreativität Ausdruck finden kann.

- *Arthritis*: ist eine weitere Krankheit, die durch übermäßige Aktivität des Humors Vayu (Wind) verursacht wird. Bei Arthritis ist es empfehlenswert, eine spezielle Diät einzuhalten, bei der alle blähenden Nahrungsmittel und Speisen gemieden werden. Der Körper muß regelmäßig mit Mahanarayanaöl oder Wintergrünöl (vermischt mit gleichen Teilen Eukalyptus- und Pfefferminzöl) massiert werden.

Auch die regelmäßige Einnahme von erbsengroßen Bienenwachskügelchen ist sehr vorteilhaft. Am besten ist es, mit der Einnahme von je einem Kügelchen an 40 aufeinanderfolgenden Tagen in der Zeit des Winteranfangs zu beginnen.

- *Unreinheiten des Bluts*: Durch das Einhalten von Fastentagen, an denen man nur Kräutertees und blutreinigende Fruchtsäfte zu sich nimmt, kann man dieses Problem kurieren. Auch die Umstellung auf vegetarische Ernährungsweise, die Verwendung basischer Nahrungsmittel, die Verwendung von Sprossen und Keimen, regelmäßige frühmorgentliche Spaziergänge, Atemübungen und Meditation helfen, das Blut zu reinigen.

- *Herzprobleme*: Das Tragen von Rudraksha-Perlen (Rudrakshas sind die Samen eines Baumes, der in Indien als heiliger Baum verehrt wird), als Halskette oder als Armband um den Oberarm gebunden, hilft gegen Herzbeschwerden. Auch kann man kleine Mengen von Gulkand (in Rohrzucker oder Honig eingelegte Rosenblütenblätter) einnehmen sowie Perlenpulver, vermischt mit 1/2 Teelöffel Honig oder Sahne (zum Vermischen sollte der Ringfinger verwendet werden). Fette und scharf gewürzte Speisen sind zu meiden. Eine Reinigung des Unterleibbereichs, der Lungen und des Brustkorbs ist empfehlenswert; Atemübungen, vegetarische Ernährung, basische Nahrungsmittel, Meditation und das Hören entspannender Musik ist hilfreich.

- *Diabetes*: Bei dieser Krankheit ist es empfehlenswert, Bockshornkleesamen (Fenugreek) sowohl als Tee als auch als Gewürz in allen Speisen zu verwenden. Atemübungen, frühmorgentliche Spaziergänge, die Einnahme von Edelsteinpulvern und eine Veränderung der Lebens- und Ernährungsgewohnheiten können helfen.

- *Vergiftungen, übermäßige Körperhitze, Hautausschläge, Gelbsucht und Paralyse* sind weitere Leiden, gegen die Nummer 3 Menschen nach dem 35. Lebensjahr vorbeugende Maßnahmen treffen sollten. Die regelmäßige Einnahme von gelbem Saphirpulver schützt vor zahlreichen Krankheiten. Dieses Pulver sollte mit 1 Teelöffel Honig oder Sahne eingenommen werden. Zum Vermischen und für die orale Einnahme sollte der Ringfinger der rechten Hand verwendet werden.

Fasten

Für Nummer 3 Menschen ist es vorteilhaft, an Donnerstagen zu fasten und Jupiter zu verehren; auch sollten sie an Donnerstagen keine Bananen essen, keine Wäsche waschen, keinen Hausputz machen, keine Haare waschen oder schneiden, bzw. sich nicht rasieren, keine Cuminsamen als Gewürz verwenden, kein Öl bei der Massage oder bei der Zubereitung von Speisen verwenden (stattdessen kann mit Ghee, d.h. mit Butterschmalz, gekocht werden).

Außerdem ist es für 3er Menschen sehr vorteilhaft, wenn sie an Vollmondtagen fasten und ein Schweigegelübde einhalten sowie des nachts, anstatt zu schlafen, Mantras singen und meditieren.

Hindus können das Vishnu-Mantra und das Vishnu Sahasranam rezitieren oder aber Satya Narayan verehren und die Geschichte* von Sri Satya Narayana vorlesen. Wer das zuvor gesagte an jedem Vollmond praktiziert, wird Glück haben und alle seine Wünsche werden in Erfüllung gehen.

Freundschaft

Männer und Frauen, die am 01., 03., 06., 09., 12., 15., 18., 21., 24. oder 27. eines Monats geboren sind, sind ideale Freunde für 3er. Auch die Nummern 5 und 7 sind ihnen freundlich gesinnt.

Romanzen

Männer und Frauen, die zwischen dem 19. Februar und 21. März oder zwischen dem 21. November und 21. Dezember geboren sind und die psychische Nummer 3, 5 oder 9 haben, sind für 3er perfekte Liebes- oder Ehepartner. Wenn diese Nummern nicht zur Verfügung stehen, sind Menschen mit der psychischen Nummer 1, 2, 6 oder 7 gute Partner, sofern sie auch im o.g. Zeitraum geboren sind.

* In dieser Geschichte sind eigentlich 5 Geschichten aus dem Skanda Purana enthalten, in denen besonderer Wert darauf gelegt wird, daß die Wahrheit unter allen Umständen eingehalten wird.

Wie auch immer, 3er Frauen können 1er oder 7er Männer wählen und 3er Männer tun gut daran, 2er oder 6er Frauen zu wählen.

Gute Lebensjahre
Das 03., das 12., 21., 30., 33., 36., 48., 57., 66. und 75. Jahr sind gute Lebensjahre. Jedes andere Jahr ist ein gutes Lebensjahr, wenn es durch 3 teilbar ist, kann es ebenfalls vorteilhaft sein.

Die Beziehung der 3er Menschen zu anderen Nummern

Die folgende Information basiert auf dem Vergleich der psychischen Nummer 3 mit anderen psychischen Nummern. Man kann auch die Beziehung zwischen Menschen mit der Schicksalsnummer 3 und anderen Schicksalsnummern vergleichen. (Die Vergleiche basieren auf gleichen Kategorien.)

Nummer 3 und Nummer 1

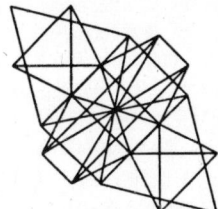

Nummer 3 und Nummer 1 sind – wie bereits auf Seite 60 erläutert – gute Freunde. 3er haben die Fähigkeit, 1er zu inspirieren und alle guten Qualitäten der 1er ans Licht zu bringen. Die von der Sonne beherrschten 1er sind gute Schüler der 3er und unterstützen sie. Die von Jupiter beherrschten 3er sind gute Ratgeber; sie gleichen guten Premierministern, und 1er hören auf die Ratschläge der 3er. Beide sind ehrgeizig und wollen im Leben vorankommen. Sowohl die 3er als auch die 1er können ihre Vorstellungen mit aller Kraft durchsetzen und fleißig arbeiten. Sie verfügen über ein extra Maß an Energie und Widerstandskraft. Beide sind autoritär und diszipliniert. Sie bilden ein ideales Paar, wenn der Mann in dieser Beziehung eine Nummer 1 ist und die Frau die Nummer 3. 3ern wird geraten, 1er für jede Art von Beziehung zu wählen. Auch wenn die 1er für die 3er arbeiten müssen, ist diese Beziehung für beide vorteilhaft.

Nummer 3 und Nummer 2

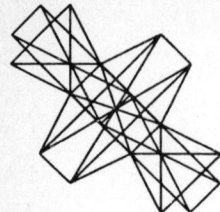

Die Nummer 2 ist – als gerade Zahl – statisch und die 3 – als ungerade Zahl – ist dynamisch. Die Verbindung beider wirkt dynamisch. 3er verstehen 2er sehr gut und können ihnen in jeder Beziehung helfen. Zwar ist die 2 eine Nummer der Veränderung, doch sind 3er anpassungsfähig und flexibel. Beide werden von günstigen Planeten beherrscht. 3er sind für 2er Lehrer, sie fördern Wachstum und Entwicklung der 2er und bringen Erfolg in ihr Leben. Ihre Beziehung ist für beide vorteilhaft und 3er können 2er als Ehepartner, Freunde oder Geschäftspartner wählen. Wenn 2er mit 3ern zusammenarbeiten, können sie alle Projekte bis zum Ende durchführen und Wünsche realisieren. 3er müssen allerdings für 2er arbeiten, da 2er in dieser Beziehung die Prinzessinnen sind und 3er die Premierminister. Während es den 3ern eine Selbstverständlichkeit und ein Bedürfnis ist, hart zu arbeiten, sind 2er empfindlich und zerbrechlich. So bleiben 3er stets beschäftigt und geben 2ern Energie.

Nummer 3 und Nummer 3

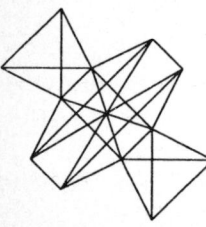

Kaum eine andere Verbindung ist so vorteilhaft, wie jene zweier 3er. Zwar haben wir zuvor erwähnt, daß zwei gleiche Nummern sich entspannen und neutralisieren, wenn sie zusammentreffen, doch bestätigt hier die Ausnahme die Regel. Beide arbeiten fleißig und wollen Hervorragendes leisten. 3er sind universelle Helfer und helfen allen Nummern, wenn sie darum gebeten werden. Als Geschäftspartner machen zwei 3er zwar nicht gerade das große Geld, doch verläuft ihre Zusammenarbeit kooperativ. Letztendlich werden sie erfolgreich sein, da beide praktisch sind und gut organisieren können. Als Freunde, Ehe- oder Geschäftspartner passen zwei 3er gut zusammen. Dreier sind wie Fährleute: sie transportieren alle Nummern über den Fluß der Schwierigkeiten.

Nummer 3 und Nummer 4

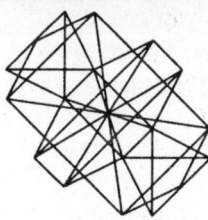

Die Nummer 4 wird von Rahu, dem nördlichen Mondknoten, beherrscht. Rahu ist kein Freund der Nummer 3. Obwohl 3er Menschen von 4ern keine Vorteile zu erwarten haben, trifft das Gegenteil für 4er zu, da 3er von Jupiter beherrscht werden. Wenn beide Nummern eine Geschäftspartnerschaft eingehen, erleiden 3er Verluste, während die 4er Vorteile haben. Dreier sind den 4ern verständnisvolle und hilfreiche Freunde; 4er werden stark, wenn sie auf die Ratschläge der 3er hören. Die Beziehung ist für 3er nicht schädlich, wenn der Mann eine 3 ist und die Frau die 4. Im umgekehrten Fall würde eine Ehe nicht sehr erfolgreich sein, da 4er zu plötzlichen Veränderungen und Heimlichkeiten tendieren, die 3er Frauen auf Dauer nicht ertragen können.

Nummer 3 und Nummer 5

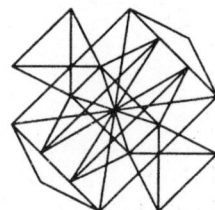

Nummer 3 und Nummer 5 sind beide ungerade und dynamisch. Merkur herrscht über 5er und Jupiter über 3er Menschen. Beide Nummern werden von positiven Planeten beherrscht. Zwar sind Merkur und Jupiter keine Freunde, doch hilft Jupiter, als neutraler, universeller Helfer, den 5ern. 3er sind gute Ratgeber und Freunde. Da 5er sich wie Fürsten und Entertainer benehmen, und 3er ebenfalls Frohnaturen sind, bilden sie eine gutes Team. Keiner von beiden ist Anhänger einer traditionellen Religion, beide sind Freidenker. Sie helfen sich gegenseitig. Wegen ihrer Ruhelosigkeit sind 5er für 3er keine idealen Geschäfts- oder Ehepartner. Da 5er aber von Natur aus Händler sind, können 3er von ihnen etwas über Geschäftspraktiken lernen. Ehen zwischen 5ern und 3ern können vorteilhaft sein, wenn der Mann eine 3 ist und die Frau eine 5, die umgekehrte Kombination ist weniger günstig.

Nummer 3 und Nummer 6

Die Nummer 6 wird vom Planeten Venus beherrscht, dem Lehrer der Dämonen. (Das Wort «Dämon» bezeichnet hier unsere

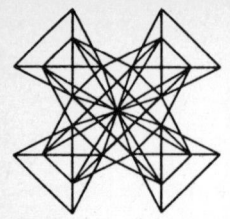

«genußsüchtige» Natur.) Menschen mit der psychischen Nummer 3 lieben Disziplin und 6er sind Gesetzesbrecher, und daher Widersacher. Doch sind sie als Nummern harmonisch. Dreier fühlen sich zu 6ern hingezogen. In Gesellschaft von 6ern können 3er unerforschte Bereiche ihrer Persönlichkeit entdecken und das Leben genießen. Die langsamen 6er haben eine wohltuende Ausstrahlung auf die schnellen 3er, die sich in der Gesellschaft von 6ern entspannen und die luxuriösen Seiten des Lebens genießen können. Als Freunde profitieren 3er und 6er voneinander, und es ist für 6er vorteilhaft, auf die Ratschläge der 3er zu hören. Dreier entwickeln in Gesellschaft von 6ern ein weiteres spirituelles Bewußtsein, da 6er sie mit geheimen und okkulten Wissenschaften in Berührung bringen. 3er und 6er können eine gute Ehe führen, sofern in dieser Verbindung der Mann eine 3 ist und die Frau eine 6. Die umgekehrte Kombination ist nicht ideal. Im Geschäftsleben ist die Verbindung von 3ern und 6ern von gegenseitigem Nutzen.

Nummer 3 und Nummer 7

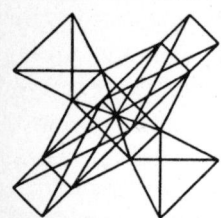

Nummer 7 wird von Ketu beherrscht, einem Planeten, der in keiner freundschaftlichen Beziehung zu Jupiter steht, obgleich Jupiter eine neutrale Einstellung zu Ketu, dem nördlichen Mondknoten, hat.
Beide sind ungerade, dynamische Nummern.
Auch 7ner sind auf ihre Art Lehrer. Lehrer, die praktische Weisheit vermitteln. Beide Nummern sind selbständige Denker. Dreier helfen den 7ern bei der Lösung ihrer Probleme. 7er Menschen sind freundlich und haben eine philosophische Einstellung. Dreier und 7er haben unterschiedliche Denkweisen, die nicht immer übereinstimmen; doch sobald sie an einem gemeinsamen Projekt arbeiten, kommen sie gut miteinander aus.
Beide verfügen über die Gabe der Intuition, beide sind interessiert an Reformen, beide haben schriftstellerische Ambitionen. Als Freunde und Geschäftspartner können sie sich gegenseitig sehr hilfreich sein. In einer Ehe kann die Beziehung sehr gut verlaufen,

wenn der Mann die Nummer 3 und die Frau eine 7 ist. Im umgekehrten Fall wird die Frau anfangs mit Schwierigkeiten zu kämpfen haben, doch wird die Ehe später gut verlaufen.

Nummer 3 und Nummer 8

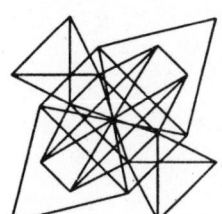

Nummer 8 wird vom Saturn beherrscht. Jupiter und Saturn haben eine neutrale Beziehung. Acht ist eine Nummer der Mühsal, die alles alleine machen möchte und keine Hilfe annehmen will. Deshalb können 3er 8ern nicht helfen (3er helfen erst, wenn man sie um Hilfe bittet). Obwohl 8er sehr stark sind und nach vielen Mühen und Kämpfen ihr Ziel erreichen, ist es ihnen nicht möglich, die Vorteile eines Ehelebens über einen längeren Zeitraum hin zu genießen. Kurz gesagt, 3er sollten 8er nicht heiraten. 3er bringen 8ern Glück, da sie 8er gut beraten und allgemein nützlich für sie sind. Indes sind 8er für 3er weder als Geschäfts- noch als Lebenspartner besonders vorteilhaft.

Nummer 3 und Nummer 9

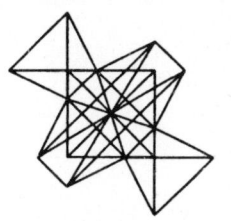

Da die Nummer 9 von Mars beherrscht wird, einem Freund Jupiters, sind sich die Nummern 3 und 9 freundlich gesinnt. Die Nummer 3 bringt 9ern Glück und 9er wiederum sind für 3er nützlich. 9er Menschen besitzen ein außerordentliches Organisationstalent und sind auch fähig, hart zu arbeiten. Beide Nummern bilden ein gutes Team und arbeiten schwer, um im Leben erfolgreich zu sein. Sie helfen sich gegenseitig. 3er können 9er problemlos zum Freund oder Geschäftspartner wählen. Bei einer Geschäftspartnerschaft der beiden werden 3er zwar nicht viel finanziellen Nutzen haben, doch werden sie auch nie Verluste erleiden. Den 9ern hilft der gute Rat der 3er, die wiederum davon profitieren, daß 9er alles für sie arrangieren und organisieren. 9er unterstützen Wachstum und Erfolg der 3er.

RAHU UND DIE ZAHL 4

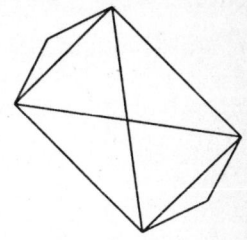

Rahu herrscht über Menschen, die am 04., 13., 22. oder 31. Tag eines Monats geboren sind, und über jene, deren Schicksals- oder Namensnummer eine 4 ergibt. Die im folgenden beschriebenen Rahu-Qualitäten kommen am deutlichsten bei Menschen mit der psychischen Nummer 4 zum Ausdruck.

Rahu und Ketu, die beiden Mondknoten, spiegeln die grundlegende Bipolarität des menschlichen Wesens wider. Im Gegensatz zu den anderen sieben Planeten sind Rahu und Ketu keine materiellen Körper. Jeder von ihnen repräsentiert einen Punkt, an dem der Mond in seinem Lauf die Ekliptik (die Umlaufbahn der Erde um die Sonne) kreuzt. Da diese Punkte zum Mond gehören, der die Emotionen der Menschen beeinflußt, sind sie für Astrologen, Astronomen und Numerologen gleichermaßen wichtig. Auch hatten sie in der Vergangenheit große Bedeutung. Weil man mit ihrer Hilfe den genauen Zeitpunkt einer Sonnen- oder Mondfinsternis errechnete, erhielten sie den Status zweier «Halbplaneten». Obgleich sie eigentlich keine richtigen Gestirne sind, hat ihre Stellung im Geburtshorosokop Einfluß auf das Individuum.

Rahu, der nördliche Mondknoten, ist eine aktive und kettensprengende Kraft, die hauptsächlich auf den Mentalbereich wirkt. Er gilt als dynamischer Übeltäter von niederem Schwingungsniveau – hedonistisch und ewig unzufrieden.

Von Rahu beherrschte Menschen werden faul, lethargisch, träge, irrational und vergnügungssüchtig. Sie können unter dem Einfluß der Rahu-Energie zu Revolutionären, Verschwörern, Spionen oder Detektiven werden. Rahu stürzt die von ihm beherrschten

Menschen in Verwirrung, Unwissenheit und Phobien. Er konfrontiert sie mit Feinden und verursacht Verzögerungen bei der Umsetzung ihrer großen Pläne. Er läßt Menschen, die unter seinem Einfluß stehen, hart arbeiten und schlechte Karmas ausführen.

Günstige Rahu-Aspekte bringen Talent zum Malen, Schreiben und Redigieren sowie Ruhm und Erfolg, körperliche Attraktivität und Schönheit, Intelligenz, Mut und Verschwiegenheit. Wenn Menschen mit guten Rahu-Aspekten politische Ambitionen haben, bringt Rahu Erfolg; meist haben sie jedoch einen Platz in der Opposition. Rahu vermittelt Menschen einen Blickwinkel, durch den sie auch die verborgene Seite jeglicher Wahrheit des Lebens wahrnehmen können. Steht Rahu mit Jupiter oder Venus in Konjunktion, gewährt er Zugang zu Geheimwissenschaften wie Tantra. Rahu ist von Natur aus tamasisch (träge) und hat Einfluß auf die Körperkraft, Knochen, Fett, Gewebe und Haut. Unter Rahus Einfluß bereisen Menschen fremde Länder. Auch Seeleute unterstehen seiner Herrschaft.

Negative Rahu-Aspekte zerstören das Unterscheidungsvermögen und die Sensibilität. Ein ungünstig aspektierter Rahu macht Menschen egoistisch, selbstsüchtig, pessimistisch, träge, aggressiv und bewirkt, daß die von ihm beherrschten Menschen u.U. in Gefangenschaft geraten oder in den Untergrund gehen. Er bringt Schwierigkeiten, Widerstände, Demütigungen und Leiden, die weder diagnostiziert noch geheilt werden können. Menschen mit schlechten Rahu-Aspekten neigen zu Selbstmordgedanken.

Rahu herrscht über das Sternzeichen der Jungfrau, das auch von Merkur beherrscht wird. Er wirkt verstärkt im Stier (gemäß einiger astrologischer Schulen im Zwilling); Skorpion ist das Zeichen, in dem er schwächer ist (gemäß einiger astrologischer Schulen ist er schwach im Schützen).

Zwillinge, Jungfrau, Schütze und Fische sind Rahus befreundete Tierkreiszeichen; feindliche Zeichen sind Krebs und Löwe. Rahu wirkt positiv, wenn er sich im Stier oder in der Waage befindet.

Das 3., 6., 8., 9., 10. und 11. Haus sind gute Häuser für Rahu. Seine Farbe ist ein dunkles oder rauchiges Blau. Sein Element ist die Luft (Vayu, der Körperwind).

Astrologen vergleichen Rahu mit «Rauch», denn Rauch hat – genau wie Rahu – keine bestimmte Eigenschaft, keine individuelle Gestalt, doch kann er alles verdunkeln und verschleiern, was mit ihm in Berührung kommt. Menschen, die von ihm beherrscht werden reagieren leicht verärgert, gebrauchen unanständige Ausdrükke, verlieren Kontrolle über ihre Nerven und neigen zu impulsiven Gefühlsausbrüchen.

Abgesehen von seinen guten und schlechten Eigenschaften ist Rahu eine großartige Energiequelle, die den von ihm beherrschten Menschen ausgeprägte Charakterzüge gibt. Er vermittelt ihnen eine einzigartige Weltsicht, die positiv auf das Wachstum des globalen menschlichen Bewußtseins wirkt. Rahu verleiht Mut, Geduld und Intelligenz. Eigenschaften, die von Nummer 4 Menschen eingesetzt werden, um Unterpriviligierten zu helfen, ihre Stimme gegen priviligierte Minderheiten zu erheben.

Nummer 4

Psychische Nummer 4

4 ist die psychische Nummer der Menschen, die am 04., 13., 22. oder 31. eines Monats geboren sind. Jene, die an einem 31. das Licht der Welt erblickten, sind die Glückskinder unter den 4ern.

Nummer 4 wird von Rahu beherrscht, der ewig veränderlich, unbestimmbar, stets rückläufig und niemals direkt ist. Rahus Einfluß bringt plötzliche Veränderungen ins Leben der Menschen mit einer psychischen Nummer 4. Sie werden ständig mit den Höhen und Tiefen des Lebens konfrontiert. Da sich immer plötzliche Veränderungen in ihrem Leben ereignen, leben sie in ständiger Ungewißhei. Sie entwickeln Zweifel und sind nicht mehr fähig, leicht zu vertrauen. Ihre Unsicherheit zwingt sie dazu, andere zu konsultieren und ihr Leben lang nach dem Rat anderer zu handeln. Ein weiterer Grund dafür ist auch, daß Rahu das Unterscheidungsvermögen und die Urteilskraft beeinträchtigt, die Voraussetzung für Entscheidungsfreude und Entschlossenheit sind.

Wegen ihres unsicheren Wesens werden Menschen mit der psychischen Nummer 4 eigensinnig und stur. Da Rahu ihnen aber Mut, Courage und Geduld gibt, können sie Schmerzen und Leiden ertragen, ohne sich groß aufzuregen. Sie akzeptieren plötzliche Veränderungen im Leben und leidvolle Erfahrungen ohne ungeduldig zu werden. Sie konfrontieren ihre Gegner mit Mut.

Egal, ob sie sich nur oberflächlich unterhalten oder ernsthafte Debatten führen, stets setzen sie sich für die unterpriviligierten Randgruppen ein. Sofern sie im Staatsdienst tätig sind, bevorzugen sie es, in der Opposition aktiv zu sein.

Als Extremisten neigen sie dazu, entweder ganz oben oder unten zu sein – sie wollen weder mittelmäßig noch Mittelklasse sein.

Sie müssen um Wachstum und Entwicklung kämpfen und werden ständig mit Hindernissen konfrontiert – egal, ob sie große oder kleine Tätigkeiten verrichten.

Sie werden ihr Leben lang auf Kritik und Widerstände stoßen. Da sie immer alles aus einer anderen Perspektive sehen als die anderen Menschen und sich außerdem für gesellschaftliche Randgruppen engagieren, schaffen sie sich Probleme und heimliche Feinde. Sie handeln jedoch stets in fairer Absicht und mögen von Natur aus keinen Streit.

Sie können zuverlässige, geduldige Freunde sein, die bereit sind, sich allen Gegebenheiten anzupassen. Aufgrund ihres rasch wechselnden Temperaments können sie aber mitunter freundlich und sanft und dann wieder grob und unsensibel sein. Wenn ihre Freunde sie verstehen und ihre Temperamentsausbrüche hinnehmen können, erweisen sie sich als äußerst hilfreiche, großherzige, praktische Menschen mit brillianten Ideen. Sie sind systematisch und tüchtig, vor allem, wenn es darum geht, große Unternehmen und Pläne in die Realität umzusetzen.

Sie dienen der Gesellschaft und können – dank ihrer unkonventionellen, freien Art zu denken – im Bereich des öffentlichen Lebens großartige Reformen zum Wohle der Armen und Notleidenden durchführen.

Sie sind an allen Arten von Reformen interessiert – egal, ob es sich um Umwelt-, Sozial-, Kommunal- oder Haushaltsreformen handelt. Dieses Interesse kann zum Kontakt mit politischen oder spirituellen Organisationen führen, die sie reformieren, um dann zu Vorsitzenden ihrer eigenen Gesellschaft zu werden.

Sie sind von Natur aus rebellisch und lehnen instinktiv alle Regeln und Vorschriften ab. Sie haben keinerlei Scheu, Gesetze zu übertreten. Wenn immer sie sich gegen die Gesetzgebende Gewalt auflehnen, werden sie bekannt und berühmt. Obwohl sie sehr nüchtern eingestellt sind, haben sie in weltlichen oder materiellen Dingen wenig Erfolg.

Sie haben einen Hang zur Verschwörung und leben in jungen Jahren manchmal mit Verschwörern zusammen. Da sie dazu tendieren, sich von existierenden Normen abzuheben, kommen sie mitunter mit Anarchisten, Terroristen und Gesetzesbrechern in Verbindung. Sie befürchten oft, daß andere sie nicht verstehen und für Verschwörer halten. Aus diesem Grunde fühlen sie sich einsam und verlassen.

Es liegt ihnen nichts daran, Reichtum anzusammeln. Sobald sie Geld haben, geben Sie es großzügig aus. Ihre luxuriöse Art zu leben und Geld freizügig auszugeben, hinterläßt bei anderen den trügerischen Eindruck, daß sie reich sind. Da sie gutherzig sind und Geld an Arme und Bedürftige geben, glauben Freunde und Verwandte, daß sie viel Geld haben, was aber nicht unbedingt zutreffend ist.

Sie sind hervorragende Kunstkritiker und besuchen gerne Kunstausstellungen, Konzerte und Theateraufführungen sowie Ausstellungen von Altertümern verschiedenster Art. Zwar macht es ihnen Spaß, diese Ereignisse kritisch zu bewerten, dochhaben sie keine klare Perspektive.

Da sie keine klare Vorstellung von ihrem Leben haben, bleiben sie – und andere, mit denen sie zusammenleben oder verbunden sind – im Ungewissen. Dies ist der Grund für Probleme im Familienleben und bei Freundschaften. Ihre Angewohnheit, kein klares Lebensziel zu haben, resultiert aus der Tatsache, daß sich ihnen immer wieder ganz unerwartet und plötzlich neue Ereignisse und Hindernisse in den Weg stellen, und sie nicht das erreichen lassen, was sie gerne möchten.

Sie bringen gerne Harmonie und Ordnung in ihr Leben und arbeiten mit System. Wenn sie von harmonischen Nummern unterstützt werden, können sie in großen Sprüngen Fortschritte machen und und zu Reichtum und Ruhm gelangen. Die Möglichkeit dazu ist gegeben, da sie praktische Planer und fleißige Arbeiter sind, starke

Willenskraft besitzen und Herausforderungen und Widerständen ohne Angst entgegentreten.

Sie halten Freundschaften ihr Leben lang aufrecht, doch haben sie nur wenige wahre Freunde. Sie haben immer das Gefühl, daß sie mißverstanden werden.

Sie sind «self made»-Menschen und von Natur aus extrem verschwiegen. Nie geben sie Geheimnisse preis. Sie würden sie nicht mal ihren nächsten Angehörigen anvertrauen. Daher leiden 4er häufig unter Herzproblemen. Sie lieben jedoch das Gefühl, einsam zu sein und tragen ihr Leid gern allein.

Sie sind extrem egoistisch und können in ihrem Egoismus bis zum äußersten gehen. Um ihre selbstsüchtigen Triebe zu befriedigen, schrecken sie mitunter nicht einmal davor zurück, anderen Schaden zuzufügen.

Sie machen falsche Versprechen und schaffen sich so ihr Leben lang Kritiker, Gegner und Feinde.

4er sind gute Gesprächspartner. Sie sind sanft und höflich, wenn sie sich mit Angehörigen des anderen Geschlechts unterhalten. Sie sind sehr sinnlich. 4er Männer haben einen starken Sexualtrieb. Sie gehen zahlreiche Liebesaffären ein, doch verläuft ihr Liebesleben nie sehr erfolgreich. Die plötzlichen Veränderungen, mit denen sie ständig konfrontiert werden, bringen ihre Heiratspläne durcheinander. Obwohl ihre Zweifel und die Unverbindlichkeit ihres Charakters hierbei auch eine wichtige Rolle spielen, ist es letztendlich doch das Element der ständigen plötzlichen Veränderungen, das ihnen zum Verhängnis wird.

Frauen mit der psychischen Nummer 4 kümmern sich sehr liebevoll um ihren Ehemann, um dessen Freunde und um andere männliche Familienangehörige. Sie sind romantisch und sanft. Sie handeln verantwortungsbewußt und betreuen ihren Mann, dessen Freunde, ihre Eltern und Schwiegereltern vorbildlich. Sie sind gewissenhaft, klug, flexibel und reserviert. Sie leben gerne unabhängig und lassen sich nicht gerne von anderen etwas vorschreiben.

Frauen mit der psychischen Nummer 4 wird geraten, keine Langzeitpartnerschaften mit Menschen der psychischen Nummern 4, 8 oder 9 einzugehen. Die psychischen Nummern 1, 3, 5 und 6 passen besser zu ihnen, sind sympathischer und harmonischer.

118

Trotz all der Widerstände und Kritiken, die ihnen entgegengebracht werden, trotz ihrer Unzulänglichkeiten und Leiden, werden Menschen mit der psychischen Nummer 4 in ihren späteren Lebensjahren belohnt und anerkannt. Sie haben außerdem das Glück zu erben.

Ratschläge für Menschen mit der psychischen Nummer 4:
- Sie sollten weniger kritisch sein und mehr vertrauen. Wenn immer möglich sollten sie sich an den berühmten Ausspruch Buddhas erinnern «Zweifle an allem – zum Schluß auch am Zweifel».
- Sie sollten ihre Zweifel nicht als Gegebenheit hinnehmen und sich gute Gelegenheiten nicht entgehen lassen.
- Ihren größten Feind, den Zorn, können sie besser kontrollieren, wenn sie sich angewöhnen, Wasser aus einem Silberbecher zu trinken und von einem Silberteller zu essen.
- Sie sollten den Wert anderer Menschen anerkennen und zu würdigen wissen.
- Sie sollten weniger egoistisch sein und lernen, selbstlos zu dienen.
- Sie sollten sich davor hüten, Geld unnötigerweise auszugeben und es stattdessen besser fürs Alter und für Notzeiten anlegen.
- Sie sollten sich angewöhnen, Entscheidungen schnell und eigenständig zu treffen.
- Sie sollten sich davor hüten, andere zu tadeln.
- Sie sollten in anderen Menschen keine falschen Hoffnungen wecken und keine falschen Versprechen geben. Sie sollten ehrlich «nein» sagen lernen, wenn sie etwas nicht für andere tun können, anstatt «ja» zu sagen, ohne zu handeln.
- Sie sollten nicht blind vertrauen.
- Sie sollten weniger und melodischer sprechen.
- Sie sollten Einsamkeit und Isolation meiden.
- Sie sollten grundloses Reisen meiden.
- Es ist für sie ratsam zu meditieren und Techniken auszuüben, die den Geist zur Ruhe bringen, damit sie im Alter nicht an Gedächtnisschwäche leiden.

Nummer 4 Menschen können manchmal eine Kundalini-Erfahrung haben. Ist dies der Fall, sollten sie sich nicht ängstigen, da sie problemlos ihren normalen Bewußtseinszustand wiedererlangen, wenn man sie ungestört in Ruhe läßt.

Jene 4er, die eine 9 als Schicksalsnummer haben, sollten nach Möglichkeit nicht mit Maschinen hantieren.

Besonderer Hinweis für Menschen, die am 13. oder 22. eines Monats geboren sind:

Nummer 13

Nummer 4 Menschen, die am 13. eines Monats geboren sind, sollten in Betracht ziehen, daß sie die Kombination einer von der Sonne beherrschten 1 und einer von Jupiter regierten 3 sind.

Im Fall der 13 verletzt die Sonne den Jupiter, was sich durch ein leicht reizbares Wesen bemerkbar macht. Doch hat diese Kombination gleichzeitig auch die Qualitäten der Nummer 1, da 13 ein Mitglied der 10er-Serie ist, die von der 1 beeinflußt wird. Der Spannungsaspekt zwischen Sonne und Jupiter bewirkt, daß Dinge schnell geschehen. Wenn diese Menschen Freunde finden, die sie gut unterstützen, können sie ihre Traurigkeit, ihren Pessimismus und ihre Reizbarkeit vergessen und etwas besonderes im Leben leisten.

Sie sollten regelmäßig Hessonitpulver (Gomed Pishthi) – vermischt mit 1 Teelöffel Sahne oder Honig – einnehmen (weitere Information hierzu können Sie im Buch *Die sanfte Kraft der edelen Steine* von Harish Johari, erschienen im Windpferd Verlag, nachlesen). Sie sollten auch von Silbergeschirr essen und trinken.

Für gewöhnlich gilt die 13 im Westen als unheilbringende Zahl und Unglücksnummer. Dieser Aberglaube geht auf einen alten europäischen Mythos zurück; ab Ende des 17. Jahrhunderts wurde die Nummer zur Unglückszahl erklärt. Auch im alten China galt die 13 als Nummer der Schwierigkeiten.

Gemäß altmexikanischer Religion ist sie jedoch eine außergewöhnliche Glücksnummer, die die Sonne, die positive, männliche Engerie, symbolisiert.

Auch in der Kabbala wird die 13 nicht als Unglückszahl gesehen. Im 2. Buch Moses werden 13 Attribute Gottes erwähnt (Exodus

34: 6-7). In Indien galt die 13 ursprünglich nicht als unglückbringende Zahl; erst unter dem Einfluß der Briten begannen auch
manche Inder, von der 13 als Unglückszahl zu sprechen.
Aus numerologischer Sicht ist die 13 keine unglückbringende
Nummer. Sie ist die Nummer praktischer, aufgeweckter und zuver-
lässiger Menschen. Menschen, die an diesem Tag geboren sind,
können leicht den Dingen auf den Grund gehen. Sie können auf
dem Gebiet der wissenschaftlichen Forschung sehr erfolgreich tätig sein, aber auch im Bereich okkulter Wissenschaften, wie beispielsweise im Tantra. Ihr Interesse für Religion und Philosophie
kann sie zu großem Erfolg und Siddhis (Kräften, die als über-
natürlich angesehen werden) führen.

Nummer 22
Menschen mit der psychischen Nummer 4, die am 22. eines Monats
geboren sind, werden stärker von der Nummer 2 beeinflußt, obwohl sie alle Qualitäten der Nummer 4 an sich haben. Sie sind sehr
eigensinnig und gelten im Freundes- und Familienkreis als schwierig. Menschen mit dieser Nummer müssen häufig getrennt von ihrer Familie leben. Besonders bei Männern mit dieser Nummer
kommen Scheidung und Wiederverheiratung häufig vor.
Einige Schulen halten die Nummer 22 für eine mystische Zahl.
Menschen, die am 22. geboren sind, sind Spezialisten. Sie arbeiten
effizient, sind praktisch und systematisch. Sie müssen hart kämpfen, da sie keinerlei Unterstützung seitens ihrer Kollegen, Partner
oder Familienangehörigen erhalten. Menschen, die am 22. geboren
sind, können erfolgreiche Politiker werden. Im Geschäftsleben
steigen sie nur auf, wenn ihre Partner sie unterstützen. Sie sollten
Techniken erlernen, durch die sie ihren Geist zur Ruhe bringen
können und regelmäßig Hessonitpulver (Gomed Pishthi) einnehmen, um den Rahu-Einfluß abzuschwächen. Mit Ausnahme ihrer
Eheprobleme können sie alle Schwierigkeiten und Hindernisse im
Leben meistern und erfolgreich sein.

Schicksalsnummer 4
Die Nummer 4 ist keine besonders gute Schicksalsnummer. Menschen mit der psychischen Nummer 4 können Übung darin bekom-

121

men, sich mit den Unannehmlichkeiten abzufinden, die immer wieder durch neue plötzliche Veränderungen in ihr Leben treten.

Doch für Menschen mit der Schicksalsnummer 4 kommen Veränderungen stets unvorbereitet und plötzlich und durchkreuzen ihren Lebensplan; diese Tatsache macht ihr Leben mühselig und widerlich. Selbst wenn sie über allen Komfort und Luxus im Leben verfügen, haben sie immer das Gefühl, daß ihnen etwas fehlt.

Oft bietet sich ihnen die Gelegenheit voranzukommen, doch ihr zweifelndes Wesen macht sie derart mißtrauisch, daß sie diese Chancen verpassen.

Sie müssen schwere Verantwortung und Pflichten übernehmen und können nicht umhin, sie auszuführen. Sie verfügen zwar über ausreichend Widerstandskraft und Stärke, doch wird die Mühe, die sie sich geben, nie richtig belohnt. Nicht nur, daß ihre Arbeit keine entsprechende Würdigung erfährt, sie werden zusätzlich mit Widerstand und Kritik konfrontiert. Diese Erfahrung läßt sie mißtrauisch und übervorsichtig werden; sie beginnen sich zu isolieren und werden traurig und einsam.

Rahu bringt Unzufriedenheit. Menschen mit der Schicksalsnummer 4 sind nie zufrieden mit ihren beruflichen Aufgaben und versuchen stets, bessere zu finden. Sie wechseln häufig ihre Berufe und werden haltlos.

Durch den Einfluß von Rahu fühlen sie sich ständig von heimlichen und unsichtbaren Feinden gestört. Tatsächlich ziehen Menschen mit der Schicksalsnummer 4 Feinde förmlich an, aufgrund ihrer unkonventionellen Lebensart und ihrer positiven Ansichten, wegen ihres kritischen doch unklaren Verstandes und weil sie sich bestehenden Gewohnheiten und Normen nicht unterordnen.

Die rückläufige Rahubewegung erzeugt in Menschen mit der Schicksalsnummer 4 Ruhelosigkeit und Ungeduld. Sie können Verzögerungen bei der Arbeit nicht ertragen, doch verzögert sich bei ihnen immer alles. (Ähnlich wie Saturn bringt Rahu Hindernisse und Verzögerungen.) Selbst ihr Glück kommt mit Verspätung.

Ihr Familienleben ist nicht gut. Es leidet unter ihrem egoistischen, zweifelnden und verschlossenen Wesen. Sie sind nicht fähig, Entscheidungen schnell zu treffen. Im Alter leiden sie an Gedächtnisschwäche.

Die zuvor beschriebenen Eigenschaften treffen besonders auf Menschen mit der Schicksalsnummer 4 zu, die an einem Samstag geboren sind und eine psychische Nummer 4 oder 8 haben.

Sie verfügen über mehrfache Einnahmequellen, doch geben sie Geld auch schnell wieder aus. Wenn sie ihren Hang zur Verschwendung nicht bewußt kontrollieren, müssen sie im Alter schwer arbeiten, um zu überleben.

Namensnummer 4

Generell ist die 4 keine gute Namensnummer, doch können Menschen mit einer psychischen oder Schicksalsnummer 1 und Menschen mit der psychischen Nummer 3 die 4 als Namensnummer verkraften. Nummer 1 und Nummer 3 Menschen sind optimistisch, idealistisch und arbeiten zum Wohle der Menschheit. Die Nummer 4 macht sie vorsichtig und mißtrauisch. Sie schafft weder einen großen Freundeskreis, dem man vertrauen kann, noch bringt sie im Geschäftsbereich den großen Erfolg. Wenn möglich, sollten Menschen mit der Namensnummer 4 ihren Namen ändern. Tun sie dies, sollten sie darauf achten, daß die neue Namensnummer mit ihrer psychischen Nummer harmoniert – also beispielsweise eine 1, 3 oder 6 ist. Dies wird die Beziehung zu ihren Kollegen verbessern und sie vor heimlichen Feinden schützen.

Verhaltensweisen, durch die wir unseren inneren und äußeren Lebensraum ins Gleichgwicht bringen können:

Wenn wir regelmäßig Fastentage einhalten, die entsprechenden Gewürze und Edelsteinpulver verwenden, mit Hilfe von Meditation, Mantrarezitation und Yantras können wir uns *innerlich* ins Gleichgewicht bringen. Die *äußeren Lebensumstände* können wir positiv beeinflussen, wenn wir für unsere Handlungen den richtigen Zeitpunkt wählen (den zunehmenden oder abnehmenden Mondzyklus berücksichtigen), uns gute Freunde suchen (d.h. mit verträglichen Nummern Freundschaft schließen) und neue Tätigkeiten zur passenden Zeit beginnen (die schwachen und starken Perioden berücksichtigen). Am mühelosesten kommen wir mit uns selbst und dem äußeren Umfeld in Einklang, wenn wir auf den bereits vorhandenen Energiefluß achten (wie man dies macht, wird im den folgenden Abschnitten beschrieben). Die hier gegebenen Informationen beziehen sich auf Menschen mit einer psychischen Nummer 4:

Schwache Perioden
Die Monate Oktober, November und Dezember sind generell keine guten Monate für 4er. In dieser Zeit sind sie öfters traurig, haben beruflich viele Schwierigkeiten, fühlen sich körperlich schwach und sind nicht besonders begeisterungsfähig. Sie sind antriebslos, müssen Verluste einstecken und haben psychologische Probleme.

Starke Perioden
Die Zeiten zwischen 21. März bis 28. April und zwischen 10. Juli bis 20. August sind gut für 4er. Sie sollten diese Zeiten nutzen, um eventuell einen beruflichen Neuanfang zu wagen, um neue Pläne zu schmieden, um Unvollendetes fertigzustellen und um die Zukunft zu planen.

Gute Daten
Der 04., 13., 22. und 31. Tag eines Monats ist allgemein gut für Menschen mit der psychischen Nummer 4. Auch der 01., 03., 05., 12., 14., 19. oder 21. Tag eines Monats ist günstig, wenn er auf einen Montag trifft.

Gute Tage
Samstag, Sonntag und Montag sind gute Tage für 4er. Wenn diese Tage auf die o.g. günstigen Daten fallen, wirken sie noch besser.

Günstige Farben
Blau, Grau, Khaki und leuchtende Farben sind gut für 4er. Sie können gute Energie von diesen Farben beziehen und sollten sie in ihrer Kleidung und in ihrem äußeren Lebensraum großzügig verwenden.

Edelsteine
Hessonit ist der Glücksstein der 4er. Er sollte als Ring oder An-

hänger getragen werden; die Fassung sollte aus einer Mischung von 5 Metallen* bestehen. 4er können außerdem Hessonitpulver einnehmen, um ihr Kreislaufsystem mit elektrochemischer Energie zu versorgen.

Meditation

Nummer 4 Menschen sollten auf Lord Ganesha, den Hindernisbeseitiger mit dem Elefantenkopf, meditieren und das Ganesha Mantra singen:

GAJANANAM BHUTGANADI SEVITAM
KAPITHYA JAMBO PHALCHARU BHAKSHANAM
UMA SUTAM SHOKVINASH KARAKAM
NAMAMI VIGHNESHWAR PADPANKAJAM

Gottheit

4ern wird geraten, *Ganesha* zu verehren. Ganesha wird mit 4 Armen und einem Elefantenkopf visualisiert. Er sitzt auf einem goldenen Thron. Mit einer Hand gewährt er seinen Segen, in der anderen hält er ein Beil, mit dem er den Elefanten der Begierden kontrolliert. In der dritten Hand hält er ein Lasso und in der vierten ein Laddu, die Süßigkeit, die er am liebsten mag.

Mantra

Generell sollte Japa (Mantrarezitation) eines Planeten innerhalb des zunehmenden Mondzyklus vollendet werden. Auch ist es wichtig, daß die vorgeschriebene Zahl des Mantras vollständig wiederholt wird.

Wenn 4er Menschen auf Widerstände stoßen und/oder finanzielle Schwierigkeiten haben, sollten sie das Ganesha Mantra (siehe oben, unter der Überschrift «Meditation») und das Rahu Mantra mit Hilfe einer Mala (einer Kette aus 108 Perlen, ähnlich einem Rosenkranz) rezitieren, und zwar über 2 Runden (2 x 108 Perlen bzw. Mantras):

AUM RANG RAHUVE NAMAH AUM

* Siehe auch: *Die sanfte Kraft der edlen Steine* von Harish Johari.

Rahu Yantra*

13	8	15
14	12	10
9	16	11

Gesundheit und Krankheit

Erkältungskrankheiten und Husten, ansteckende Krankheiten und Seuchen werden Rahu zugeordnet. Auch Blutarmut, Herzbeschwerden, hoher und niedriger Blutdruck (meist hoher) und Krankheiten, die nicht zu diagnostizieren und nicht leicht zu heilen sind, werden mit Rahu assoziiert.

Nummer 4 Menschen sollten beim Kochen Oregano- und Bockshornkleesamen verwenden, um Problemen vorzubeugen, die durch ein schwaches Verdauungsfeuer und durch Blähungen verursacht werden. Dies wird sie auch vor Herzbeschwerden und Blutdruckproblemen schützen. Bockshornkleesamen stärken das Immunsystem und helfen, Infektionen abzuwehren.

4er Menschen sollten Karottensaft, den Saft roter Bete und frischgepreßte Fruchtsäfte trinken, um Blutarmut vorzubeugen. Sie sollten darauf achten, daß sie nicht wütend werden, denn «Zorn bringt das Blut zum Kochen» und erhöht den Blutdruck. Die Einnahme von Hessonitpulver kann 4er vor Problemen bewahren, die durch den Einfluß von Rahu entstehen. Die regelmäßige Verwendung von blutreinigenden Tees, grünem Blattgemüse und von Sprossen und Keimen (wie z.B. Moongbohnensprossen, Weizengraßsaft und Bockshornkleekeimen) hilft 4ern, gesund und kräftig zu bleiben.

Fasten

4ern wird geraten, jeden Montag zu fasten und auch am 4. Tag im zu- und abnehmenden Mondzyklus. An diesen Tagen sollten sie

* Siehe Anmerkung 2 auf Seite 56.

126

frischgepreßten Fruchtsaft trinken und, wenn notwendig, nach Sonnenuntergang etwas Obst zu sich nehmen.

Freundschaft
Die Nummern 1, 3, 4, 5, 6 und 7 sind gute Freunde für 4er. Menschen mit o.g. Nummern, die während der starken Perioden der 4er geboren sind, werden sehr enge Freunde werden.

Romanzen
1er Menschen sind die besten Ehe- und Liebespartner für 4er. Es folgen 6er und dann 4er Partner.

Gute Lebensjahre
Das 4., 13., 22., 31., 40., 48., 49., 58., 67., 76. und 85. Lebensjahr sind gute Jahre für 4er; gut sind auch das 8., 17., 26., 35., 44., 53., 62., 71. und 80. Lebensjahr.

Die Beziehung der Nummer 4 zu anderen Nummern

Die folgende Information basiert auf dem Vergleich der psychischen Nummer 4 mit anderen psychischen Nummern. Man kann auch die Beziehung zwischen Menschen mit der Schicksalsnummer 4 und anderen Schicksalsnummern vergleichen. (Die Vergleiche basieren auf gleichen Kategorien.)

Nummer 4 und Nummer 1

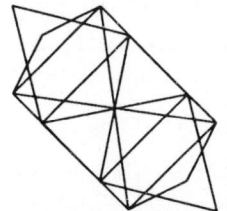

Astrologisch gesehen sind 4er und 1er Feinde – Gegner in dieser Welt der Gegensätze. Gegensätzliche Pole ziehen sich an und erzeugen gemeinsam eine völlig neue dritte Kraft. So gesehen sind 1er sehr gut für 4er. 1er Menschen haben Glück und einen großen Bekannten- und Freundeskreis, während 4er Menschen dazu neigen, sich zu isolieren. Die Freundschaft der 1er ist für 4er hilfreich. Beide sind praktisch veranlagt, sind fleißige Arbeiter und interessieren sich für Politik. Sie lieben Reformen und können ideale

Partner auf der politischen Bühne sein. 4er haben kein Glück im häuslichen Bereich, doch können 1er sie glücklich machen. Da 1er sich natürlicherweise zu 4ern hingezogen fühlen, können sie gute Lebenspartner werden. 4er sind sehr unentschieden und 1er können ihnen helfen, Entscheidungen zu treffen. Auch als Geschäftspartner sind 1er vorteilhaft für 4er.

Daher wird 4ern geraten, 1er für alle Arten von Beziehungen zu wählen. Im Berufsleben, als Vorstellungstermin oder als Hausnummer ist die 1 für 4er ideal. 4er Menschen betrachten Dinge aus der Perspektive unterprivilegierter Schichten und geben sich unkonventionell. Ihre frische Sichtweise vermittelt 1ern eine zusätzliche Dimension. Beide Nummern dienen der Gesellschaft, gemeinsam werden sie großartige Helfer für die Menschheit.

Nummer 4 und Nummer 2

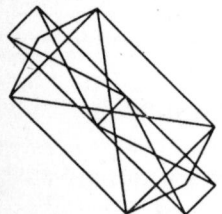

Obgleich die Nummer 4 und die 2 beide gerade Zahlen sind, sind sie – astrologisch betrachtet – Feinde, da die 4 von Rahu und die 2 vom Mond beherrscht wird. 4er bringen Hindernisse in den Weg der 2er und behindern deren Entwicklung. 2er Menschen, die eine 4 als Namens- oder Schicksalsnummer haben, müssen mit Schwierigkeiten kämpfen. 2er sind launisch und emotionell, und 4er sind intolerant. Beide sind sie Nummern ständiger Veränderung. Bei 4ern treten Veränderungen plötzlich und unerwartet auf, dies bereitet 2ern psychologische Probleme. Daher sollten 4er die 2er nicht als Ehe- oder Geschäftspartner wählen. Da 2er 4ern nicht schaden, können 4er Freundschaften mit 2ern schließen. 4er können die 2 auch als Datum für wichtige Termine oder als Hausnummer wählen.

Nummer 4 und Nummer 3

3er haben zu 4ern ein neutrales Verhältnis, obgleich 4er Feinde der 3er sind. Da 4er statisch und 3er dynamisch sind, profitieren die 4er von dieser Verbindung. 3er sind 4ern gute Ratgeber. Wenn 4er dem Rat der 3er folgen, gewinnen sie an Stärke. Eine Freundschaft der beiden fördert das Wachstum und die Entwicklung der 4er. Da die 3

128

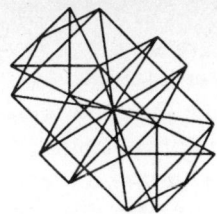

eine freundliche Nummer und ein universeller Helfer ist, profitieren 4er von dieser Freundschaft, Geschäftspartnerschaft etc.

4er Frauen kann geraten werden, einen 3er Mann zu heiraten, doch trifft das Gegenteil nicht zu. 3er Frauen können die Probleme der 4er verstehen und mitempfinden, sie können ihnen positive Energie geben und ihnen damit ihre Zweifel nehmen. Da 3er andere inspirieren und viele Freunde haben, können sie die 4er vor Isolation und Depression bewahren.

Nummer 4 und Nummer 4

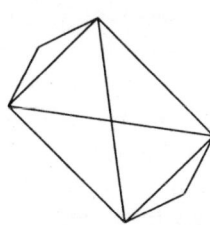

Gleiche Pole stoßen sich ab, und gleiche Nummern bilden generell keine ideale Verbindung. Zwei 4er sind füreinander nicht besonders vorteilhaft, doch schaden sie sich gegenseitig nicht. Zwei Menschen mit der psychischen Nummer 4 können gute Freunde sein, wobei sie allerdings zusammen noch träger, inaktiver und statischer werden. Obwohl zwei 4er füreinander nicht die idealen Lebenspartner, Freunde oder Geschäftspartner sind, können sie doch gemeinsam überleben. Die Zweifel, die sie beide ständig haben, macht alles nur schwieriger, und es wird für beide problematisch, Zukunftspläne zu schmieden. Im Falle einer Ehe sollten 4er jene 4er wählen, die an einem Sonntag geboren sind, innerhalb des Zeitraums, der für sie günstig ist (zwischen 21. März bis 28. April und zwischen 10. Juli bis 20. August). Sie sollten außerdem darauf achten, daß ihre Schicksals- und die Namensnummer miteinander harmonieren. 4er können die 4 als Datum für wichtige Termine oder als Hausnummer wählen.

Nummer 4 und Nummer 5

Die Nummer 5 wird vom Merkur beherrscht, daher haben 5er ein unruhiges und launisches Wesen. Freundschaften mit 5ern sind für 4er nicht sehr fruchtbar. Ein Grund dafür ist, daß 5er etwas kindisch sind und 4er ihnen nicht genügend Aufmerksamkeit geben und mit der Zeit das Interesse an der Freundschaft verlieren. 5er

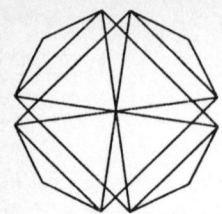 sind dynamisch, doch brauchen sie die Energie von anderen; 4er geben ihnen keine Energie. Sie bringen sich zwar keine negativen Gefühle entgegen und können gemeinsam überleben, obwohl ihre Freundschaft nicht von gegenseitigem Nutzen ist. 4er können die 5 als Datum für wichtige Termine wählen, als Hausnummer oder für gelegentliche Freundschaften; sie sollten aber keine Ehe oder Geschäftspartnerschaft mit 5ern eingehen.

Nummer 4 und Nummer 6

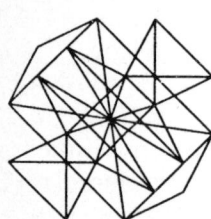 4er und 6er formen eine harmonische Verbindung. 4er fühlen sich von 6ern angezogen, doch bringt eine langzeitige Beziehung den 4ern Unzufriedenheit. 6er können 4ern keine Führung oder Orientierung bieten; da 6er von der Venus beherrscht werden, sind sie sehr langsam und manchmal auch bequem. 6er können nicht so hart arbeiten wie 4er. Beide Nummern haben eine großzügige Einstellung zu Geld und geben es unnötigerweise aus. Im Falle einer geschäftlichen Zusammenarbeit ist es ihnen nicht möglich, ihre Ausgaben mit den Einnahmen in Übereinstimmung zu bringen. 6er sind langsam und haben weder Geduld noch Beständigkeit, während 4er das genaue Gegenteil von ihnen sind. 4er sind zu schnell. 4er können keine Zukunftspläne machen, da sich in ihrem Leben stets alles plötzlich und unerwartet verändert. Dies bringt Probleme bei einer Geschäftspartnerschaft, da 6er gern im voraus planen. Sowohl 4er als auch 6er müssen des öfteren in ihrem Leben alleine leben. Zusammenarbeit ist bei dieser Zahlenverbindung schwierig. Doch, wie bereits erwähnt, fühlen 4er sich von 6ern angezogen und können deren Freundschaft genießen. 6er haben generell keine Verpflichtungen und gehen außereheliche sexuelle Beziehungen ein; 4er haben damit Schwierigkeiten. Da 4er von Haus aus nicht mit einem guten Familienleben gesegnet sind, ist es möglich, daß die Lebensgemeinschaft mit einem 6er Partner nicht sehr harmonisch wird. Trotzdem kann ein 4er Mann eine 6er Frau heiraten, wenn es unvermeidbar ist, und beide können einige wun-

derschöne Ehejahre miteinander genießen. 4er können die 6 als Datum für wichtige Termine oder als Hausnummer wählen.

Nummer 4 und Nummer 7

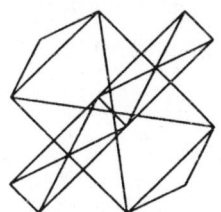

7er und 4er sind 2 Pole der gleichen Energie. Die 7 wird von Ketu beherrscht, dem Drachenschwanz bzw. südlichen Mondknoten, und Rahu, der die 4 beherrscht, ist als Drachenkopf oder nördlicher Mondknoten bekannt. Sie sind 180 Grad voneinander entfernt und sehen die Dinge daher aus völlig verschiedenen Perspektiven. 4er sind aggressiv, 7er passiv. Astrologisch gesehen sind sie Freunde. So, wie der Körper für den Kopf arbeitet, so sind 7er Menschen für 4er tätig; 7er können ihre Energie den 4ern zur Verfügung stellen, ohne sich dabei schlecht zu fühlen. 7er sind gute Freunde, Geschäfts- und Lebenspartner für 4er. Es ist besser, wenn bei dieser Verbindung die Frau eine 7 und der Mann ein 4er ist. Eine Geschäftspartnerschaft verläuft erfolgreich, wenn 7 das Geld investiert und 4 im praktischen Geschäftsbereich tätig ist. Sie ergänzen sich gegenseitig, doch herrscht der Kopf (4) über den Körper (7).

Nummer 4 und Nummer 8

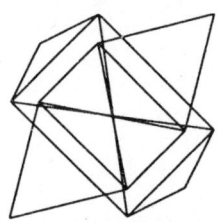

Die 8 ist für die 4er eine ruhige, beruhigende und friedliche Nummer. Beide sind gerade Zahlen und daher statisch. Da 4 aber aktiv ist, bringt die Verbindung mit der 8 weder Trägheit noch Passivität mit sich. Beide Nummern sind Gesetzesbrecher, unkonventionell und rebellisch. Beide helfen Armen und Leidenden. Wenn sie politisch interessiert sind, bilden beide Nummern eine starke Opposition. Sie kämpfen für Menschenrechte und Freiheit. 8er sind für 4er gute Freunde und gute Geschäfts- und Ehepartner. Die Beziehung verläuft noch besser, wenn der Mann eine 8 und die Frau eine 4 ist. Während 8 eine sichere Basis schafft, kann die 4 ihre Talente entwickeln. Die 8 ist eine starke Nummer; 8er gelangen in ihrer späteren Lebenshälfte zu materiellem Wohlstand und Erfolg. Auch 4er werden erst im späteren Lebensabschnitt erfolgreich. In ihren frühen Lebensjahren sind beide Nummern Widerständen, Schwierigkeiten, Verzögerungen und harten Kämpfen ausgesetzt, doch die letzte Hälfte ihres Lebens gestaltet sich gut. 4ern wird geraten, 8er als Freunde, Geschäfts- und Lebenspartner zu wählen. Wenn sie Schwierigkeiten und Verzögerungen vermeiden wollen, sollten sie die 8 nicht zur Namensnummer wählen, auch nicht als Datum für wichtige Termine oder als Hausnummer.

Nummer 4 und Nummer 9

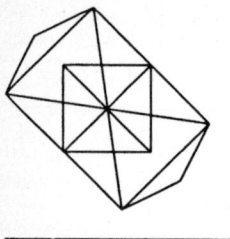

Die Nummer 9 wird vom Mars beherrscht, einem Feind der Nummer 4. 9er Menschen sind sozial veranlagt, 4er sind weniger sozial. Ihre Freundschaft hilft den 4ern. 9er sind ehrlich und arbeiten fleißig, doch sind sie von Natur aus kämpferisch veranlagt. 4er sind Feinde der 9er und verfügen über außergewöhnliche Ausdauer.

9er haben genügend innere Stärke und lassen sich nicht von der Kritik der 4er provozieren. 4er ermutigen 9er, aktiver zu werden und helfen so den 9ern, kreativ zu sein. Umgekehrt helfen 9er den 4ern, mehr Willenskraft zu entwickeln und sich von Zweifeln und Verworrenheit zu befreien. Daher passen beide Nummern als Freunde und Geschäftspartner gut zusammen. Allerdings wird 4ern davon abgeraten, mit 9ern ein Ehe zu schließen. Dies gilt vor allem, wenn die Frau eine 9 ist und der Mann eine 4. Wenn unvermeidbar, kann eine 4er Frau einen 9er Mann heiraten.

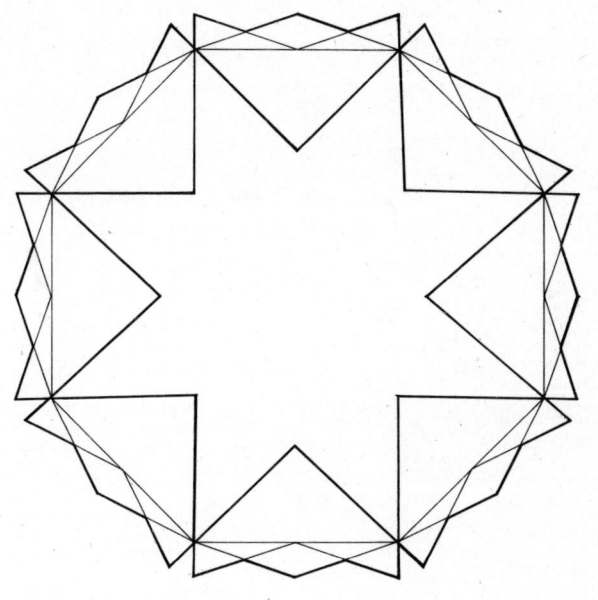

MERKUR UND DIE ZAHL 5

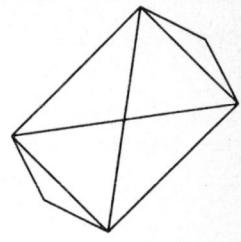

Merkur ist der Planet, der über Menschen herrscht, die am 5., 14. oder 23. Tag eines Monats geboren sind, bzw. deren Schicksals- oder Namensnummer in der Quersumme eine 5 ergibt. Die im folgenden beschriebenen Merkur-Qualitäten kommen am deutlichsten bei Menschen mit der psychischen Nummer 5 zum Ausdruck.

Merkur, dem kleinsten Planeten in unserem Sonnensystem, werden Eigenschaften wie rasche Auffassungsgabe, Wechselhaftigkeit, Humor und Ruhelosigkeit zugeschrieben. Er ist auch als der «Immergrüne» – der ewig jugendfrische Planet – bekannt. Sein Sanskritname «Kumar» (jugendlich) weist auf sein jugendliches und prinzliches Wesen hin. Des weiteren wird er in Sanskrit auch *buddha* genannt, ein Planet des *buddhi*, was wörtlich übersetzt «Intellekt» bedeutet, und *pratiuttapanna mati*, Planet des «geistreichen Humors» und der «Schlagfertigkeit».

Merkur steht mit dem Atmungssystem, dem Nervensystem, der Sprache, Erziehung und Intelligenz in Verbindung.

Er gilt als kühler und feuchter Planet von neutralem Geschlecht. Gemäß dem Hindusystem wird ihm das Erdelement zugeordnet, sein Wesen entspricht dem eines Händlers. Die kaufmännische Natur Merkurs macht Menschen, die unter seinem Einfluß stehen, risikofreudig und verführt sie zum Spielen. Merkur ist ein Planet der Extreme. Einerseits lieben merkurische Menschen Bequemlichkeit und sind berechnend und andererseits kümmern sie sich weder um Geld noch um physischen Komfort.

Obgleich Merkur ein vorteilhafter und glückbringender Planet ist, macht er die von ihm beherrschten Menschen mißtrauisch, kritisch, listig und manchmal sogar hinterlistig. Merkur-Menschen sind witzig, sie lieben Humor, Vergnügen und Belustigung jeder Art. Sie sind manipulierend, klug, feinfühlig, attraktiv sowie reise- und abenteuerlustig. Sie sind geborene Redner, obwohl sie eine eher wissenschaftliche Einstellung haben. Sie lieben Kunst, sind sanft, zweifelnd, labil und weichherzig. Da sie gerne möglichst viel über sich und andere erfahren möchten, interessieren sie sich auch für Astrologie, Numerologie, Chiromantie, Physiognomie, Graphologie und Psychologie. Sie sind materialistisch, rational, analytisch, von Natur aus kritisch und haben eine Vorliebe für fortschrittliche Denkweisen.

Als Planet mit gemischtem Temperament hat Merkur ein gespaltenes Wesen. Die von ihm beherrschten Menschen denken stets gleichzeitig über das Für und Wider einer Sache nach. Sie sind erfahrene, gebildete Menschen, die gern in Gesellschaft von gleichfalls erfahrenen und gebildeten Menschen sind.

Merkur ist der einzige Planet, der im eigenen Tierkreiszeichen erhöht steht. Er ist ein Freund von Sonne, Venus, Rahu und Ketu. Saturn, Mars und Jupiter haben eine neutrale Beziehung zu ihm. Merkur hat ein gespanntes Verhältnis zum Mond, doch beruht diese Feindschaft nicht auf Gegenseitigkeit.

Nummer 5

Psychische Nummer 5
Menschen mit der psychischen Nummer 5 haben ein vornehmes, feinfühliges Wesen und tiefsinnige Gedanken. Sie sind gelehrsame, gebildete Menschen, die versuchen, jede Minute etwas Neues zu lernen. Ihr aktiver Geist ist stets mit Denken beschäftigt. Sie haben eine Vorliebe für jede Art von vergnüglichem Zeitvertreib und versuchen immer und überall, eine fröhliche, heitere Atmosphäre zu schaffen. Dafür verbrauchen sie manchmal zuviel Energie, denn niemand kann alle Menschen glücklich machen. Da sie aber unter allen Umständen die Gunst anderer für sich gewinnen möchten, setzen sie ihre gesamte Energie und ihre letzten Resourcen aufs Spiel, um andere in gute Stimmung zu bringen.

Entscheidungen treffen sie schnell und impulsiv. Sie haben eine Vorliebe für Veränderungen und machen niemals langzeitige Pläne, die Geduld erfordern würden. Auch sind sie stets damit beschäftigt, über neue Möglichkeiten des Geldverdienens nachzudenken. Da sie eine spekulatives Talent und Risikobereitschaft besitzen, schmieden sie keine langfristigen Pläne, sondern entwickeln immer wieder neue Ideen, wie sie schnell zu Geld kommen könnten.

Ihre Risikobereitschaft verführt sie aber auch zum Glücksspiel. Und wenn sie wirklich spielen, ist es möglich, daß sie auf diese Weise Geld gewinnen.

Ihr jugendlicher, fruchtbarer Geist mit seinen reifen Gedanken macht 5er einmalig und attraktiv. Sie können mit jeder anderen Nummer leicht und schnell Freundschaft schließen. Da sie aber von Natur aus sehr unbeständig sind, halten diese Freundschaften nie sehr lange. Häufig brechen sie ihre Freundschaften schnell wieder, vor allem während ihrer schwachen Perioden, in denen sie sich sehr verlassen fühlen. Da sie manchmal von Freunden hintergangen werden, verlieren sie das Vertrauen in sie.

Menschen mit der psychischen Nummer 5 sind sehr intuitiv veranlagt. Sie verstehen genau, mit welcher Absicht man sie aufsucht, und sie durchschauen leicht die Taktiken ihrer Partner und Kollegen.

Sie beantworten Fragen, noch ehe der Fragesteller diese ganz ausgesprochen hat. Sie sagen oft «ich weiß schon, was Du meinst», da sie intuitiv das wesentliche des Gesprächs erfassen.

Sie sind äußerst anpassungsfähig und können jede Art von Mißgeschick und Unglück mit einem lächelnden Gesicht ertragen. In ihren eigenen vier Wänden sind sie jedoch nicht besonders flexibel; so können sie es beispielsweise nicht ertragen, wenn man ihr Ordnungssystem rügt oder es verändern will.

In Gesellschaft von Kindern benehmen sie sich selbst wie Kinder; unter Jugendlichen zeigen sie sich revolutionär und progressiv; und wenn sie mit älteren, weisen Menschen zusammen sind, verhalten auch sie sich weise.

Sie sind hervorragende Logiker – mit Offenheit und Beredsamkeit setzen sie ihre Gegner außer Gefecht. Sie können sich auch mit Gegnern anfreunden und sie von ihren Ansichten überzeugen.

Mit ihrer attraktiven, charmanten Persönlichkeit, ihren fortschritt-
lichen Ideen, ihrer Anpassungsfähigkeit, ihrer klaren Ausdrucksweise und Logik, ihrer positiven und optimistischen Einstellung
und ihrem heiteren, jugendlichen Wesen imponieren sie vielen
Menschen.

Von Natur aus verschwenderisch, übertreiben sie mitunter bis zur
Zügellosigkeit. Obwohl ihre finanzielle Lage schwankend ist,
schaffen sie es, Geld zu sparen, von dem sie in schwierigen Zeiten
leben können. Meistens haben sie das Glück, an Geld zu kommen,
wenn sie es brauchen.

Sie verfügen oft über mehrere Einnahmequellen. Sie können nicht
untätig sein und lieben es, neue Methoden zu ersinnen, durch die
sie schnell Geld verdienen können. Da sie stets Geld in irgend-
welche Geschäfte investieren, spekulativ und risikofreudig sind,
werden sie letztendlich geschäftlich erfolgreich sein. Sie sind zuverlässige Partner.

Sie sind sehr zeitbewußt. Da Zeit für sie sehr kostbar ist, befinden
sie sich stets in Eile. Sie lieben die schönen Künste, vor allem die
Poesie, und sie besitzen selbst auch das Talent, ihre Gedanken
poetisch zum Ausdruck zu bringen.

Sie haben einen flexiblen Charakter und ändern häufig ihre Meinung, doch schätzen sie es nicht, wenn sie an ihrer eigenen, sehr
spezifischen Arbeitsweise etwas verändern müssen.

Sie sind die geborenen Reisenden. Sie erweitern ihr Erfahrungs-
und Wissenspektrum durch zahlreiche Nah- und Fernreisen. Sie
lieben es, fern von ihren Familien im Ausland zu leben, das Leben
zu genießen und stets mehr zu lernen.

Jene Menschen mit der psychischen Nummer 5, die am 23. eines
Monats geboren sind, haben mehr Glück als die am 5. eines Monats geborenen. Menschen, die an einem 14. das Licht der Welt erblickten, sind weniger glücklich. Obwohl sie auf materieller Ebene
ziemlich schnell erfolgreich werden können, haben sie im familiären Bereich mit zahlreichen Hindernissen, Schwierigkeiten und
Widerständen zu kämpfen. Menschen mit der psychischen Nummer 5, die am 23. eines Monats geboren sind, erhalten Hilfe von ihren Verwandten, von Vorgesetzten, Beamten, Politikern und allen
Menschen in leitenden Positionen. Die am 5. eines Monats gebore-

nen sind zielbewußte, fleißige, unabhängige, zuverlässige «Self-made-Menschen» mit Glück in Liebesangelegenheiten. Ihren Lebensabend können sie friedlich und in einem angemessenen Lebensstil genießen. Auch bleiben sie bis ins hohe Alter jugendlich und attraktiv und haben stets Menschen zur Hand, die ihnen helfen.

Obwohl 5er ans Glück und Schicksal glauben, erkennen sie das Gesetz des Karmas (der Tat) an und arbeiten ständig. Sie wissen aber auch, daß das Schicksal stärker ist, und sie zu den Glückspilzen zählen, die in ihrem Leben «per Zufall» all das erreichen, wonach sie streben. Beim Glücksspiel können sie mitunter erfolgreich sein; sie bereuen nie ihre Verluste. Sie brauchen Nervenkitzel und lieben die Erregung.

Sie lassen sich nicht von beliebigen religiösen Lehren beein drucken. Sie schätzen traditionelle Glaubensanschauungen ohne Mystik. Sie sind und bleiben unabhängige Denkerund sind offen für neue Ideen. Sie lieben die Gesellschaft gelehrter und weiser Menschen, aber auch das Zusammensein mit progressiven und modernen jungen Leuten.

Sie achten sehr auf ihre Gesundheit und die Zusammenstellung der Nahrungsmittel, die ihr Körper braucht. Sie sind sich auch ihres äußeren Erscheinungsbildes sehr bewußt. Obwohl sie zerbrechlich wirken, sind sie stabil gebaut und bleiben bis ins hohe Alter gesund und aktiv; gewöhnlich erfreun sie sich eines langen Lebens.

Da Merkur in seinem eigenen Zeichen, der Jungfrau, erhöht steht, sind zwei psychische Nummern 5 die besten Freunde.

Frauen mit der psychischen Nummer 5 sind attraktiver, beeindruckender, sanfter und haben eine weichere Stimme als Männer mit der psychischen Nummer 5. Sie sind karrierebewußt und machen durch Fleiß und angenehmen Umgangsformen glänzende Karrieresprünge. Es kann für sie von Vorteil sein, wenn sie bereits in jungen Jahren heiraten. In späteren Lebensjahren wird es für sie schwierig werden, wahre Freunde und treue Lebenspartner zu finden. Zwar können sie das Interesse anderer Menschen leicht gewinnen, da sie aber schlau und zu wählerisch sind und mit dem anderen Geschlecht zwar diplomatisch aber oberflächlich umgehen, haben sie Schwierigkeiten, einen guten Ehepartner zu finden. Nur wenige Männer eignen sich für die Rolle ihres Ehemannes. Wenn sie geschäftlich mit Männern zusammenarbeiten, profitieren sie im finanziellen und im sozialen Bereich. Sie erfüllen ihre Pflichten so, daß sie überall anerkannt werden und keiner sie kritisieren kann.

Ratschläge für Menschen mit der psychischen Nummer 5

Menschen mit der psychischen Nummer 5 sollten, vor allem während ihrer schwachen Perioden, auf folgende Ratschläge achten:

- Sie sollten unter allen Umständen ihren natürlichen Sinn für Humor und ihr heiteres Wesen bewahren.
- Sie sollten keine bitteren, bissigen noch scharfen Worte gebrauchen, wenn sie wütend sind.
- Sie sollten nicht bei jeder Gelegenheit überkritisch reagieren.
- Sie sollten Streß und Anstrengung, die Herz und Nerven strapazieren, meiden.
- Sie sollten stets Kinder um sich haben und sich nicht von den vergnüglichen Dingen des Lebens isolieren.
- Sie sollten es vermeiden, immer in Eile zu sein.
- Sie sollten ihre Augen nicht durch langes nächtliches Lesen, Fernsehen, Kino oder diverse Veranstaltungen überanstrengen.
- Sie sollten Menschen nicht falsch einschätzen und ihren wahren Freunden und Gönnern mehr Vertrauen schenken.
- Sie sollten lernen, Ärger zu überwinden und nicht beleidigt zu sein.
- Sie sollten sich Techniken aneignen, durch die sie Selbstvertrauen, geistige Gelassenheit, Ruhe und Herzensstärke entwickeln können.
- Sie sollten mehr Geduld für ihre Familienangehörigen und Freunde aufbringen.
- Sie sollten sich davor hüten, fatalistisch zu sein.
- Sie sollten versuchen, ihren Starrsinn zu überwinden.

Nummer 5 Menschen sollten vermeiden...

- übermäßig viel Salz zu sich zu nehmen, sofern sie unter Herz- und Blutdruckbeschwerden leiden. (Wenn sie aber nicht an

Herz- und Hautkrankheiten leiden, können Menschen mit der psychischen Nummer 5 mehr Salz zu sich nehmen als andere Nummern. Ihnen wird sogar geraten, während der Wachstumsphasen in der Kindheit und in jungen Jahren der salzigen Geschmacksrichtung den Vorzug zu geben.)

- sich der Kälte auszusetzen.
- anderen ihre Ideen aufzudrängen.
- falsche Hoffnungen zu wecken und lehre Versprechen zu geben.
- Fremden zu vertrauen und auf Reisen unachtsam zu sein.

Ihnen wird empfohlen...

- ausgedehnte Spaziergänge in den frühen Morgenstunden zu unternehmen.
- frischgepreßte Säfte zu trinken und auf die Reinheit ihres Blutes zu achten, da sie zu Hautkrankheiten und Herzbeschwerden neigen.
- kleine Ausflüge zu machen, heiter zu bleiben und die Gesellschaft erfolgloser und pessimistischer Menschen zu meiden.
- sich geduldig die Meinung anderer anzuhören.
- mindestens 1 bis 2 mal wöchentlich ihren Körper mit Mandelöl zu massieren, um die Nerven zu stärken und die Blutzirkulation anzuregen.
- manuelle Arbeiten oder Gartenarbeiten zu verrichten, damit sich ihr überaktiver Geist entspannen kann.
- Geschäfts- oder Ehepartnerschaften mit Menschen der Nummern 5, 1, 3 oder 9 einzugehen.
- Verbindung mit berühmten Menschen aufzunehmen, ohne egoistische Absichten damit zu verknüpfen.
- die Kunst der Zufriedenheit zu entwickeln, Freunde zu achten und auch andere Menschen anzuerkennen.

Schicksalsnummer 5
Fünf ist die beste Schicksalsnummer für Menschen mit der psychischen Nummer 5; Doppel-5er erweisen sich als sehr stark, beharrlich, unabhängig (aber zuverlässig), glücklich, weise, attraktiv und beeindruckend.

Eine psychische Nummer 6 paßt ebenfalls gut zu Menschen mit der Schicksalsnummer 5, denen es gelingt, bereits in frühen Lebensjahren wirtschaftliche Unabhängigkeit zu erreichen. Menschen mit dieser Nummernkombination können ihre Probleme selber lösen; sie machen gute Geschäfte und schaffen eine gutes und inspirierendes Betriebsklima im Kreis ihrer Kollegen und Geschäftspartner. Menschen mit der psychischen Nummer 6 treffen Entscheidungen sehr langsam, während die Schicksalsnummer 5 sehr schnell reagiert. Dieser Ausgleich zwischen Schnelligkeit und Vorsicht ist bei allen Arten von geschäftlichen Entscheidungen sehr vorteilhaft.

5 ist eine gute Schicksalsnummer, ...

- sie macht Menschen sanft, freundlich, weise, intuitiv, einsichtig, wachsam und bringt ihnen Glück;
- sie bringt Wohlstand durch Lotteriegewinne, Erbschaften und Risikobereitschaft im Geschäftsbereich;
- sie bewirkt, daß die von ihr beherrschten Menschen logisch, rational und systematisch sind;
- sie gibt Menschen das Talent zu spekulieren und sich auf materieller Ebene zu verbessern; manchmal werden Menschen mit der Schicksalsnummer 5 zu Pionieren, Entdeckern und Erfindern in ihrem Fachgebiet;
- sie gewährt die Gunst von Regierungen, von Menschen in Führungspositionen, von Politikern und von Freunden und Verwandten; Menschen mit der Schicksalsnummer 5 werden für ihre Leistungen anerkannt;
- sie macht sehr gewandt, attraktiv und imposant und gibt natürlichen Optimismus;
- sie bringt Veränderungen im Berufs- und Privatleben mit sich;
- sie bringt Glück im Bereich der Liebesaffären;
- da die von ihr beherrschten Menschen oft längere Zeit im Ausland leben.

Die Nummer 5 ist für alle Nummern eine gute Schicksalsnummer, mit Ausnahme für Menschen mit den psychischen Nummer 2 oder 7.

Sie ist eine ideale Schicksalsnummer für Verleger, Autoren, Anwälte, Kritiker, Politiker, Geschäftsleute, Schauspieler, Gelehrte, Redner, Märchenerzähler, Entertainer, Bildhauer und Astrologen.

Namensnummer 5

Fünf ist auch eine gute Namensnummer. Menschen mit dieser Namensnummer sind sehr fortschrittlich, vergnügt und vital. Als Namensnummer bringt die 5 Popularität und positive Energie. Sie wirkt ganz besonders vorteilhaft, wenn die Schicksalsnummer ebenfalls eine 5 ist; in diesem Fall verhilft sie den Menschen zu großartigem materiellen Erfolg und Ruhm und bewirkt, daß ihr Name über den Tod hinaus der Nachwelt im Gedächtnis bleibt.

Die Namensnummer 5 ist nicht gut für Menschen mit einer psychischen oder Schicksalsnummer 2 oder 7, oder für jene mit einer Schicksalsnummer 4. Die Nummer 2 wird noch unstabiler mit einer 5 als Namensnummer. Die Nummer 7 bekommt einen schlechten Ruf. Und die Nummer 4 wird mit Schwierigkeiten konfrontiert, da die 5 eine Nummer der Kommunikation ist und die 4 nicht gerne und viel kommuniziert.

Die Namensnummer 5 ist sehr vorteilhaft für Schriftsteller, Dichter, Geschäftsleute, Jounalisten, Ärzte, Schauspieler, Politiker und alle, die im Kommunikationsbereich tätig sind.

Verhaltensweisen, durch die wir unseren inneren und äußeren Lebensraum ins Gleichgwicht bringen können:

Wenn wir regelmäßig Fastentage einhalten, die entsprechenden Gewürze und Edelsteinpulver verwenden, mit Hilfe von Meditation, Mantrarezitation und Yantras können wir uns *innerlich* ins Gleichgewicht bringen. Die *äußeren Lebensumstände* können wir positiv beeinflussen, wenn wir für unsere Handlungen den richtigen Zeitpunkt wählen (den zunehmenden oder abnehmenden Mondzyklus berücksichtigen), uns gute Freunde suchen (d.h. mit verträglichen Nummern Freundschaft schließen) und neue Tätigkeiten zur passenden Zeit beginnen (die schwachen und starken Perioden berücksichtigen). Am mühelosesten kommen wir mit uns selbst und dem äußeren Umfeld in Einklang, wenn wir auf den bereits vorhandenen Energiefluß achten (wie man dies macht, wird im den folgenden Abschnitten beschrieben). Die hier gegebenen Informationen beziehen sich auf Menschen mit einer psychischen Nummer 5:

Schwache Perioden

Nummer 5 Menschen fühlen sich oft schwach und betrübt, da der sie beherrschende Planet (Merkur), häufig rückläufig ist. Es ist möglich, daß sie sich Anfang Mai, Anfang September und im Dezember schwach fühlen, Interesselosigkeit empfinden, krank werden, einen Mangel an Freude, Humor und Inspiration verspüren, gesundheitliche Rückfälle erleiden, überempfindlich und überbesorgt sind oder Geld verlieren und Schulden machen müssen. Während dieser Monate können sie sich von ihren Freunden und Partnern hintergangen und alleingelassen fühlen; so daß sie sich zurückziehen und mißtrauisch, zweifelnd und stur reagieren.

Starke Perioden

Ihre starken Perioden sind zwischen dem 21. Mai und 20. Juni und zwischen dem 21. August und 20. September. In diesen Zeiträumen können sie erfolgreich neue Tätigkeiten beginnen, neue Verträge oder Vereinbarungen eingehen, unvollendete Tätigkeiten zum Abschluß bringen und nach besseren Lebens- oder Arbeitsbedingungen Ausschau halten.

Gute Daten

Der 5., 14. und 23. Tag eines jeden Monats sind gute Daten, ganz besonders, wenn diese Daten in ihre guten Perioden fallen.

Gute Tage

Mittwoch und Freitag sind gute Wochentage für 5er. Diese Tage werden noch vorteilhafter, wenn sie auf den 5., 14. oder 23. eines Monats fallen.

Glücksfarben

5ern wird geraten, Grün- und Türkistöne in allen Schattierungen zu tragen sowie leichte Brauntöne, rauchiges Grau und die Farbe Weiß. Sie sollten diese Farbskala bei der Wahl ihrer Kleidung und bei der Auswahl ihrer Kissen, Vorhänge, Tischtücher, Bettlacken, etc. berücksichtigen. Sie sollten stets ein Taschentuch in einem beliebigen Grün- oder Grauton oder in Weiß bei sich haben; diese Farben wirken wohltuend auf ihre Augen. Wenn sie sich bedrückt fühlen, sollten sie Hände, Gesicht und Augen waschen und mit dem Taschentuch trocknen; sie werden dann wieder frische und neue Energie verspüren.

Glückssteine

5ern wird empfohlen, an ihrem kleinen Finger einen 3 karätigen Smaragd zu tragen. Der Edelstein sollte in einen Ring mit offener Rückseite so gefaßt werden, daß er die Haut berühren kann. Dieser Smaragd, oder ein entsprechender Ersatzstein (Türkis, grüner Turmalin, grüne Jade, grüner Perdot), sollte an einem Mittwoch gekauft und am gleichen Tag dem Juwelier zum Fassen gegeben werden. An einem Mittwoch sollte man ihn wieder vom Juwelier holen und tragen, nachdem die entsprechenden Rituale ausgeführt worden sind. 5er können Smaragdpulver* einnehmen, um ihr Kreislaufsystem mit elektrochemischer Energie zu versorgen.

Meditation

5er sollten auf die Energie von *Lakshmi*, der Göttin des Reichtums, des Friedens und Wohlergehens, meditieren. Wenn ihnen dies nicht möglich ist, sollten sie auf einen Smaragd meditieren, oder auf einen dem Smaragd entsprechenden Ersatzstein.

Gottheit

5ern wird geraten, *Mahalakshmi* zu verehren. Sie wird personifiziert dargestellt, wie sie auf einem rosafarbenem Lotos thront, der im blauen Wasser schwimmt. Sie hat 4 Arme. Mit ihrer einen rechten Hand segnet sie ihre Verehrer, in der anderen hält sie ein Gefäß mit heiligem Wasser, dem Elixir. In einer linken Hand hält sie eine Lotosblume (das Symbol der Reinheit), mit der anderen linken

* Siehe auch in: *Die sanfte Kraft der edlen Steine* von Harish Johari.

Hand gewährt wie Wohlstand, der in Form von Goldmünzen dargestellt wird.

Mantra

Japa* (die Wiederholung) des Mantras eines Planeten oder einer Gottheit sollte stets innerhalb der zunehmenden Mondzyklen geschehen.

AUM MAHALAKSHMAYE VIDMAHE
VISHNU PRIYAYE DHI MAHI
TANNO LAKSHMI PRACHODAYAT

Nummer 5 Menschen sollten obiges Mantra während ihrer Meditation möglichst oft rezitieren. Es wird ihnen vielfältigen materiellen und spirituellen Nutzen bringen und ihre Willenskraft stärken.

Merkur-Yantra **

13	8	15
14	12	10
9	16	11

Gesundheit und Krankheit

Krankheiten, die mit Merkur in Verbindung gebracht werden sind: chronische Ruhr, Verstopfung, Magenschmerzen, Gastritis, Verdauungsbeschwerden, als Folge von zu schwachem Verdauungsfeuer, Nierenprobleme, geistige Unruhe und Ängste vor bösen Geistern und Gespenstern. Nummer 5 Menschen sind auch anfällig

* Weitere Information zum Thema «Japa» finden Sie in dem Buch *Wege zum Tantra* von Harish Johari.
** Siehe Anmerkung 2 auf Seite 56.

für Grippe, Erkältungskrankheiten und Husten, Hautprobleme, Nervenzusammenbrüche, Kopfschmerzen, schwache Gedächtniskraft, Blutdruckprobleme und Herzkrankheiten.

Fasten
Ihnen wird geraten, an Vollmondtagen zu fasten. Wenn sie an einem Mittwoch geboren sind, sollten sie außerdem an jedem Mittwoch fasten.

Freundschaften
Außer anderen 5ern, die ihre besten Freunde sind, eignen sich auch die Nummern 1, 3 und 9 für Freundschaften.

Romanzen
Für Ehe- oder Liebespartnerschaften mit 5ern eignen sich Menschen, die zwischen dem 21. Mai und 21. Juni oder zwischen dem 21. August und 20. September geboren sind. Die psychische Nummer ihrer Partner sollte entweder eine 1, 3, 5 oder 9 sein; am besten passen Menschen mit der psychischen Nummer 1 zu ihnen.

Gute Lebensjahre
Das 5., 14., 23., 32., 41., 50., 59., 68., 77. und 86. Lebensjahr sind für 5er besonders gute Jahre; ebenso sind alle Jahre, deren Quersumme eine 1 ergibt – das 1., 10., 19., 28., 37., 46., 55., 64., 73., 82. und 91. sehr vorteilhaft.

Die Beziehung der Nummer 5 zu anderen Nummern

Die folgende Information basiert auf dem Vergleich der psychischen Nummer 5 mit anderen psychischen Nummern. Man kann auch die Beziehung zwischen Menschen mit der Schicksalsnummer 5 und anderen Schicksalsnummern vergleichen. (Die Vergleiche basieren auf gleichen Kategorien.)

Nummer 5 und Nummer 1

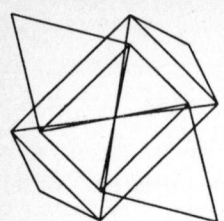 Nummer 5 und 1 sind freundliche Nummern. 1er bringen 5ern Glück, teure Geschenke und soziales Ansehen, doch lassen sich die 5er nicht davon beeinflussen. 5er sind den 1ern wenn nötig stets gute hilfreiche Freunde, selbst wenn sie unbeeinflußbar sind. Da 5er spekulative Talente besitzen und systematisch vorgehen können, verhelfen sie 1ern zu sozialem Ansehen und finanziellen Gewinnen. Da beide Nummern aber von Natur aus nach Unabhängigkeit streben, ist ein 1er Mann kein idealer Ehepartner für eine 5er Frau. Doch kann eine 1er Frau für einen 5er Mann durchaus die geeignete Ehefrau sein. 1er sind keine guten Geschäftspartner für 5er, doch 5er sind für alle Nummern gute Partner, auch für die Nummer 1. Auf politischer und sozialer Ebene können beide äußerst erfolgreich zusammen arbeiten. Diese Nummern ergeben eine nützliche Verbindung und sollten einander vertrauen.

Nummer 5 und Nummer 2

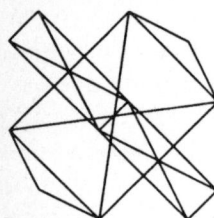 Nummer 5 und Nummer 2 haben eine eigenartige Beziehung. Obwohl sich 2er den 5ern gegenüber neutral verhalten, fühlen sich die 5er mit den 2ern nicht besonders verbunden. Beide Nummern sind unbeständig und bereiten sich daher gegenseitig Probleme. Sie können ihre Beziehung nur genießen, wenn sie alberne, törichte Späße machen. 2er werden dann sehr lustig und inspirieren 5er zu törichten Handlungen. 2er sollten 5er weder als Datum für wichtige Termine noch als Haus-, Konto-, Telefon- oder Autonummer wählen. 5er fühlen sich zu 2ern hingezogen, doch wird es zwischen ihnen rasch Spannungen geben, die zum Ende der Beziehung führen. Deshalb wird 5ern von Geschäfts- oder Ehepartnerschaft mit 2ern abgeraten.

Nummer 5 und Nummer 3

Die Nummer 3 wird von Jupiter beherrscht, der zu Merkur – dem Herrscher der 5er – in neutraler Beziehung. 3er Menschen haben

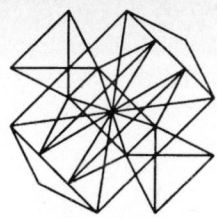

einen positiven Einfluß auf 5er; gemeinsam schaffen sie eine humorvolle und freudige Atmosphäre. Sie helfen sich gegenseitig und genießen ihr Zusammensein. Dreier Männer können gute Lebenspartner für 5er Frauen sein. Im Geschäftsleben profitieren 5er stcts finanziell von 3ern, die wiederum vom buchhalterischen Wissen der 5er und deren Geschäftstüchtigkeit profitieren können.

Nummer 5 und Nummer 4

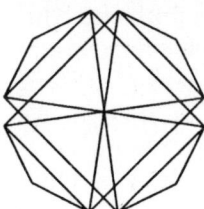

Obwohl 5er Freunde der 4er sind, ist ihre Beziehung nicht ideal. Das unbeständige Wesen der 5er bereitet den 4ern Probleme. Sie eignen sich weder zur Freundschaft, Ehe- oder Geschäftspartnerschaft, es sei denn, die 4 hat eine 5 als Schicksalsnummer.

Nummer 5 und Nummer 5

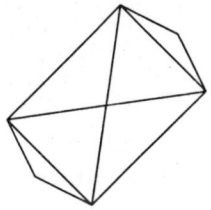

Zwei 5er werden gemeinsam äußerst stark. Die Verbindung von zwei gleichen Nummern gestaltet sich normalerweise nicht sehr fruchtbar. Doch sind zwei 5er die Ausnahme der Regel. Gemeinsam erklimmen sie unerwartete Höhen in der Politik, in der Kunst und im Geschäftsbereich. Menschen mit psychischer- und Schicksalsnummer 5 sind sehr imposant, attraktiv, weise und schlau. 5er Männer und 5er Frauen sind starke Persönlichkeiten. 5er passen in jeder Beziehung gut zueinander, sie sind sich ideale Freunde, Geschäfts- oder Ehepartner. 5er sollten die 5 als Datum für wichtige Termine und Hausnummer wählen.

Nummer 5 und Nummer 6

Die Nummern 5 und 6 sind gegenseitige Freunde. Sechser sind sehr langsam und 5er sind sehr schnell. Die 6er legen dem rasanten Geist der 5er Zügel an und helfen ihnen, ihre Ruhelosigkeit zu überwinden. 6er sind für 5er nützliche Freunde, Geschäfts- und

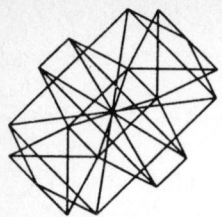

Ehepartner. 5er Menschen sind für 6er gute Therapeuten oder Ärzte. 5er sollten die Nummer 6 als Datum für wichtige Termine und auch als Hausnummer wählen.

Nummer 5 und Nummer 7

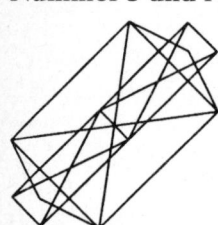

Obwohl die Nummern 5 und 7 freundliche Nummern sind, verhalten sie sich nicht lange so. Sie fühlen sich rasch zueinander hingezogen. Fünfer Menschen inspirieren 7er auf vielfältige Art, doch stets in die falsche Richtung. Wenn sie zusammentreffen, können sie sich allerlei Unfug ausdenken und schadenfroh sein, doch bieten sie sich praktisch keine Hilfe.

7er geben 5ern keine positive Energie und sind deshalb keine guten Freunde, Geschäfts- oder Ehepartner. In der Ehe finden 5er stets Fehler in 7ern und geben ihnen die Schuld an familiären Problemen.

Nummer 5 und Nummer 8

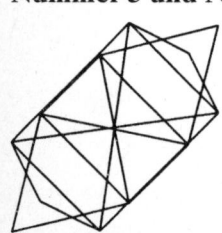

Die Nummer 8 wird vom Saturn beherrscht, einem Planeten, der sich Merkur gegenüber neutral verhält. 5er sind den 8ern gegenüber sehr freundlich eingestellt. Sie haben in Punkto Freundschaft keine großen Schwierigkeiten. Allerdings neigen 8er dazu, 5er zu vernachlässigen bzw. sie zu übergehen, was dazu führt, daß 5er nicht rückhaltlos mit ihnen zusammenarbeiten können. Daher sollten 5er die 8er als enge Freunde, Geschäftspartner oder Partner für wichtige Unternehmen – besonders für die Ehe – meiden. 5er sollten die 8 nicht als Datum für wichtige Termine und auch nicht als Hausnummer wählen, es sei denn, die Person mit der psychischen Nummer 5 hat eine 8 zur Schicksalsnummer.

150

Nummer 5 und Nummer 9

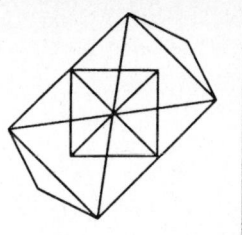 Nummer 9 wird von Mars beherrscht, einem Feind des Merkur, obgleich sich Merkur, genau wie der Saturn, dem Mars gegenüber neutral verhält. 9er helfen 5ern in allem, was Geschäft, Finanzen oder Lebensunterhalt betrifft. Zusammen erzeugen sie gute Energie.

Der Grund dafür ist, daß 9er vom Mars beeinflußt werden, der ein feuriger und heißer Planet ist, und 5er vom Merkur, einem kühlen und feuchten Planeten. Dieses Paar der Gegensätze paßt sehr gut zueinander. 9er erweisen sich als geduldige Ehepartner und Beschützer.

5ern wird geraten, 9er als Freunde zu wählen, als Mitarbeiter für Projekte, die von gegenseitigem Interesse sind, und für Geschäftspartnerschaften. Wenn 5er Frauen keinen 5er Ehemann finden, können sie ersatzweise eine Nummer 1 oder 3 wählen; wenn diese auch nicht zur Verfügung stehen, können sie auch einen 9er heiraten. Es ist möglich, daß diese beiden Nummern eine gute Ehe führen, wenn beide spirituell veranlagt sind, kann die Ehe auch dauerhaft sein. 5er können die 9 auch als Datum für wichtige Termine und Hausnummer wählen.

VENUS UND DIE ZAHL 6

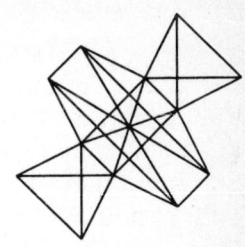

Venus ist der Planet, der über Menschen herrscht, die am 6., 15., oder 24. eines Monats geboren sind, oder deren Schicksals- oder Namensnummer in der Quersumme eine 6 ergibt. Die im folgenden beschriebenen Venus-Qualitäten kommen am deutlichsten bei Menschen mit der psychischen Nummer 6 zum Ausdruck.

Der Planet Venus, der auch *Morgenstern* genannt wird, strahlt vor Sonnenaufgang am hellsten vom Osthimmel. Man kann ihn zweimal – vor Sonnenaufgang und nach Sonnenuntergang – mit dem bloßen Auge klar erkennen. Astrologisch betrachtet ist die Venus ein wohltätiger Planet mit weiblichen, wässrigen Eigenschaften. In der hinduistischen Mythologie finden sich zwei unterschiedliche Bilder der Venus. Einmal wird sie als hellhäutiger Jugendlicher beschrieben, der die Liebe und Sinnlichkeit verkörpert. Er hat gelocktes Haar, wunderschöne Augen und einen strahlend schönen Körper. Er ist ein nach außen orientierter Lust- und Genußmensch von sanftem Wesen. Das andere Bild der Venus ist das eines Lehrers (acharya) der Gegengötter (asuras) oder Dämonen, der graues Haar hat und einen langen Bart trägt.

Shukra, der Sanskritname für Venus, bedeutet *Samen* und weist darauf hin, daß die Venus über den Samen herrscht und den sinnlichen Bereich der menschlichen Natur beeinflußt. Der Venus unterstehen auch die kultivierten Eigenschaften der romantischen Liebe und Schönheit, die Leidenschaft oder sexueller Genuß, auch die schönen Künste wie Musik, Poesie und Tanz. Sie herrscht über Augen, Kehle, Kinn, die Nieren und das Fortpflanzungssystem. Venus ist rajasisch (aktiv) und verleiht den von ihr beherrschten

Menschen ein aktives, künstlerisches, sinnliches und leidenschaftliches Wesen; sie gibt ihnen Schönheit und einen gut proportionierten und attraktiven Körper (das trifft besonders auf den Oberkörper und die Oberarme zu). Die Form ihrer Augen ähnelt nicht selten den Blütenblättern eines Lotos. Menschen, die von der Venus beherrscht werden, haben eine helle Hautfarbe, sind meistens heiter und strahlen Anmut aus. Sie sind lebhaft, gefühlsbetont, empfindsam, verspielt, fürsorglich, liebenswürdig, leichtsinnig und höflich. Sie sind kreativ, erfinderisch und interessieren sich für Heilkunde, Alchemie, Tantra, Hypnose, Mesmerismus und für die schönen Künste.

Venus herrscht über den Lebensabschnitt der Pubertät. Ihr Einfluß wirkt auf Frauen etwas anders als auf Männer.

Venus ist ein Freund Merkurs und Saturns. Jupiter und Mars haben eine neutrale Beziehung zur Venus (obgleich Venus Jupiter als Gegner empfindet). Sonne und Mond sind ihre Feinde.

Unter den Zahlen von 1 bis 9 ist die 6 die Glückszahl. Vor allem die am 24. eines Monats geborenen 6er sind besondere Glückskinder.

Nummer 6

Psychische Nummer 6

Sechs ist die psychische Nummer aller Menschen, die an einem 6., 15. oder 24. eines Monats geboren sind. Diese Menschen haben ein attraktives, jugendliches, sanftes Wesen. Sie sprechen mit leiser Stimme, haben eine Vorliebe für Luxus, sind Kunstliebhaber und besitzen einen kultivierten Geschmack. Sie ziehen leicht die Aufmerksamkeit des anderen Geschlechts auf sich und werden von Partnern des anderen Geschlechts auch meistens geliebt und respektiert.

Sie sind großzügig, sozial und haben die Gelegenheiten, wundervollen Menschen zu begegnen. Sie reisen gern und oft in fremde Länder. Sie sind stets beschäftigt.

Sie sind sich ihres äußeren Erscheinungsbildes übertrieben bewußt und versuchen sich stets so zu kleiden, daß sie jederzeit gut aussehen.

Sie haben eine Abneigung gegen über Häßlichkeit, Schmutz, unsachgemäßer Handhabung von Dingen und Unordnung. Sie möchten ihren Lebensraum gern sauber und ordentlich gestalten. Sie schmücken gern ihr Heim, Zimmer, Büro oder den Arbeitsplatz.

Sie lieben ihren Lebenspartner unter allen Umständen und die Menschen, mit denen sie zusammenleben, und versuchen, sie glücklich zu machen. Sie führen ein normales und geregeltes Eheleben.

Sie haben eine starke Abneigung gegen schlechte Stimmung in ihrem Lebensumfeld und fordern niemals Streit heraus. Falls sie zum Kampf gefordert werden, verlassen sie sofort das Schlachtfeld und sind bereit, Kompromisse zu schließen.

Menschen mit der psychischen Nummer 6 sind schlau und taktvoll und können mühelos die bestgehüteten Geheimnisse anderer erfahren. Da sie denken bevor sie handeln, sind sie langsamer als andere Nummern. Sie sind der Meinung, daß «Eile mit Weile» das Rennen gewinnt. Sie geraten meistens aus dem Konzept und verpatzen ihre Aufgaben, sobald man Schnelligkeit von ihnen fordert, da sie unter Zeitdruck stets Fehler machen. Sie wollen in Ruhe gelassen werden und können keine Einmischung ertragen, wenn sie einmal eine Arbeit begonnen haben. Sie schätzen es auch nicht, wenn man ihren Willen nicht respektiert. Trotzdem sind sie weder kommandierend noch fordernd; sie können Gefühle oder Ärger unter einem attraktivem Lächeln verbergen.

Sie sind verschwiegen und können die Geheimnisse anderer für sich behalten und nie nach außen dringen lassen.

Sie sind universelle Freunde und gute Familienangehörige. Sie nehmen Rücksicht auf ihre Familie, sind gütig und nehmen verständnisvoll Anteil an den Freuden und Sorgen ihrer Verwandten und Bekannten. Sie halten die Beziehung zu ihren Eltern aufrecht, auch wenn sie ihr Elternhaus bereits verlassen haben. Die Sorgen ihrer Eltern berühren sie tief, und sie versuchen ihr Bestes, um ihnen zu helfen. Sie vertrauen ihren Freunden und Familienangehörigen.

Da sie einen kultivierten Geschmack, gute Manieren und ein rücksichtsvolles und sanftes Wesen haben, sind sie im Kreis ihrer

Freunde bekannt und werden von allen gern gesehen. Sie sind extravagant und haben das Glück, bereits vor ihrem 45. Lebensjahr den Luxus und die Bequemlichkeiten des Lebens zu genießen. Sie sind gern in Gesellschaft anderer Menschen und können nicht auf Dauer alleine leben.

Der Einfluß der Venus wirkt sich auf Männer und Frauen mit der Nummer 6 sehr unterschiedlich aus:

Männer mit der psychischen Nummer 6
Männer mit der psychischen Nummer 6 sind jugendlich, attraktiv und anziehend; sie sind Experten in der Kunst der Liebe. Sie haben das Talent, die Psyche der Frauen geschickt zu manipulieren, ihre Aufmerksamkeit zu erregen und sie zu verführen. Sie suchen ihr Leben lang die Gesellschaft schöner, attraktiver Frauen, die sie sehr zu schätzen wissen. Sie haben viele Beziehungen und bleiben den Frauen, die sie heiraten, nicht unbedingt treu. Ihre Lebenseinstellung ist hedonistisch und materialistisch geprägt. Sie halten nichts von Disziplin und sind unfähig, spirituelle Praktiken regelmäßig und auf Dauer durchzuführen. Mitunter sind sie religiös, doch meistens nicht sehr tief. Sie sind anfällig für Geschlechts- und Samenkrankheiten.

Frauen mit der psychischen Nummer 6
Frauen mit der psychischen Nummer 6 sind meistens mit einem schönen, symmetrischen Körper gesegnet und haben einen kultivierten Geschmack. Im Gegensatz zu den 6er Männern ist ihre Liebe eher mütterlicher Art. In ihrer Jugend sind sie lebenslustig, verspielt und sinnlich. In dieser Zeit haben sie ein starkes Interesse für Sexualität und finden Gefallen an sexuellen Spielen. Nach ihrem 25. Lebensjahr werden sie dieser Spiele überdrüssig. Dann ziehn sie sich von sexuellen Abenteuern zurück und beginnen, sich mehr für ihre Karriere zu interessieren und dafür, wie man ein dauerhaft glückliches und befriedigendes Leben führen kann. Sie sind meistens langsam und launisch und haben eine Vorliebe für schöne Kleidung und Schmuck. Sie entwerfen ihre Kleidung gerne selbst und lieben es, bequem zu leben. Sie fühlen sich sehr zu ge-

bildeten, künstlerisch und spirituell interessierten Menschen hingezogen. Sie kümmern sich um ihre Familienangehörigen und ihre Eltern und lieben Gerechtigkeit und Wahrheit. Sie sind verläßlich und erfüllen ihre Pflichten. Sie sind imstande selbst Heilige zu verführen.

Männer und Frauen mit der psychischen Nummer 6 haben wenige echte Freunde und sind des öfteren in ihrem Leben allein. Sie lieben ihr Heim.

Sie sind ungebunden; sie lieben Freiheit, Einfachheit und Gelassenheit. Sie sind nicht selbstsüchtig.

Sie sind unsicher und können sich nicht für lange Zeit auf eine einzige Sache konzentrieren.

Sie haben viel Glück und erhalten ihr Leben lang Hilfe und Führung von unbekannten Quellen, von Fremden und von Menschen in einflußreichen Positionen.

Ratschläge für Menschen mit der psychischen Nummer 6

Nummer 6 Menschen sollten sich darin üben, ihre Trägheit zu überwinden. Sie sollten es vermeiden, sich schnell aufzuregen. Sie können ihre Nervosität unter Kontrolle bringen, wenn sie abends vor dem Zubettgehen regelmäßig die ayurvedischen Zubereitungen *mukta pishti* (Perlenpulver) und *prawal pishti* (Korallenpulver), vermischt mit einem halben Teelöffel Honig oder Sahne, einnehmen.

Sie sollten lernen, Menschen richtig einzuschätzen, bevor sie ihnen ihr Vertrauen schenken. Besonders Frauen sollten lernen, andere nüchtern zu beurteilen, bevor sie Beziehungen körperlicher oder finanzieller Art eingehen.

Sie sollten Streit vermeiden und ihre Energien nicht damit vergeuden, ihr Verhalten oder ihre Vorstellungen zu erklären.

Sie tun gut daran, in ihrem eigenen etwas langsamen Tempo zu arbeiten, da Übereilung sie in Schwierigkeiten bringt.

Sie sollten es vermeiden, zu emotionell zu werden und Angehörige des anderen Geschlechts übertrieben wichtig zu nehmen.

Sie sollten körperliche Schwerarbeit meiden, da ihre Konstitution nicht dafür geeignet ist.

Anstatt Energie in Rachegedanken zu verschwenden, sollten sie den Menschen vergeben, die sich ihnen gegenüber nicht richtig verhalten haben. Groll und gedankliches Verharren in unerfreulichen Begebenheiten der Vergangenheit schadet ihrem Nervensystem. Sie sollten sich vor Rauschmitteln hüten, da sie zur Abhängigkeit neigen.

Sie sollten keine außerehelichen Intimbeziehungen eingehen.

Sie sollten Süßigkeiten, Öle und Fette sowie stark gewürzte Speisen meiden.

Sie sollten *pranayama* (Techniken zur Atemkontrolle, die im Hatha Yoga beschrieben und gelehrt werden) praktizieren, regelmäßig frühmorgens spazierengehen und ihren Körper drei- bis viermal wöchentlich massieren.

Sie sollten ihr Leben planen, ihre Zeit gut organisieren und sich nicht zu lange in Vergnügungsanlagen beim Wassersport verausgaben.

Sie sollten Geld für Durststrecken zurücklegen.

Schicksalsnummer 6

Wie bereits erwähnt, ist die Nummer 6 keine gute Schicksalsnummer. Das trifft besonders für Frauen zu. Die Schicksalsnummer 6 bringt häufig viele sexuelle Probleme, für die die Individuen offensichtlich in diesem Leben nicht wirklich verantwortlich sind. Menschen mit der Schicksalsnummer 6 haben sexuelle Beziehungen, die sie sich nicht wünschen. Wenn die psychischen Nummer eine 6 ist, liegt eine natürliche Neigung, ein Interesse, zum Kontakt mit dem anderen Geschlecht vor. Der Drang dazu liegt ohne persönliches Zutun in der eigenen Psyche begründet und wird akzeptiert. Doch wenn man mit Sexualität konfrontiert wird, ohne persönliches Interesse daran zu haben, hat die Beziehung einen (vom Schicksal) erzwungenen Charakter.

Menschen mit der Schicksalsnummer 6 erhalten jeglichen Komfort und Luxus durch Glück. Sie haben alles, was sie gerne möchten, nur können sie keinen passenden Lebenspartner finden, wenn sie nicht bereits in jungen Jahren heiraten.

Sie sorgen spontan für Freunde und Verwandte ohne daran einen zweiten Gedanken zu verschwenden und müssen ihnen ihr Leben lang einen Großteil ihrer Energie und Aufmerksamkeit widmen.

Obwohl sie im Laufe der Zeit sehr unabhängig werden, bleiben sie doch stets sozial.

Sie sind gewandte Gesprächspartner und gute Geschichtenerzähler. Sie reisen viel und genießen ihr Leben; sie lieben qualitativ gute und wohlschmeckende Speisen.

Menschen mit der Schicksalsnummer 6 sind mehr gefühlsbetont als logisch und neigen dazu, über ihre Verhangenheit zu brüten.

Sie gehen keine Bindung ein und fühlen sich zu nichts verpflichtet; sie übertreten Gesetze und folgen keiner traditionellen Religion.

Sie interessieren sich für Geheimwissenschaften, wie Alchemie, Tantra (vor allem linkshändiges Tantra), Hexerei und schwarze Magie.

Sie sind zuverlässig, friedliebend, romantisch, arbeiten mit System und können gute Diplomaten sein. Sie beschützen die Interessen ihrer eigenen Gesellschaftsschicht.

Geld rinnt ihnen durch die Finger. Sie sind großzügig und geben Geld verschwenderisch aus, um ihre Verwandten und Freunde zu unterhalten und zu erfreuen.

Sie haben eine Schwäche für schöne Kleidung, Parfüms, Kosmetikartikel, Schmuck und Edelsteine.

Sie bleiben bis ins hohe Alter attraktiv, charmant und jugendlich.

Sie leiden häufig an Überarbeitung und an den Folgen übermäßiger sexueller Verausgabung; sie sind anfällig für Geschlechtskrankheiten.

Namensnummer 6

Die 6 ist eine hervorragende Namensnummer für Dichter, Künstler, Musiker und Tänzer. Sie verleiht freundliche Qualitäten, die angenehm auf andere Menschen wirken und zur Popularität verhelfen. Diese Namensnummer ist auch gut für Menschen, die sich für okkulte Wissenschaften interessieren, da sie ihnen magische Kräfte gibt.

Die Namensnummer 6 macht Menschen kooperativ, freundlich, verständnisvoll, gastfreundlich, nachsichtig, gefühlsbetont und labil.

Menschen mit dieser Namensnummer sind gesellig und haben eine Schwäche für oberflächlichen Klatsch. Sie werden leicht von innerer und äußerer Schönheit angezogen, sowohl in menschlicher Form als auch in der Natur.

Verhaltensweisen, durch die wir unseren inneren und äußeren Lebensraum ins Gleichgwicht bringen können:
Wenn wir regelmäßig Fastentage einhalten, die entsprechenden Gewürze und Edelsteinpulver verwenden, mit Hilfe von Meditation, Mantrarezitation und Yantras können wir uns *innerlich* ins Gleichgewicht bringen. Die *äußeren Lebensumstände* können wir positiv beeinflussen, wenn wir für unsere Handlungen den richtigen Zeitpunkt wählen (den zunehmenden oder abnehmenden Mondzyklus berücksichtigen), uns gute Freunde suchen (d.h. mit verträglichen Nummern Freundschaft schließen) und neue Tätigkeiten zur passenden Zeit beginnen (die schwachen und starken Perioden berücksichtigen). Am mühelosesten kommen wir mit uns selbst und dem äußeren Umfeld in Einklang, wenn wir auf den bereits vorhandenen Energiefluß achten (wie man dies macht, wird im den folgenden Abschnitten beschrieben). Die hier gegebenen Informationen beziehen sich auf Menschen mit einer psychischen Nummer 6:

Schwache Perioden
Anfang April, Ende Oktober und im November fühlen sich 6er nicht ganz auf der Höhe. Auch wenn die Venus rückläufig ist, haben sie gesundheitliche Schwierigkeiten, erhalten schlechte Nachrichten und empfinden mentale Probleme oder starke Widerstände bei der Arbeit. Sie können einen Mangel and Mut, Inspiration, Selbstsicherheit und Geduld verspüren. Sie verhalten sich dann arrogant, stolz, unhöflich und stur und werden streit- und eifersüchtig sowie entscheidungsunfähig. Sie verlieren ihren gesunden Menschenverstand und trauen jedem; bei Irrtümern, geraten sie emotionell völlig aus dem Gleichgewicht.

Starke Perioden
Die Perioden zwischen dem 20. April und 18. Mai und zwischen dem 21. September und 19. Oktober sind günstig für 6er. Sie sollten in diesen Zeiträumen neue Tätigkeiten beginnen, neue Verträ-

ge unterzeichnen, falls nötig eine neue Wohnung suchen und unvollendete Arbeiten zum Abschluß bringen. Die Perioden zwischen dem 20. April und 30. April und zwischen 1. Oktober und 19. Oktober sind besonders gut; sie sollten in diesen Zeiten die notwendigen Schritte unternehmen, die ihrer Zukunft nutzen.

Gute Daten
Der 6., 15. und 24. Tag jedes Monats ist günstig für Nummer 6 Menschen. Außerdem ist der 3., 9., 12., 18., 21., 27. und 30. Tag eines jeden Monats nützlich.

Gute Tage
Mittwoch und Freitag sind ihre guten Tage. Wenn diese Tage auch noch auf ein günstiges Datum fallen, werden sie besonders vorteilhaft sein.

Glücksfarben
Weiß ist die beste Farbe für 6er, da dies die Farbe ihres herrschenden Planeten, Venus, ist. Hellblau, Rosa und Chromgelb sind auch gut für sie. (Chromgelb wird mit Jupiter assoziiert, doch da Venus im Tierkreiszeichen der Fische – einem Zeichen das von Jupiter beherrscht wird – erhöht steht, fördert Gelb die guten Eigenschaften der 6er und läßt sie strahlender erscheinen.) 6er Frauen sollten viel Rosa verwenden. Zu wichtigen Gelegenheiten sollten sie jedoch Weiß tragen. 6er Frauen und Männern wird geraten, bei der Einrichtung ihrer Wohnung möglichst viel Weiß zu verwenden. Auch sollten sie stets ein weißes Taschentuch bei sich tragen, mit dem sie Hände und Gesicht berühren können, wenn sie sich müde oder schwach fühlen.

Glückssteine
Der Diamant ist der Glücksstein für Menschen mit der Nummer 6, da er der Venus zugeordnet wird. Wenn ein Diamant zu teuer ist, können 6er ersatzweise einen weißen Saphir, einen weißen Zirkon oder einen weißen Turmalin wählen. Der Diamant, bzw. der entsprechende Ersatzstein, sollte an einem Freitag in der Zeit von Sonnenaufgang bis 11.00 Uhr vormittags gekauft werden. Am glei-

161

chen Tag sollte er dem Juwelier übergeben und in einen Ring gefaßt werden, dessen Rückseite offen ist (damit der Edelstein die Haut berühren kann). An einem Freitag sollte der Ring wieder vom Juwelier geholt und erstmalig getragen werden, nachdem die entsprechenden Rituale* ausgeführt worden sind.

6er können weißes Turmalinpulver einnehmen, um ihr Kreislaufsystem mit elektrochemischer Energie zu versorgen.

Meditation

Nach den morgentlichen Reinigungsritualen sollten 6er auf ihren Diamanten oder den entsprechenden Ersatzstein meditieren.

Gottheit

Die Gottheit für Nummer 6 Menschen ist *Kartike*, der älteste Sohn Shivas. Er wird auch *Skandha* und *Subramaniyam* genannt. Er hat sechs Köpfe, vier Arme und reitet auf einem Pfau. Er ist der Kriegsgott.

Mantra

*Japa*** (die Wiederholung) des Mantras eines beliebigen Planeten sollte innerhalb der zunehmenden Mondphase vollendet werden. Es ist wichtig, daß die vorgeschriebene Anzahl von Mantras genau eingehalten wird.

Auch wenn es für 6er schwierig ist, spirituelle Disziplinen auszuüben, kann es für sie sehr nützlich sein, das folgende Mantra täglich 11 mal zu wiederholen:

AUM – JUNG, HANG, SA, BHUR, BHUVAN, SWA, KARTIKE
NAMAH, SWA, BHUVAH BHUR, SA, HANG, JUNG – AUM.

* Nähere Information hierzu können sie dem Buch *Die sanfte Kraft der edlen Steine* von Harish Johari entnehmen.
** Nähere Informationen zum Thema *Japa* können Sie dem Buch *Wege zum Tantra* von Harish Johari entnehmen.

Venus-Yantra*

11	6	13
12	10	8
7	14	9

Gesundheit und Krankheit

Wie bereits an anderer Stelle erwähnt, dominiert im Körper der 6er Menschen der Humor Schleim (Kapha). 6er können Probleme mit den Lungen haben (z.B. Schleimansammlung in den Lungen). Sie sind gefühlsbetont und haben manchmal schwache Nerven. Da sie extrem sinnlich sind, kommt es vor, daß sie als Folge von sexueller Verausgabung an Erschöpfung leiden und Probleme mit dem Samen oder Geschlechtskrankheiten haben. Sie sind auch anfällig für Nieren-, Blasen- und Erkältungskrankheiten. Ihre Vorliebe für Süßigkeiten und für stark gewürzte, fette Speisen führt dazu, daß sie manchmal an Verstopfung leiden.

Fasten

Für 6er ist es vorteilhaft, an jedem Freitag zu fasten. Sie sollten am Freitag auch nach Sonnenuntergang kein Getreide, keine Hülsenfrüchte und keine sauren oder salzigen Speisen zu sich nehmen.

Freundschaft

6er Menschen befinden sich in Harmonie mit 1ern, 3ern, 9ern und anderen 6ern; sie können auch mit 2ern, 5ern und 7ern auskommen. 4er und 8er sind keine harmonischen Nummern für sie. 1er und 3er sind ideale Freunde.

* Siehe Anmerkung 2 auf Seite 56.

Romanzen

6er harmonieren gut mit Menschen der psychischen Nummer 1 und 3. Romantische Beziehungen sind zwischen 6er Frauen und Männern mit der psychischen Nummer 1, 3 oder 6 möglich. Als Ehepartner sollten 6er Frauen Männer mit der psychischen Nummer 3 oder 6 wählen.

Gute Jahre

Das 6., 15., 24., 33., 42, 51, 63., 69. und 78. Jahr sind für sie gute Lebensjahre.

Anmerkung:

Auch das 35. Lebensjahr hat für 6er Menschen große Bedeutung. Sie beginnen bereits in frühen Lebensjahren, sich auf eine glänzende Karriere vorzubereiten, und können sich im Alter von 35 bereits gut etablieren. Mit 49 Jahren erreichen sie den Höhepunkt auf materieller Ebene; in diesem Alter nehmen sie verantwortungsvolle Positionen ein.

Die Beziehung der Nummer 6 zu anderen Nummern

Die folgenden Informationen basieren auf Vergleichen der psychischen Nummer 6 mit anderen psychischen Nummern. Man kann aber auch die Beziehung zwischen Menschen mit der Schicksalsnummer 6 und anderen Schicksalsnummern vergleichen und die der Namensnummer 6 zu anderen Namensnummern. (Die Vergleiche basieren auf gleichen Kategorien.)

Nummer 6 und Nummer 1

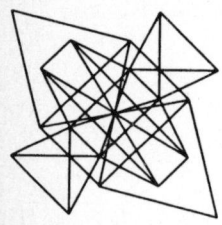

6er Männer und 1er Männer

6er und 1er Männer werden sehr leicht Freunde und können sich, vor allem wenn sie politisch tätig sind, gegenseitig von Nutzen sein. 6er Männer genießen das Leben und wissen den Idealismus der 1er nicht richtig zu schätzen; deshalb wird ihre Freundschaft nicht von langer Dauer sein. Dies ist keine ideale Verbindung für Geschäftspartnerschaften, doch ist sie auch nicht schädlich.

6er Frauen und 1er Männer
1er Männer erweisen sich als nützlich und hilfreich für 6er Frauen. Sie sind keine idealen Lebens- oder Geschäftspartner, doch sind 6er Frauen ideale Sekretärinnen für 1er Männer.

6er Männer und 1er Frauen
6er Männer gehen zahlreiche außereheliche Beziehungen ein und 1er Frauen erwarten Treue in der Ehepartnerschaft; sie sind wahrheitsliebend und glauben an aufrichtige Verbindungen. Aus diesem Grund sind 1er Frauen nicht die idealen Ehepartner für ständig flirtende 6er Männer. In Geschäftspartnerschaften trauen 1er Frauen den 6er Männern nicht zu, daß diese ihr Geld nutzbringend anzulegen wissen. 1er Frauen bevorzugen es, im Managementbereich die Oberhand zu haben.

6er Frauen und 1er Frauen
Aus dieser Verbindung entsteht eine gute Freundschaft. Beide versuchen, sich gegenseitig das Leben angenehm zu machen. Die Langsamkeit der 6er gibt den überbeschäftigten 1ern die Möglichkeit, eine Verschnaufpause einzulegen. 1er Frauen versuchen, mit 6er Frauen befreundet zu bleiben und machen ihnen wertvolle Geschenke.

6er und 1er sind sich generell freundlich gesinnt. 6er haben einen guten Einfluß auf 1er. Auch wenn die 6er für die 1er ein Puzzle sind, verstehen 6er die 1er sehr klar und können sie beeinflussen und ihnen helfen. 6er können 1ern dienen und ihre Geschäftspartner werden, doch wird die Beziehung nicht auf Dauer halten. Sie kann etwas stabiler sein, wenn beide nicht ständig zusammen sind und sich immer nur kurz treffen, um gemeinsam zu arbeiten oder zu reisen, um Parties, Feste, Meetings und Seminare gemeinsam zu organisieren. 6er sollten bereit sein, die Autorität der 1er zu akzeptieren.

Nummer 6 und Nummer 2

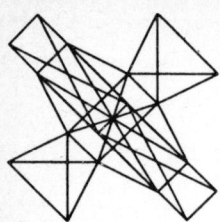

6er und 2er können gute Freunde sein. 6er helfen dem Wachstum und der Entwicklung der 2er; sie geben ihnen friedliche Energie und gute Ratschläge, inspirieren sie aber nicht zur Arbeit. Bei dieser Freundschaft helfen die 2er den 6ern weniger als umgekehrt. Daher sollten 6er die 2er für wichtige Arbeiten meiden. Auf geschäftlicher Ebene sind die 2er für 6er nützlicher. Als Ehepartner passen 2er weder zu 6er Männern noch zu 6er Frauen.

Nummer 6 und Nummer 3

3er und 6er befinden sich in Harmonie. 3er sind für 6er gute Freunde, Geschäfts- oder Lebenspartner. Sie helfen sich gegenseitig. Diese Verbindung ist nur etwas weniger harmonisch, wenn in der Ehe der Mann eine 6 ist. 3er Frauen können nicht tolerieren, daß ihr Mann außereheliche Beziehungen eingeht. Daher sollte ein 6er Mann keine 3er Frau heiraten. Die umgekehrte Verbindung ist jedoch ausgezeichnet. 6er können die 3 als Datum für wichtige Termine und als Hausnummer wählen.

Nummer 6 und Nummer 4

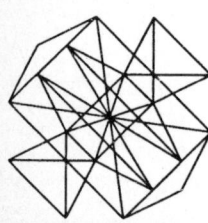

Obgleich die Nummern 6 und 4 miteinander harmonieren, arbeiten sie nicht besonders gut zusammen. 4er irritieren 6er und bringen sie in Schwierigkeiten, doch empfinden 4er auch schnell Zuneigung für 6er. 4er weigern sich, von 6ern zu lernen oder belehrt zu werden. 6er (vor allem 6er Frauen) sollten keine Ehe- oder Geschäftspartnerschaft mit 4ern eingehen und die 4 auch nicht als Datum für wichtige Termine oder als Hausnummer wählen.

Nummer 6 und Nummer 5

6er und 5er sind gegenseitige Freunde. 5er helfen 6ern psychologische Probleme zu lösen; sie können für 6er gute Therapeuten oder

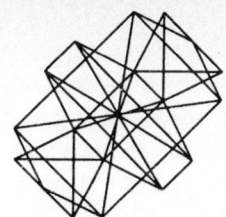

Ärzte sein. Die Nummer 5 hat eine positive Wirkung auf das körperliche und geistige Wohlbefinden der 6er Menschen, während 6er wiederum den 5ern helfen, ihre Schwächen (ihre Ruhelosigkeit und ihre ständig wechselnden Gedanken) zu überwinden. Ihre Freundschaft bringt sie auf höchste Ebenen in der Politik und im Bereich der Medien (Fernsehen, Film, Journalismus usw.). Die Ehe zwischen einer 6er Frau und einem 5er Mann wird keine ideale Ehe sein, doch funktioniert die umgekehrte Verbindung sehr gut. 6er können mit 5ern Geschäftspartnerschaften eingehen und die Nummer 5 als Datum für wichtige Termine oder als Hausnummer wählen.

Nummer 6 und Nummer 6

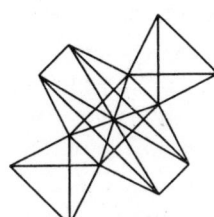

Zwei 6er sind Freunde; da aber beide die gleiche Wellenlänge haben, inspirieren sie sich gegenseitig nicht. Trotzdem sind sie sehr zufrieden, wenn sie sich treffen. Sie verstehen sich außerordentlich gut, doch brauchen sie eine Nummer 1, 3, 5 oder 9 zur Inspiration. Bei Geschäften im Bereich Kosmetik, Mode, Design, Innenausstattung oder Schmuck können zwei 6er mit viel Geschmack zusammenarbeiten und gute Partner werden. Eine Ehe zwischen beiden ist nicht ideal, da sie sich gegenseitig nicht inspirieren; doch streben beide danach, ein gutes familiäres Leben zu führen. 6er sollten die 6 als Datum für wichtige Termine und als Hausnummer wählen.

Nummer 6 und Nummer 7

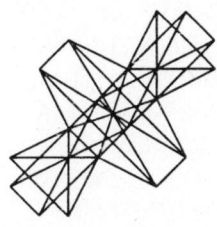

6er helfen den 7ern immer und inspirieren sie ständig, doch trifft das Gegenteil nicht zu. 6er helfen 7ern, ihr träumerisches Wesen zu entwickeln – 7er haben Intuition und Fantasie, während die 6 eine weltliche Nummer ist. 7er haben eine originelle Art, altbekannte Wahrheiten neu auszudrücken. Obgleich die 6er die Gesellschaft der 7er während ihrer Musestunden durchaus genießen können, müssen sie sich bei ernsthaften Geschäftstransaktionen vor den Fantasiegebilden der 7er schützen. 6er sollten die 7 auch als Datum für wichtige Termine und als Hausnummer meiden. Diese Verbindung ergibt keine ideale Ehepartnerschaft. Eine Ehe kann unter Umständen gut gehen, wenn der Mann eine Nummer 7 und die Frau eine 6 ist.

Nummer 6 und Nummer 8

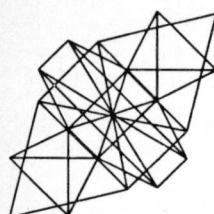 6er sind stets hilfreich für 8er. 6er inspirieren 8er, sie machen sie geselliger und geben ihnen Leichtigkeit. 8er sind ansonsten schwerfälliger und ruhig. Die Verspieltheit der 6er gibt den 8ern einen Geschmack vom Leben, und sie beginnen, sich für Luxus und Komfort zu interessieren. 8er werden durch 6er kreativ und ausdrucksvoll. Beide Nummern werden erfolgreich, wenn sie politisch, künstlerisch oder beim Film tätig sind. Im Geschäftsbereich wird den 6ern geraten, kein Geld in Unternehmen zu investieren, die von 8ern begonnen wurden. Doch können 8er in die Geschäfte der 6er einsteigen und finanziell erfolgreich sein. Als Ehepartner sind 8er nicht gut für 6er. Wenn unvermeidbar, kann aber eine 6er Frau einen 8er Mann heiraten und einige glückliche Ehejahre genießen. 6er sollten die 8 als Datum für wichtige Termine und als Hausnummer meiden.

Nummer 6 und Nummer 9

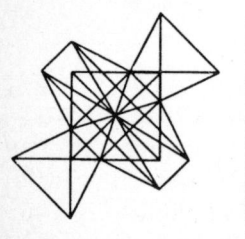 Diese Nummern helfen sich stets gegenseitig. Beide Nummern sind «potenzierte» 3er und ergeben eine gute Verbindung. Als Freunde und Geschäftspartner nützen sie sich gegenseitig – 6er schützen sorgfältig die Interessen der 9er, während 9er die harte Basisarbeit leisten, die für das gemeinsame Unternehmen notwendig ist. Auf dem Gebiet der Musik und anderer schöner Künste bilden 6er und 9er eine sehr kreatives Team. Im Bereich der Politik können 6er Bewunderer,

Anhänger, Öffentlichkeitssprecher und gute, systematische Planer für 9er sein. Diese Zahlenkombination ergibt ein gutes Paar. Sie lieben einander. Sie sind das ideale Paar, wenn der Mann die Nummer 9 und die Frau die Nummer 6 ist. Eine Nummer 6 sollte die 9 als Datum für wichtige Termine und als Hausnummer wählen.

KETU UND DIE ZAHL 7

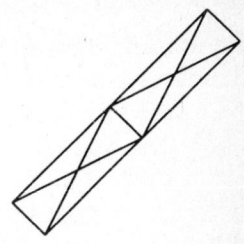

Ketu ist die herrschende Wesenheit, die alle Menschen beeinflußt, die am 7., 16. oder 25. Tag eines Monats geboren sind, bzw. deren Schicksals- oder Namensnummer in der Quersumme eine 7 ergibt. Die im folgenden beschriebenen Ketu-Qualitäten kommen am deutlichsten in Menschen mit der psychischen Nummer 7 zum Ausdruck.

Rahu und Ketu sind zwei Halbplaneten, die sich genau gegenüberstehen, also 180 Grad voneinander entfernt sind. Sie sind die beiden Mondknoten, die auch als Drachenkopf und Drachenschwanz bekannt sind. Rahu, der Kopf, wurde bereits auf Seite 113–115 besprochen. Nun werden wir auf Ketu, den Drachenschwanz, eingehen, der als kopfloser Torso mit dem Unterkörper eines Fisches dargestellt wird. Obgleich Ketu als Übeltäter unter den Planeten gilt, ist er doch viel weniger schädlich als Rahu. Der Hauptgrund dafür ist, daß Ketu als *moksha-karak* (Grund der Befreiung) betrachtet wird. Er befreit von weltlichen Begierden und verleiht spirituelle Neigungen. Er gibt den von ihm beherrschten Menschen Weisheit, Urteilskraft und übersinnliche Fähigkeiten. Unter seinem Einfluß werden Menschen hochsensibel und gefühlvoll; sie verlieren das Interesse an materiellen Erfolgen und am Psychodrama des Lebens. Sie haben das Gefühl, keine Ziele, keine Motivationen mehr zu haben. Sie interessieren sich für *Gyana*, das wahre Wissen vom Selbst, und versuchen, Erleuchtung durch «wahres Wissen» zu erlangen.

Ketu ist von neutralem Geschlecht, weder männlich noch weiblich (obgleich einige Astrologen ihn als weiblich betrachten), er hat ein *tamasisches* (träges) Wesen und eine zerstörerische und spaltende Kraft. Er macht die von ihm beherrschten Menschen inaktiv. Ketu wirkt am stärksten nachts und bringt Menschen leicht aus der Fassung (d.h. sie werden schnell nervös und reagieren gereizt). Wenn Ketu im Horoskop nicht gut plaziert oder schlecht konstelliert ist, macht er die unter seinem Einfluß stehenden Menschen zu Krüppeln. Sie verlieren ihre Unterscheidungskraft und werden – aus weltlicher Sicht betrachtet – verrückt. Mitunter scheinen sie von bösen Geistern besessen zu sein. Bei günstiger Ketu-Stellung erwerben die von ihm beherrschten Menschen die Fähigkeit, Besessene zu heilen. Ketu weckt das Interesse für jede Art von Heilkunst, für natürliche Heilmethoden, tantrisches oder geistiges Heilen, Heilen mit Hilfe von Hexerei und okkulter Wissenschaften, Heilen durch Kräuter, Nahrung, Gewürze, Farben, Klangwellen usw.

Unter Ketu-Einfluß sind Menschen gesprächig; sie lieben Diskussionen und Debatten und haben ihre eigene Logik. Sie leben im Reich der Fantasie, der Intuition und Imagination; sie übertreiben gern. Da sie sich nicht darum kümmern, welchen Eindruck sie auf andere machen, wirken sie zuweilen ungepflegt. Manchmal sind sie gut gekleidet, manchmal nicht. Sie haben eine kosmopolitische Weltsicht; sie akzeptieren das, was als Wahrheitsgehalt in allen Religionen vorhanden ist und schaffen sich ihre eigenen Glaubenskonzepte.

Ketu herrscht über das Alter. Im körperchemischen Haushalt der Ketu-Menschen dominiert Vayu, das Luftelement, das Ruhelosigkeit mit sich bringt.

Merkur, Venus, Rahu und Saturn sind Ketus Freunde. Jupiter verhält sich ihm gegenüber neutral; Sonne, Mond und Mars sind seine Feinde. Astrologen in Indien sind der Meinung, daß Rahu, Ketu und Saturn in unserem Zeitalter, das als *Kaliyuga* (Zeitalter der Dunkelheit) bezeichnet wird, einen stärkeren Einfluß haben. Daher ist es für alle Menschen, die sich mit prognostischen Wissenschaften befassen wichtig, die Energien von Rahu und Ketu genau zu verstehen.

172

Nummer 7

Psychische Nummer 7

Dies ist die psychische Nummer aller Menschen, die am 7., 16 oder 25. Tag eines Monats geboren sind. Jene, die an einem 25. geboren sind, gelten als die Glückskinder unter den 7ern.

Der negative Ketu-Einfluß macht Menschen mit der psychischen Nummer 7 entscheidungsunfähig, explosiv, zerstörerisch, ruhelos, revolutionär und launisch. Die 7 ist eine Nummer des Umbruchs, der Revolution. Da 7er viele Fehlschläge erleiden, hält man sie für unglücklich. Doch diese Ansicht stimmt nicht ganz, da Fehlschläge ein Schlüssel zum Erfolg sein können. Viele Menschen mit der psychischen Nummer 7 sind berühmt geworden als Dichter, Künstler, Philosophen, Schiedsrichter, Numerologen, Reformer und Wissenschaftler. Trotzdem stimmt es, daß alle Menschen mit der psychischen Nummer 7 vergleichsweise wesentlich mehr Aufmerksamkeit und richtige Führung benötigen, als die restlichen acht psychischen Nummern. Wenn 7er gut angeleitet werden, können sie Hervorragendes in ihrem Leben leisten.

Menschen mit der psychischen Nummer 7 sind tief spirituell und religiös. Sie sind gutherzige, soziale, romantische, empfindsame und edle Seelen. Sie sind erfinderisch in ihrer Ausdrucksweise und haben eine unabhängige Einstellung zum Leben. Ihr philosophisches Auftreten gibt ihnen eine eigenwillige Individualität. Sie besitzen das Talent, alte Werte und Wahrheiten neu und zeitgemäß zu interpretieren.

Sie setzen sich für individuelle Freiheit und persönliche Ungebundenheit ein und können Ungerechtigkeiten nicht ertragen.

Sie sind begabte Redner und besitzen die Fähigkeit, die öffentliche Meinung für sich zu gewinnen, so daß selbst ihre Gegner ihren Ansichten zustimmen müssen.

Sie sind freundlich und werden schnell allgemein beliebt, da sie zwischen arm und reich, König und Bettler, Herr und Diener keinen Unterschied machen. Sie sind zu allen Menschen gleich freundlich und hilfsbereit. Sie haben ein herzliches Verhältnis zu ihren Untergebenen und Schülern.

Ihre Persönlichkeit hat viele Gesichter – Unbestimmtheit ist ihre

Spezialität. Nach außen wirken sie chaotisch und anarchistisch, doch sind sie innerlich gut organisiert; sie folgen einem regelmäßigen Lebensrhythmus, der sie körperlich und geistig gesund erhält. Sie können gut planen.

Sie sind sowohl Idealisten als auch Materialisten. Einerseits geben sie ihr Geld großzügig aus, leben in Utopien und denken und planen für das universelle und kosmisch Gute, andererseits achten sie auf Geld, vermarkten und verkaufen ihre Ideen, um materiellen Gewinn zu erzielen.

Ihr unermüdlich tätiger Geist und ihr überaktives Gehirn machen sie ruhelos. Sie lieben Veränderungen und reisen gerne. Sie profitieren vom Reisen, indem sie Neues lernen und gleichzeitig Geld verdienen. Ihre Auslandsgeschäfte florieren, da sie hervorragende Ideen besitzen.

Sie lieben Geheimnisse und umgeben sich mit einer geheimnisvollen Aura. Sie lernen von allen Menschen und interessieren sich für Geheimwissenschaften. Sie haben ihre eigene Art, Begriffe zu erklären und folgen keiner der konventionellen Religionen. Sie kreieren ihre eigene Ideologie, ihre eigene Religion, die ihrer Vorstellung entspricht und auf mysteriösen Grundlagen basiert (die nicht sehr klar und wissenschaftlich sind).

Sie glauben an ein friedliches Zusammenleben aller Menschen und können sich jeder fremden Umgebung problemlos anpassen. Menschen, mit denen sie zusammentreffen, erinnern sich lange an sie. In Städten und Ländern, die sie besuchen, werden sie allmählich bekannt. Sie sind sehr sozial und nicht autoritär. Sie bringen Freunden, Kollegen und Vorgesetzten Glück; wenn diese – aus welchen Gründen auch immer – ihre Freundschaft mit den 7ern beenden, erleiden sie Verluste. 7er besitzen ein gutes Gedächtnis und haben ein flexibles Wesen. Gleich 5er Menschen benehmen sie sich in Gesellschaft von Kindern kindlich, jugendlich in der Gesellschaft junger Leute und weise und gesetzt in der Gesellschaft weiser Menschen. Man kann mit 7ern über vielfältige Themen sprechen; sie beraten Menschen, die Orientierung oder Hilfe suchen, bereitwillig und ohne ein Blatt vor den Mund zu nehmen. Obwohl sie niemals versuchen, andere Menschen an eine bestimmte Ideologie oder Sekte zu binden, gefällt es ihnen doch im

Grunde ihres Herzens, wenn Menschen ihren Rat annehmen und ihre Anweisungen befolgen.

Sie lieben Berge und die Natur und reisen gern in ferne Länder.

Sie haben Mut und gehen bereitwillig Risiken ein.

Sie etablieren sich erst um oder nach ihrem 34. Lebensjahr.

Sie sind gute Schriftsteller, Maler und Dichter und können ihren Ideen durch die verschiedensten Medien Ausdruck verleihen. Welche Ausdrucksmittel sie auch wählen, sie leisten einzigartiges auf ihrem Gebiet und beleuchten alle Themen philosophisch. Sie sind wahre Wissenschaftler des Lebens. Sie wollen bewährte Doktrien wieder ins Bewußtsein der Menschheit bringen. Sofern sie spirituelle Neigungen haben, schreiten sie schnell voran und werden Gurus oder Yogis. Gleichgültig, ob sie sich Gurus oder Lehrer nennen, sie werden in ihrem Spezialgebiet berühmt. Sie müssen in jungen Jahren schwer arbeiten und sich durchkämpfen und werden mit den Härten des Lebens konfrontiert. Da sie ihre Talente immer unterbewerten, haben sie erst in späteren Lebensjahren Erfolg und werden reich. Sie führen ein gutes Eheleben und üben auf Angehörige des anderen Geschlechts eine besondere Anziehungskraft aus.

Sie erhalten Hilfe von ihren Freunden und profitieren von diesen Beziehungen. Menschen mit der psychischen Nummer 7 treffen meist in ihren frühen Lebensjahren einen Menschen, mit dem sie eine lebenslange nützliche Freundschaft verbindet.

Frauen mit der psychischen Nummer 7 sorgen sich stets um ihre Zukunft. Sie sind vorsichtig, sensibel, gefühlvoll, heikel und attraktiv; sie haben äußerst attraktive wässrige Augen.

Menschen mit der psychischen Nummer 7 besitzen persönliche Anziehungskraft, sie sind liebenswürdig und charmant. Sie lassen sich nicht leicht täuschen, da sie die Gedanken anderer Menschen lesen können. Sie sind aber nicht in der Lage, ihre eigenen Gedanken zu erkennen und täuschen sich manchmal selbst mit ihren Fantasien, Utopien und Ideen. Sie werden leicht in die Angelegenheiten der Länder und Menschen verwickelt, die sie besuchen.

Sie sind Anhänger des Nützlichkeitsprinzips. Sie werfen nicht schnell etwas weg; sie machen besten Gebrauch von unnützen Dingen. Viele ihrer Kunstwerke entstehen aus Gegenständen, die andere Menschen in den Abfall werfen.

Menschen mit der psychischen Nummer 7 neigen dazu, ihre eigenen Unzulänglichkeiten zu übersehen und ihre kleinen Fehler zu ignorieren.

Sie fühlen sich häufig zu Drogen hingezogen und konsumieren manchmal große Mengen Alkohol.

Ratschläge für Menschen mit der psychischen Nummer 7

Bevor sie eine Tätigkeit beginnen, sollten sie sich über das wesentliche ihrer Aufgabe genau informieren, ihre positiven und negativen Aspekte in Betracht ziehen sowie den Zeit- und Arbeitsaufwand abschätzen, den sie investieren müssen.

Sie sollten ihre Energien nicht mit Unternehmungen vergeuden, die ihre Kräfte überfordern.

Sie sollten Veränderungen freudig annehmen und nicht immer nur an eigenen Denkweisen festhalten. Sie sollten sich davor hüten, geringschätzig über Kulturen zu sprechen, denen sie entstammen. Sie sollten selbständig arbeiten und versuchen, sich selbst zu versorgen, um nicht von anderen abhängig zu sein.

Sie sollten ihre Talente nicht unterschätzen und mutig ihre eigenen Projekte in Angriff nehmen.

Sie sollten wachsam bleiben und sich ernsthaft auf ihre Tätigkeiten konzentrieren, damit sie nicht von ihren Fantasien davongetragen werden.

Sie sollten sich nicht übermäßig zurückhaltend benehmen, nicht zu sentimental werden und sich nicht in die Angelegenheiten anderer emotionell verwickeln lassen.

Sie sollten sich nicht unter Zeitdruck setzen und keine schnellen Entscheidungen treffen. (Nummer 7 Frauen sollten auch aufhören, sich ständig zu sorgen.)

Sie sollten ihre Zeit nicht mit Phantasieren vergeuden. Vielmehr sollten sie sich den Wert der Zeit bewußt machen und lernen, pünktlich zu sein.

Sie sollten übermäßigen Konsum von Zigaretten, Drogen oder Alkohol vermeiden. Da sie sich häufig geistig zu stark verausgaben, sollten sie zum Ausgleich körperlich arbeiten oder manuelle Tätigkeiten ausführen und bewußt atmen üben.

Sie sollten sich mit Blumen und Grünpflanzen umgeben und

176

morgens, bevor sie das Bett verlassen, ihre Blumen und Pflanzen betrachten, um Inspiration und innere Stärke zu sammeln. Sie sollten *Tratak* (Konzentration) auf eine Kerzenflamme, auf ein Yantra oder einen einzigen Punkt praktizieren. (Nähere Erklärung zu *Tratak* finden Sie auf Seite 182).

Sie sollten sich weder über ihre eigene Religion noch über Religionen anderer Menschen lustig machen. Sie sollten freundlich und respektvoll zu ihren Partnern sein, die stets alle häuslichen Probleme für sie lösen und sie in ihrer Entwicklung unterstützen. Sie sollten jede Art von Wassersport, tiefe Gewässer, Reisen per Schiff oder Bootsfahrten meiden.

Sie sollten sich nicht durch Überarbeitung erschöpfen.

Sie sollten ihre Meinung nicht zu schnell ändern.

Schicksalsnummer 7

7 ist eine gute Schicksalsnummer. Sie stärkt die Qualitäten, die in der psychischen- oder der Namensnummer bereits als Anlage vorhanden sind. Ketu, der Herrscher der Nummer 7, wird als Halbplanet leicht von dem Schwingungsfeld des Planeten beeinflußt, in dessen Haus er steht. Ketu paßt sich den Qualitäten und Neigungen des Planeten an, mit dem er zu tun hat. Ihre Anpaßungsfähigkeit und die Tatsache, daß sie nicht diskriminieren, macht die Menschen mit der Schicksalsnummer 7 zu «everybodies darling», zum Liebling aller. Ihr Helferkreis ist groß.

Ihre Angewohnheit, ihre eigenen Talente und ihr angeborenes Potential zu unterschätzen, läßt sie bescheiden wirken, macht sie liebenswürdig und charmant und gibt ihnen menschliche Qualitäten. Ihre hervorragenden und praktischen Ideen ziehen Menschen magnetisch an.

Sie werden gute Redner und Geschichtenerzähler.

Sie besuchen fremde Länder und erhalten Anerkennung auf dem Gebiet der Kunst oder Literatur oder als Diplomaten. Je nach persönlichen Neigungen, die von ihrer psychischen Nummer abhängig sind, können sie auch Anerkennung als Schiedsrichter, Friedensstifter oder spirituelle Meister erlangen.

Menschen mit der Schicksalsnummer 7 sind witzig, lebendig, entscheidungsfreudig, unberechenbar, veränderlich und stets jugendlich. Sie sind gute Ratgeber – ihr Rat und ihre Vorschläge werden sogar von ihren Feinden anerkannt. Sie haben eine friedliche Ausstrahlung und können Menschen durch ihre Anwesenheit beruhigen. Sie haben für alle Probleme Lösungen parat und sind gut im Schlichten von Streit. Sie sind rationale, praktische, freundliche und kreative Menschen.

Wenn Menschen mit der Schicksalsnummer 7 spirituell veranlagt sind, erreichen sie Samadhi und erleben Zustände tiefer, andauernder Meditation. Wenn sie sich für Tantra interessieren, erlangen sie *Siddhis* (übersinnliche Kräfte), wie Hellsichtigkeit, persönliche Anziehungskraft, hypnotische Fähigkeiten, die Fähigkeit, Energie zu übertragen oder in eine bestimmte Richtung zu lenken, etc.

Ihre intuitiven Fähigkeiten verstärken sich zwischen ihrem 30 und 45. Lebensjahr, mitunter können sie Gedanken anderer so deutlich lesen, als hätten sie ein Buch vor sich.

Sie haben bemerkenswerte Träume, aus denen sie lernen können. Zahlreiche ihrer brillianten, ursprünglichen Ideen stammen aus Träumen oder aus Tagträumen, mit denen sie sich die Zeit am liebsten vertreiben. Sie versuchen, den Geheimnissen der Träume und des Unterbewußtseins auf den Grund zu gehen. Sie glauben auch an geheimnisvolle Kräfte, die Menschen in die Zukunft oder Vergangenheit versetzen können.

Angezogen und umringt vom anderen Geschlecht, flirten sie auf besondere Art und Weise. Frauen mit der Schicksalsnummer 7 sind äußerst gesellig und gefühlvoll; sie sind attraktiver als Männer mit der Schicksalsnummer 7. Die 7er Frau ist klug, selbstbewußt, gesprächig (manchmal spricht sie sogar zuviel) und karriereorientiert. Die starke Verbindung, die sie zu ihrer Mutter und anderen weiblichen Familienangehörigen hat, kann problematisch für ihre Ehe werden. Sie hat ein besorgtes Wesen und ängstigt sich ständig um die Zukunft. Aus diesem Grund erhält ihr Mann zu wenig Aufmerksamkeit, was nicht gut für ein glückliches Familienleben ist.

Männern mit der Schicksalsnummer 7 wird geraten, nicht vor dem 28. Lebensjahr zu heiraten.

Sowohl Männer als auch Frauen mit dieser Schicksalsnummer gehen in ihrem Leben mindestens einmal eine außereheliche Beziehung ein, manchmal auch mehrere.

Namensnummer 7

Die Nummer 7 ist – mit Ausnahme für die Nummern 1 und 5 – für alle anderen psychischen- oder Schicksalsnummern eine gute Namensnummer. Sind die psychische- und die Namensnummer gleich, kommen die Qualitäten der psychischen Nummer stärker zum Ausdruck; dies macht die Menschen angenehmer, freundlicher, gebildeter, geselliger, universeller und kosmopolitisch. Sind Namens- und Schicksalsnummer gleich, werden die Menschen zu Wegbereitern als Wissenschaftler, Schriftsteller, Künstler, Sozialwissenschaftler, Reformer oder Mystiker. Wegen ihrer originellen Denkweisen und philosophischen Ansichten wird ihr Name der Nachwelt in Erinnerung bleiben.

Problematisch wird es jedoch, wenn alle drei Nummern eine 7 ergeben. Da bereits jene Menschen, mit einer psychischen oder Schicksalsnummer 7 besonders intensive Aufmerksamkeit, Führung und Betreuung nötig haben, sollten sie jeden Namen meiden, der eine 7 ergibt.

Trotzdem ist die Namensnummer 7 für Menschen mit der Schicksalsnummer 7 auf jeden Fall vorteilhaft. In der Regel beeinflußt die Namensnummer die psychische Nummer. Wenn die Namensnummer mit der psychischen Nummer harmoniert und die gleiche Nummer wie die Schicksalsnummer ist, bringt dies Glück.

Verhaltensweisen, durch die wir unseren inneren und äußeren Lebensraum ins Gleichgewicht bringen können:

Wenn wir regelmäßig Fastentage einhalten, die entsprechenden Gewürze und Edelsteinpulver verwenden, mit Hilfe von Meditation, Mantrarezitation und Yantras können wir uns *innerlich* ins Gleichgewicht bringen. Die *äußeren Lebensumstände* können wir positiv beeinflussen, wenn wir für unsere Handlungen den richtigen Zeitpunkt wählen (den zunehmenden oder abnehmenden Mondzyklus berücksichtigen), uns gute Freunde suchen (d.h. mit verträglichen Nummern Freundschaft schließen) und neue Tätigkeiten zur passenden Zeit beginnen (die schwachen und starken Perioden berücksichtigen). Am mühelosesten kommen wir mit uns selbst und dem äußeren Umfeld in Einklang, wenn wir auf den bereits vorhandenen Energiefluß achten (wie man dies macht, wird im den folgenden Abschnitten beschrieben). Die hier gegebenen Informationen beziehen sich auf Menschen mit einer psychischen Nummer 7:

Schwache Perioden

Die 7er haben ihre schwachen Zeiten in den Monaten Januar und Februar. In diesen Monaten können sie den Mut verlieren, Gelegenheiten verpassen, ihre Zeit müßig vertun oder sich in nutzlose Angelegenheiten und Vergnügungen verstricken. Sie werden dann auch von anderen abhängig, sind schüchtern und werden von ihren Freunden und Bekannten oft mißverstanden.

Sie sind dann sehr stolz auf ihren matieriellen Erfolg und ihre schriftstellerischen Talente.

Sie werden träge, gleichgültig, unorganisiert und bekommen Probleme.

Sie machen sich über andere Religionen und über ihren eigenen kulturellen Hintergrund lustig. Sie verlieren das Interesse an ihrem häuslichen Leben: kommen nicht nach Hause, betrügen ihren Lebenspartner und werden unfreundlich.

Sie haben Mißerfolge zu verzeichnen und werden ruhelos.

Sie sind erfolglos in Liebesangelegenheiten.

Sie überschreiten die Grenzen ihrer Kapazitäten, verpatzen Arbeiten durch Übereilung, investieren Geld in schlechte Unternehmen und erleiden Verluste.

Starke Perioden

Die Zeit zwischen 21. Juni und 20. Juli ist für 7er die beste Periode, doch auch der ganze Monat Juni und der ganze Juli sind gute Zeiten. Sie sollten neue Tätigkeiten in diesen Zeiträumen beginnen, nach besseren Lebensbedingungen Ausschau halten, Verträge schließen, ihre Erfindungsgabe zur Verbesserung ihrer materiellen Situation nutzen, ihre Zurückhaltung und die Unterschätzung ihrer Talente überwinden.

Gute Daten

Der 07., 16. und 25. jedes Monats sind gute Tage für 7er. Auch der 01., 10., 19. und 28. sind gut, da sich die 1 den 7ern gegenüber freundlich verhält. Auch der 02., 11., 13., 20., 22., 29. und 31. sind nicht schlecht. Alle guten Daten werden noch besser, wenn sie auf Wochentage fallen, die für 7er günstig sind.

Gute Tage

Der Sonntag, Montag und Mittwoch sind gute Tage für 7er Menschen. Wenn diese Tage außerdem auf die oben genannten guten Daten fallen, ist dies besonders positiv.

Günstige Farben

Hellgrün, Hellblau und Weiß sind die drei besten Farben für 7er Menschen. Sie sollten Schwarz meiden und so selten wie möglich verwenden. Sie können für Vorhänge, Bett- und Kissenbezüge die Farben Hellblau oder Hellgrün wählen. Da Grün sehr wohltuend auf ihre Nerven wirkt, sollten sie viele Pflanzen um sich haben und sich zur Entspannung an ihrem Anblick erfreuen.

Edelsteine

Ihr Glückstein ist das Katzenauge, aus dem ein seidiges Schillern (Chatoyieren) nach außen dringt, wie aus dem Auge einer Katze, in dem weiße Fasern verlaufen. Je heller und klarer die Faser, desto besser ist die Qualität und die Wirkung des Steins. Katzenaugen gibt es in vier Schattierungen: Gelb (die Farbe getrockneter Blätter), Schwarz, Grün und Weiß mit Grün. Von diesen vier Arten eignen sich die weiß-grünen Steine am besten für 7er Menschen. Ist ein solches Katzenauge nicht zu finden, kann man sich für ein gelbes entscheiden. Es sollte an einem Mittwoch gekauft und am gleichen Tag dem Juwelier gegeben werden. Der fertige Ring sollte an einem Mittwoch vom Juwelier geholt und getragen werden, nachdem die entsprechenden Rituale* ausgeführt worden sind. Die Fassung des Ringes sollte aus einer speziellen Mischung aus 5 Metallen bestehen: 4 Teile Eisen, 2 Teile Silber, 1 Teil Kupfer oder Zink, 1 Teil Gold und 3 Teile Blei – oder aus Weißgold. Der Ring sollte am kleinen Finger der linken Hand getragen werden.

* Nähere Information finden Sie im Buch Die sanfte Kraft der edlen Steine.

7er Menschen können Perlenpulver einnehmen, um ihr Kreislauf-system mit elektrochemischer Energie zu versorgen.

Meditation

Nummer 7 Menschen wird empfohlen, Nrisimha (Narsingha), die Löwen-Inkarnation Vishnus, zu verehren. Sie können auch auf ein Katzenauge auf weißem Hintergrund meditieren oder auf die Flamme einer Butterlampe. Sie sollten lernen, wie man *Tratak* macht, und mit geöffneten Augen, ohne mit den Lidern zu blinken, solange auf die Flamme einer ca. 30cm entfernten Butterlampe schauen, bis die Tränen zu fließen beginnen. Danach sollten sie die Augen schließen, ihre Konzentration auf den Punkt oberhalb der Nasenwurzel zwischen den Augenbrauen (dem dritten Auge oder Ajna Chakra) richten und auf das Nachbild der Flamme meditie-ren. Dies wird ihren ruhelosen Geist beruhigen, ihre intuitiven Kräfte vermehren und ihnen die Kraft der Hellsichtigkeit geben. Sie sollten zur Meditation saubere weiße Kleidung tragen.

Gottheit

Narsingha (Nrisimha) – die Löwen-Inkarnation Vishnus.

Mantra

Japa*, die Wiederholung oder Rezitation des Mantras eines Plane-ten sollte stets innerhalb des zunehmenden Mondzyklus vollendet werden. Es ist wichtig, daß die vorgeschriebene Anzahl von Mantras genau wiederholt wird.

AUM – NRING NRING NRING NARSINGHAYE (NRISIMHAYE) NAMAH – AUM

Dieses Mantra sollte 17.000 mal innerhalb des zunehmenden Mondzyklus rezitiert werden.

---

* Nähere Information zum Thema Japa können Sie dem Buch Wege zum Tantra von Harish Johari, entnehmen.

Ketu-Yantra*

14	9	16
15	13	11
10	17	12

Gesundheit und Krankheit
Nummer 7 Menschen sind anfällig für

- Infektionen
- Verdauungsbeschwerden, Verstopfung und Magen-
  probleme
- Krankheiten der Geschlechtsorgane
- Gicht, Arthritis, verursacht durch eine übermäßige Akti-
  vität des Humors VAYU, des Windelements im Körper
- Schwächezustände und Blutprobleme
- Gedächtnisschwäche nach dem 45. Lebensjahr.

Um o.g. Problemen vorzubeugen, sollten sie darauf achten, daß sie ihren Körper ausreichend mit den Vitaminen D und E versorgen. Die sollten frischgepreßte Fruchtsäfte trinken, sich regelmäßige Eßgewohnheiten aneignen, das Rauchen aufgeben und Drogen meiden. Beim Essen sollten sie den Geschmack der Speisen genießen und auf den Gesundheitswert der Nahrungsmittel achten, anstatt sich schnell mit leeren Kalorien den Magen zu füllen, um rasch wieder an die Geschäfte zu gehen.
Sie sollten sich Zeit nehmen und zur Entspannung der Nerven, zur besseren Verdauung und um von streßigen Situationen Abstand zu nehmen an Flußufern, Teichen, Seen, Wasserfontänen oder Wasserfällen spazierengehen.

* Siehe Anmerkung 2 auf Seite 56.

Fasten

Für 7er ist es vorteilhaft, an Dienstagen zu fasten. Dabei sollten sie nur einmal am Tag eine kleine Menge gekochter süßer Kartoffeln zu sich nehmen und frischgepreßten Fruchtsaft trinken. Auf Hülsenfrüchte, Getreide, Salz und Gewürze sollten sie an diesem Tag völlig verzichten.

Freundschaften

Menschen, die am 07., 16. oder 25. und 01., 10., 19. und 28. eines Monats geboren sind, sind gute Freunde für 7er. Menschen, die an einem der obigen Daten während der Monate Januar und Februar (den schwachen Perioden der 7er) geboren sind, passen noch besser zu ihnen und werden noch engere Freunde.

Romanzen

Menschen, die am 25. oder 28. eines Monats geboren sind, eignen sich am besten für Romanzen mit 7ern. Ehen zwischen 7er Männern und 1er Frauen halten meist nicht für lange Zeit, doch können 7er Frauen und 1er Männer gute Lebenspartner sein.

Gute Lebensjahre

Das 21., 28., 35., 42. und 49. Lebensjahr sind von großer Bedeutung für 7er Menschen. Entscheidungen, die in diesen Jahren getroffen werden, wirken sich auf ihre Lebenspläne aus. Die wichtigen Ereignisse in ihrem Leben ereignen sich in diesen Jahren. Ansonsten sind alle Jahre, die in der Quersumme eine 7 ergeben, gut für sie, so z.B. das 7., 16., 25., 34., 43., 52., 61. und 70.. Auch das 10., 19., 28., 37., 46., 55., 64., 73. und 82. Lebensjahr sind günstig für sie.

Die Beziehung der Nummer 7 zu anderen Nummern

Die folgende Information basiert auf dem Vergleich der psychischen Nummer 7 mit anderen psychischen Nummern. Man kann auch die Beziehung zwischen Menschen mit der Schicksalsnummer 7 und anderen Schicksalsnummern vergleichen. (Die Vergleiche basieren auf gleichen Kategorien.)

184

Nummer 7 und Nummer 1

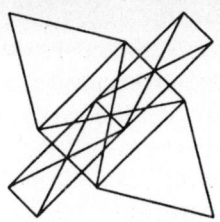

7er und 1er sind ideale Freunde auf politischem, kulturellem und literarischem Gebiet. Im Gegensatz zu den 7ern sind 1er regelmäßig, pünktlich, ordentlich und diszipliniert. Diese Freundschaft kann 7ern helfen, sich zu bessern. 1er sind nützliche Geschäftspartner für 7er, vorausgesetzt die 1er können das Management übernehmen. 1er fühlen sich schnell zu 7ern hingezogen und geben ihnen positive Energie und Hilfe. 7er können 1er wählen, wenn sie bereit sind, die Autorität der 1er zu akzeptieren und ihre Ratschläge zu befolgen, und wenn sie fähig sind, ihre eigenen brillianten aber utopischen Ideen bereitwillig aufzugeben. 7er Frauen können 1er Männer heiraten, das umgekehrte Verhältnis ist weniger gut, es sei denn 7er hören mit dem Flirten auf. 7er können die 1 als Datum für wichtige Termine oder als Hausnummer wählen.

Nummer 7 und Nummer 2

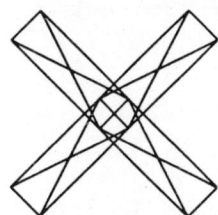

Obgleich 2er für 7er nicht sehr nützlich sind, sind 7er gut für 2er. Die Nummer 7 wird von Ketu beherrscht, dem südlichen Mondknoten. Ketu (7) führt den Mond (2) auf seinem Pfad in die Ekliptik, und 7er führen die 2er und helfen ihnen. 7er sind gute Lehrer für 2er, doch 2er sind keine guten Schüler, da 2er ihre Fehler beständig wiederholen. 7er sind fähig, 2ern zu helfen und ihre Freundschaft zu genießen, ohne Vorteile zu erwarten. Doch sollten sie die 2er nicht als Ehe- oder Geschäftspartner wählen. 7er können aber die 2, und alle Nummern, die in der Quersumme 2 ergeben, als Datum für wichtige Termine und als Hausnummer wählen.

Nummer 7 und Nummer 3

3er helfen den 7ern und geben ihnen positive Energie. Als Freunde oder Geschäftspartner helfen sie sich gegenseitig. Sie schließen schnell Freundschaft, und diese Freundschaft ist von langer Dauer. Da sich 3er in Gesellschaft von 7ern noch traditioneller verhalten

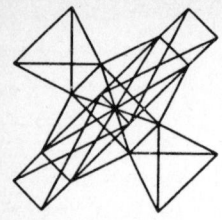

als sie es sowieso schon sind und 7er sich revolutionärer, unkonventioneller und anarchistischer benehmen, sind sie lange verschiedener Meinung. Doch früher oder später schließen sie einen gütlichen Vergleich; 7er haben die Angewohnheit, Kompromisse zu schließen und sich allen Arten von Ideen anzupassen. Im Falle einer freundschaftlichen Beziehung und Ehe ist es vorteilhaft, wenn die 7er in der Partnerschaft die Jüngeren sind, und wenn der Mann die Nummer 3 ist und die Frau die Nummer 7. 7er können die 3 als Datum für wichtige Termine oder als Hausnummer wählen.

Nummer 7 und Nummer 4

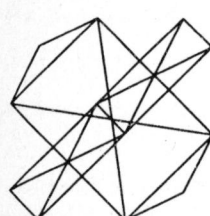

4er sind 7ern nützliche Partner, sofern die 7er bereit sind, die 4er zu akzeptieren und ihnen genauso zu dienen, wie der Kopf dem Körper dient. Umgekehrt bringen 7er den 4ern stets Frieden, Wohlstand und Glück. Wenn aber die 4er bei einer Freundschaft, Geschäfts- und/oder Ehepartnerschaft nicht genügend Freiheit bzw. nicht die Oberhand behalten können, kreieren sie Schwierigkeiten und Probleme. Die Beziehung wird sich gut gestalten, wenn die Frau eine Nummer 7 ist und der Mann die 4 oder wenn der Chef die Nummer 7 ist und der Untergebene die 4. Ein 4er Chef würde einer Nummer 7 Hindernisse und Probleme bringen. 7er sollten die 4 als Hausnummer meiden. Wenn unvermeidbar, können sie die 4 und alle Zahlen, die in der Quersumme eine 4 ergeben, als Datum für Termine wählen, die nicht besonders wichtig sind.

Nummer 7 und Nummer 5

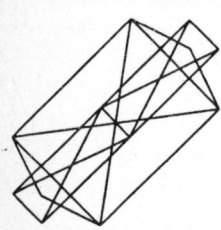

Ketu und Merkur sind Freunde, im Gegensatz zu den Nummern 7 und 5, die keine Freunde sind. Zwar fühlen sie sich schnell zueinander hingezogen, doch auf lange Sicht gesehen sind sie sich gegenseitig keine praktische Hilfe. 5er ermutigen 7er zu unsinnigen Späßen, die 7er von sich aus niemals machen würden. Beide Nummern verlieren nach einiger Zeit das Interesse aneinander. Nur wenn 7er und 5er sich jeweils einer revolutionären Gruppe anschließen, helfen sie sich gegenseitig.

Nummer 7 und Nummer 6

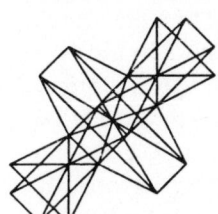 Obgleich 7er den 6ern nicht besonders helfen, trifft das Umgekehrte zu. 7er Menschen werden in ihrem Wachstum und ihrer Entwicklung von 6ern gefördert. 6er bringen 7ern Bekanntheit, Ruhm und Ehre. 6er Geschäftspartner arbeiten schwer für 7er und helfen ihnen im geschäftlichen Bereich. Eine Ehe zwischen beiden verläuft nur gut, wenn der Mann eine 7 ist und die Frau die 6. 7er können 6er problemlos als Freunde und Geschäftspartner wählen. Tun sie dies, sollten sie jedoch den 6ern auch ein gutes Feedback geben und ihre harte Arbeit, Hilfe und Kooperation gebührend anerkennen.

Nummer 7 und Nummer 7

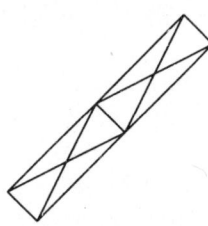 7er bringen 7ern Schwierigkeiten. Die Nummer 7 ist eine Nummer kluger Menschen, und zwei kluge Menschen fühlen sich unbehaglich, wenn sie zusammen sind. Sie können ohne Einwände und Diskussionen nicht zusammenleben. Außerdem sind 7er stolz, und zwei stolze Menschen können auch nicht harmonisch kommunizieren. Zwei übersinnlich veranlagte, intuitive, verantwortungsscheue und emotionelle Menschen können sich leicht verletzen und irritieren. Bei Meinungsverschiedenheiten verärgern sie sich gegenseitig. Für diese Verbindung ist es empfehlenswert, keine Geschäfts- oder Lebenspartnerschaft einzugehen. Menschen mit einer psychischen Nummer 7, sollten die 7 als Datum für Termine und als Hausnummer meiden. Dies gilt nicht für Menschen mit der Schicksalsnummer 7. Bei wirklich wichtigen Angelegenheiten sollten alle 7er die 7 jedoch meiden.

Nummer 7 und Nummer 8

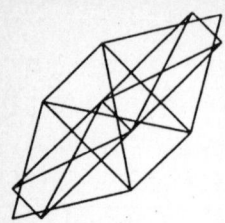

8er sind immer bereit, 7ern zu helfen. Doch stolz, wie 7er sind, bitten sie nicht um Hilfe. 8er mögen 7er und fühlen sich in Gegenwart der 7er behaglich und ruhig. 7er jedoch sprechen aus egoistischen Motiven, schlecht über 8er und erniedrigen sie in ihrer Abwesenheit. Beide Nummern können sich gegenseitig nicht emotionell inspirieren. 8er können 7ern finanziell helfen, doch können sie nicht von ihnen lernen. 8er sind nützliche Geschäftspartner; sie arbeiten hart, um das Geschäft zu organisieren, nehmen Herausforderungen an und bewahren 7er vor Verlusten. 7er sollten daher die 8 als Datum für wichtige Termine und als Hausnummer wählen, aber nicht für Freundschaft oder Ehe. Wenn beide Nummern Interesse an okkulten Wissenschaften haben, ist es möglich, daß sie als Freunde und Lebenspartner nebeneinander bestehen.

Nummer 7 und Nummer 9

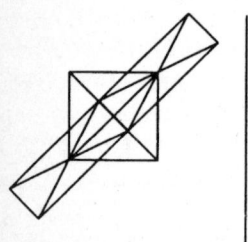

9er und 7er sind sich von gegenseitigem Nutzen. Neuner lehren 7ern, praktisch zu denken, und die träumerischen 7er fügen der Persönlichkeit der 9er eine neue Dimension hinzu. Die stets zweiflerischen 9er lassen sich von 7ern inspirieren und treten aus der Dunkelheit des Zweifels ins helle Licht der Hoffnung. Dies macht 7er und 9er zu guten Freunden. Da die 7 aber eine Nummer der Übertreibung ist, präsentiert sie den 9ern im Zuge der Inspiration auch ein weites Panorama falscher Hoffnungen und Enttäuschung. Doch wennimmer sie zusammen sind, vergessen die 9er alle Nachteile der 7er und ihre Freundschaft beginnt von neuem. Daher sind 9er in jeder Hinsicht gut für 7er, außer für die Ehe. 9er Männer können gute Lebenspartner für 7er Frauen sein, doch trifft das umgekehrte nicht zu. 7er sind gute Lehrer; sie lehren ihre eigene Art der Spiritualität, die kosmopolitisch ist und die guten Aspekte aller Religionen umfaßt. 7er können die 9 als Datum für wichtige Termine und als Hausnummer wählen.

188

SATURN UND ZAHL 8

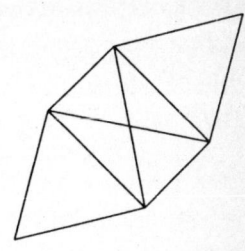

Saturn herrscht über Menschen, die am 08., 17. oder 26. eines Monats geboren sind und über jene, deren Schicksals- oder Namensnummer in der Quersumme eine 8 ergibt. Die im folgenden beschriebenen Saturn-Qualitäten kommen am deutlichsten bei Menschen mit der psychischen Nummer 8 zum Ausdruck.

Von den sieben wichtigsten Planeten in unserem Sonnensystem, ist Saturn am weitesten von der Erde entfernt. Auf die Tatsache, daß er sich langsam bewegt, weist sein Sanskritname «Shanaishchara» (der Sich-Langsam-Bewegende) hin. Saturn hat ein träges (tamasisches), kaltes und trockenes Wesen und gilt als schlimmster unter den übeltäterischen Planeten. Seine negative Wirkung bekommt man zu spüren, wenn er – vom Mond des Geburtshoroskop aus betrachtet – durch das 12., 1. und 2. Haus läuft. Steht beispielsweise im Geburtshoroskop der Mond im Stier, dann ist der Einfluß Saturns am stärksten zu spüren, wenn er Schütze, Stier oder Zwilling durchläuft.

Da Saturn 30 Jahre für eine Umdrehung um die Ekliptik benötigt, bleibt er zweieinhalb Jahre in einem Tierkreiszeichen; wenn er die oben erwähnten drei Häuser durchläuft, beeinflußt er das Individuum siebeneinhalb Jahre lang.

Ist Saturn im Geburtshoroskop nicht günstig gestellt, macht er die Menschen gierig, morbide und finster. Sie erleiden beständig Schaden und haben psychosomatische Beschwerden, die auf eine Störung im chemischen Haushalt des Körpers zurückzuführen sind. Die körpereigene Chemie gerät aus dem Gleichgewicht durch eine verstärkte Aktivität des Humors des Luftelements (VAYU), die den Fluß der Körpergase stört. Saturn, der Planet der Dunkelheit, herrscht über die dunkle Seite (das Unterbewußtsein) der menschlichen Natur, so beispielsweise über das Gewissen (oder über die Erkenntnis von «richtig und falsch»). Der «Blick» Saturns gilt als unheilvoll. Ist Saturn im Horoskop gut gestellt, bringt er Weisheit, bewußte Erkenntnis, was richtig und was falsch ist, Ernsthaftigkeit, Ehrlichkeit, Gerechtigkeitsempfinden, Freiheit von Verhaftung, Langlebigkeit, Ruhm, Autorität, Führungsqualitäten und organisatorische Talente.

Saturn ist der Planet der Einschränkung. Ist er im Geburtshoroskop schlecht gestellt oder schlecht aspektiert, bringt er Behinderung, Verzögerung, Erniedrigung, Feindschaft, schlechte Karmas, Prozesse und Gefängnisaufenthalte mit sich. Im Negativen macht er Menschen einsam, pessimistisch, ängstlich, drogenabhängig, suizid, läßt sie frühzeitig altern und gibt ihnen ein etwas schäbiges oder schlampiges äußeres Erscheinungsbild.

Saturnische Menschen haben eine Abneigung gegen Disziplin; sie sind rebellisch und tendieren dazu Gesetze zu brechen. Ihr Verhalten ähnelt dem alter Menschen. Sie wirken häufig älter, als sie wirklich sind; da Saturn über das Alter herrscht wird er personifiziert oft als ältlicher Planet dargestellt.

Saturn herrscht über Nägel, Haare, Zähne, Knochen, Skelett, Haut und Nervensystem.

Merkur, Venus, Rahu und Ketu sind Saturns Freunde; Sonne, Mond und Mars sind seine Feinde. Jupiter hat eine neutrale Beziehung zu ihm.

Nummer 8

Psychische Nummer 8

Acht ist die psychische Nummer aller Menschen, die am 08., 17. und 26. Tag eines Monats geboren sind.

Die Nummer 8 ist eine Nummer der Zuversicht und Entschlußkraft. Sie ist auch eine mystische Zahl; Menschen mit dieser Nummer werden meistens mißverstanden, selbst von ihren engsten Freunden und Verwandten. Sie arbeiten sehr schwer und nehmen

190

bereitwillig Herausforderungen an; wenn sie herausgefordert werden, können sie das Unmögliche möglich machen.

Sie sind introvertiert, zurückhaltend, geduldig, nachdenklich, tief, ernsthaft, melancholisch und wirken nach außen ruhig und ausgeglichen.

Sie sind sozialen Organisationen, Gruppen, Gemeinschaften oder Familien, mit denen sie sich verbunden fühlen, treu ergeben und widmen ihnen ihr Leben. Sie bekommen nicht viel Hilfe von anderen, vor allem, weil sie immer lieber alles selber machen möchten und nicht gerne um Hilfe bitten bzw. sich nicht gerne helfen lassen. Sie haben eine ausgeprägte Persönlichkeit und ein starkes Auftreten; ihre Gegenwart wirkt mitunter etwas schwer. Ihre Willenskraft und ihre Ernsthaftigkeit geben ihnen die Kraft, jede Aufgabe erfolgreich durchzuführen. Selbst wenn sie mit Widerständen, Verzögerungen, Fehlschlägen und Herausforderungen konfrontiert werden, vollenden sie ihre Aufgaben, dank ihrer starken Individualität, ihrer Ausdauer, Willenskraft und Geduld, und setzen Marksteine in der Geschichte. Sie haben Vertrauen ins Leben und sind im allgemeinen dazu geboren, eine Aufgabe zu erfüllen, der sie ihr Leben widmen und als Werkzeug dienen. Sie haben in ihrem Leben immer wieder zu kämpfen; doch geben sie nie auf, bevor sie nicht ihr Ziel erreicht haben. Daher sind 8er Menschen gute Kämpfer, Politiker und Wissenschaftler. Sie haben revolutionäre Neigungen und können in größere Unruhen verwickelt werden, die sich aus dem gesellschaftspolitischen Zerfall ergeben. Ihr persönliches Anliegen ist es jedoch, im Stillen zu dienen und den Armen und Mutlosen zu helfen.

Ihr Leben verläuft unberechenbar. Unerwartete Veränderungen halten sie in Bewegung und zwingen sie, sich immer wieder neuen Umständen anzupassen. Diese Tatsache können ihre Freunde und Verwandten nur schwer einsehen, und daher werden 8er meistens mißverstanden.

Wegen ihrer einsiedlerischen Lebensweise, ihrer Ernsthaftigkeit, ihrem Mangel an Humor, ihrer Unfähigkeit Humor zu genießen und ihres Desinteresses gegenüber Späßen, fühlen sie sich im Grunde ihres Herzens sehr einsam. Ihr Lebensstil ist nicht gesellschaftsfähig; sie haben nur wenige echte Freunde, die in die arglosen und mitfühlenden Bereiche ihrer Seele vordringen können. Äußerlich wirken sie steif, doch sind sie innerlich sorgende, hingebungsvolle und sanfte Menschen, die jede Art von Verlust und Schwierigkeiten auf sich nehmen, um die Interessen ihrer Freunde zu wahren. Sie schützen ihre Freunde und retten sie unter allen Umständen, doch können sie auch die schlimmsten Feinde werden. Wenn sie einmal wütend werden, hat ihr gesamtes soziales Umfeld darunter zu leiden; sie bringen dann selbst die robustesten Naturen zum Zittern. Sie können keine Ruhe finden, solange sie nicht ihre Feinde besiegt und unterworfen haben. Sie tragen Feindschaften bis an ihr Lebensende im Herzen und warten geduldig auf einen geeigneten Moment, um ihre Feinde anzugreifen. Sie stecken Niederlagen offen ein und ändern ihre Strategien; sie finden keinen Frieden, solange sie nicht Rache genommen haben. Als Extremisten gehen sie – sowohl bei Freundschaften als auch bei Feindschaften – in Extreme.

Sie begnügen sich nicht mit kleinen Erfolgen; sie streben nach großem Erfolg und hohem Ansehen. Sie machen aus ihrer Arbeit einen Kult und wollen in dem Bereich, in dem sie tätigt sind großartiges leisten. Sie hassen Heuchelei und Betrug und sind selbst ehrlich, praktisch und klug. Sie werden frühzeitig weise und können andere Menschen gut einschätzen. Sie haben das Gefühl, anders zu sein als andere Menschen und machen mitunter Dinge, die gesetzlich oder gesellschaftlich geächtet sind. Sie respektieren keine bestehenden Normen und geraten mit sozialen und moralischen Werten in Konflikt. Auch wenn man nicht behaupten kann, daß sie dem Geld hinterherlaufen, sind sie doch Materialisten. Ihr Hauptanliegen ist finanzielle Sicherheit. Sie haben ihre eigene Ideologie und können alles tun und jede Art von Arbeit verrichten, um Geld zu verdienen.

Sie sind dann auch imstande, jeden verdienten Pfennig selbstlos für Fremde auszugeben, ohne damit zu rechnen, etwas zurückzubekommen. Trotzdem sind sie nicht fähig, Geld für sich selbst oder für Familienangehörige auszugeben. Bis zu ihrem 35. Lebensjahr können sie nichts sparen; sie gehen mehrmals in ihrem Leben durch finanzielle Krisen. Doch nach dem 35. Lebensjahr ist ihr Konto eher ausgeglichen. Sie sehen ihren Kontostand gern wachsen und geben Geld nicht leichtfertig aus. Wenn sie glauben, genügend Geld verdient zu haben, versuchen sie ihre mentalen Fähigkeiten zu entwickeln. Sie wollen, den andauernden Dialog in ihrem Geist zum Schweigen bringen und beschäftigen sich mit okkulten Wissenschaften, Religion, Philosophie, Meditation und dergleichen mehr. Auch wenn sie sich nicht tief und echt für Religion interessieren, gehen sie auch auf dieser Ebene ins Extrem und erleben tiefe Stadien der Meditation. Mit etwas Glück erfahren sie genug, um sich richtig zu orientieren.

Ratschläge für Menschen mit der psychischen Nummer 8
Nummer 8 Menschen sollten nicht jede Herausforderung annehmen.
Sie sollten ihren Freunden und Untergebenen vertrauen.
Sie sollten Arbeiten, die ihre Leistungskraft übersteigen, nicht aus finanziellen Gründen annehmen. Sie sollten Streit vermeiden und lernen, ihre Vorstellungen klar auszudrücken und wenn nötig zu schweigen.
Sie sollten ihren Freundes- und Bekanntenkreis vergrößern.
Sie sollten unabhängig werden, damit sie nicht auf Hilfe anderer angewiesen sind, denn sie bekommen nur wenig Unterstützung von Freunden, Verwandten und anderen Menschen, denen sie helfen.
Sie sollten sich abgewöhnen, Rachegedanken zu hegen.
Sie sollten die Masken der Schwermut, des Ernstes und der Nüchternheit beiseitelegen und lachen lernen und versuchen, glücklich zu bleiben.
Sie sollten aktiv bleiben und Lethargie, Passivität und Isolation meiden.
Sie sollten toleranter, freundlicher und rücksichtsvoller werden und sich nicht so schnell ärgern.
Sie sollten sich vor Drogen und anderen Rauschmitteln hüten.
Sie sollten Büchsennahrung, alte und abgepackte Nahrungsmittel und Fast Food meiden. Sie sollten mehr Vollkornprodukte, Kokosnußraspel und frischgepreßte Säfte zu sich nehmen, um Verstopfung und anderen Problemen (wie Rheuma, Arthritis und Hautreizungen) vorzubeugen, die durch die übermäßige Aktivität des Windelements im Körper (VAYU) entstehen.

Sie sollten auf den Rat von Menschen hören, die erfahrener, gebildeter und entwickelter sind als sie.

Sie sollten sich abgewöhnen, über die Vergangenheit zu brüten und lernen, ihre eingebildeten Ängste zu überwinden.

Sie sollten ihre Lebenspartner und ihre Geschäftspartner respektieren.

Sie sollten sich nicht auf Liebesaffären einlassen.

Sie sollten gelegentlich reisen.

Sie sollten keine Gerüchte verbreiten.

Sie sollten sich gute Freunde, Philosophen oder Lehrer suchen und mehr Energie in ihr spirituelles Wachstum lenken.

Schicksalsnummer 8

Die 8 ist keine gute Schicksalsnummer, da sie Verzögerungen, Widerstände, Fehlschläge und Erniedrigung aus unersichtlichen Gründen mit sich bringt und das Leben unberechenbar macht. Menschen mit einer psychischen Nummer 8 verursachen die Umstände für ihre Mißerfolge selbst und werden davon nicht überrascht. Wenn sich die Fehlschläge im Leben aber schicksalsmäßig ereignen, verlieren 8er den Glauben an ein tugendhaftes Leben und werden destruktiv.

Die Schicksalsnummer 8 bringt ungewollt Gegnerschaft und grundlose Feindschaft sowie finanzielle Verluste durch Diebstahl und andere widrige Umstände mit sich.

Die Schicksalsnummer 8 verführt Menschen dazu, schlechte Karmas auszuführen. Menschen mit der Schicksalsnummer 8 haben Unfälle, werden in Gerichtsprozesse verwickelt und altern vorzeitig. Durch traurige Erfahrungen, Mißerfolge und Widerstände macht Saturn die von ihm beherrschten Menschen weise. Menschen mit der Schicksalsnummer 8 bewähren sich in kritischen Situationen und unter den ungünstigsten Umständen; je größer ihre Schwierigkeiten sind, desto brillianter werden sie. Sie werden berühmt, besitzen organisatorische Talente, nehmen verantwortungsvolle Positionen ein und werden in ihren späteren Lebensjahren reich. Wenn sie politisch aktiv sind, erreichen sie die höchsten Ämter; falls sie sich für spirituelle und okkulte Wissenschaften interessieren, werden sie Leiter eigener Gruppen. Trotzdem entkommen sie nie Problemen (sowohl den wirklichen als auch den eingebilde-ten), Widerständen und gelegentlichen Demütigungen. Sie lieben Abgeschiedenheit, leiden aber unter Einsamkeit.

Menschen mit der Schicksalsnummer 8 neigen zur Drogenab-hängigkeit. Sie lieben es, berauscht zu sein. In Liebesan-gelegenheiten sind sie wenig erfolgreich; sie kommen wegen ihrer Sexskandale in Verruf. Da sie immer Angst haben, bedroht, abge-wiesen, getrennt oder geschieden zu werden, bleiben sie meistens nicht lange verheiratet, was u.U. für ihre politische Karriere oder ihr spirituelles Leben ein Vorteil werden kann. Ihre philosophi-sche Art zu denken, läßt sie von der lustorientierten Seite ihrer Persönlichkeit Abstand nehmen, so daß sie ihre Energie dafür ein-setzen können, die Leiden ihrer Mitmenschen zu lindern.

Sie sind dazu bestimmt, ein Zeichen in der Geschichte zu setzen, entweder als Wegbereiter in der wissenschaftlichen Forschung, als Sozialreformer, oder durch schlechte Karmas und umstürzlerische Aktivitäten (da sie mitunter Anführer von Widerstandsgruppen oder antisozialer Gruppen werden, Revolutionen beginnen und ein tragisches Ende finden).

Menschen mit der Schicksalsnummer 8 haben mehr Ausdauer als jede andere Nummer von 1 bis 9. Sie fühlen sich nicht leicht ge-streßt oder überlastet; sie sind äußerst flexibel und können Schocks schnell überwinden.

Da sie in ihrem Beruf Spitzenpositionen anstreben, sind sie stets sehr beschäftigt und haben keine Zeit für Vergnügen.

Frauen mit der Schicksalnummer 8 erben ein Vermögen und spa-ren Geld für schlechtere Zeiten und für ihr Alter. Da sie in ihren Ehen vielfach Enttäuschungen erleben, bleiben sie lieber alleine. Sie haben Probleme, einen passenden Lebenspartner zu finden, obwohl sie sich sehr um ihre Familie kümmern. Wenn sie Geduld haben, spirituell veranlagt sind und wirklich glauben können, wer-den sie die Probleme, die sie im häuslichen Bereich und Eheleben haben, überwinden können. Männer mit der Schicksalsnummer 8 respektieren ihre Lebenspartner nicht.

Menschen mit der Schicksalsnummer 8 sind gute Planer und haben gern großen Erfolg. Wenn sie Partner mit günstigen Nummern treffen, können sie erfolgreich Karriere machen.

Es ist gefährlich, Menschen mit der Schicksalsnummer 8 sich zu Feinden zu machen, da sie unerbitterliche Kämpfer sind.

Menschen mit der Schicksalsnummer 8 trauen anderen Menschen nicht; sie fürchten ihre Gegner und leiden unter Stagnation, Isolation und dem Nichtvorhandensein eines freundlichen Umfelds.

Menschen mit der Schicksalsnummer 8 werden mindestens einmal in ihrem Leben in einen Gerichtsprozeß verwickelt.

Namensnummer 8

Die 8 ist nur dann eine gute Namensnummer, wenn die psychische Nummer oder die Schicksalsnummer eine 1, 3 oder 6 ist. Ansonsten bringt sie Schwierigkeiten, Verzögerungen und Widerstände, wie zuvor beschrieben. Sie macht Menschen einsam und bringt ihnen Ablehnung von Freunden und Verwandten. Ist aber die Schicksals- oder psychische Nummer eine 1, 3 oder 6, sind sie allgemein beliebt, freundlich und gern gesehen von Freunden, Verwandten und Kollegen. (Etwas Isolation ist für Menschen mit der psychischen- oder Schicksalsnummer 1, 3 oder 6 sehr hilfreich, damit sie den vielen Menschen, von denen sie ständig umgeben sind, entkommen.) Die Namensnummer 8 bringt Erfolg, Ruhm und Ansehen, obwohl sie die Menschen auch mit den Härten des Lebens konfrontiert. Da die Nummern 1 und 6 Glückszahlen sind, werden sich bei ihnen die Härten nicht allzu hart zeigen, da ihre Schicksals- bzw. psychische Nummer, die schlechten Saturn-Aspekte ausgleichen kann. Ein Individuum mit der psychischen-, Schicksals- und Namensnummer 8 hat es in der Tat ungeheuer schwer im Leben und wird mitunter sogar Selbstmordgedanken hegen. Für Menschen mit der psychischen- und Schicksalsnummer 8 ist es ratsam, die Namensnummer 8 in eine Nummer 1, 3 oder 6 zu verändern.

Verhaltensweisen, durch die wir unseren inneren und äußeren Lebensraum ins Gleichgewicht bringen können:

Wenn wir regelmäßig Fastentage einhalten, die entsprechenden Gewürze und Edelsteinpulver verwenden, mit Hilfe von Meditation, Mantrarezitation und Yantras können wir uns *innerlich* ins Gleichgewicht bringen. Die *äußeren Lebensumstände* können wir

196

positiv beeinflussen, wenn wir für unsere Handlungen den richtigen Zeitpunkt wählen (den zunehmenden oder abnehmenden Mondzyklus berücksichtigen), uns gute Freunde suchen (d.h. mit verträglichen Nummern Freundschaft schließen) und neue Tätigkeiten zur passenden Zeit beginnen (die schwachen und starken Perioden berücksichtigen). Am mühelosesten kommen wir mit uns selbst und dem äußeren Umfeld in Einklang, wenn wir auf den bereits vorhandenen Energiefluß achten (wie man dies macht, wird im den folgenden Abschnitten beschrieben). Die hier gegebenen Informationen beziehen sich auf Menschen mit einer psychischen Nummer 8:

Schwache Perioden
Immer wenn Saturn rückläufig ist oder überschattet wird, haben 8er eine schwache Periode. Ihre schwachen Perioden sind außerdem die Zeiten der ersten 20 Januartage, die letzte Februarwoche und die Monate Dezember, März und April. Innerhalb dieser Perioden erleiden sie Verluste, werden beschuldigt und erniedrigt und leiden unter Trennungen von lieben Menschen. Sie haben dann auch mentale Probleme, werden eigensinnig und zynisch und neigen dazu, Rauschmittel und Drogen zu konsumieren. Sie fühlen sich unerwünscht, vernachlässigt, abgewiesen und werden gierig. Sie zögern, die Initiative zu ergreifen, glauben festzusitzen und verlieren ihre Zuversicht. Sie sollten in diesen Zeiten nichts Neues beginnen, keine legalen Papiere unterschreiben, Prozessen und Streit aus dem Wege gehen und keinesfalls ihre Wohnung wechseln oder eine neue Wohnung mieten.

Starke Perioden
Auch wenn 8er meistens stark sind, sind sie zwischen 20. September und 25. Oktober besonders stark, wie auch zwischen 20. Januar bis 20. Februar. Dies sind die besten Zeiten, um Neues zu beginnen, um Unvollendetes zu vollenden und um Vorbereitungen für Reisen und Geschäfte zu treffen. Während dieser Perioden sollten sie ihre Zukunft planen und – wenn nötig – nach einem besseren Lebensraum Ausschau halten.

Gute Daten

Der 08., 17. und 26. Tag eines Monats ist gut für sie. Auch die Daten, die entweder eine 1, 3 oder 6 ergeben sind günstig. Wenn diese Daten in den Zeitraum zwischen 21. bis 31. Dezember, 20. bis 27. Januar oder zwischen 19. bis 26. Februar fallen, wirken sie noch günstiger. Jede Art von Arbeit, die während dieser Perioden an den oben erwähnten Daten begonnen wird, bringt gute Resultate.

Gute Tage

Der Samstag ist für 8er Menschen der beste Wochentag. Fällt der Samstag auf ein gutes Datum in einer günstigen Periode, wird er wirklich sehr speziell.

Gute Farben

Schwarz, Dunkelblau, Grau und Purpurrot sind gute Farben für 8er Menschen. Sie sollten diese Farben bei der Auswahl ihrer Kleidung berücksichtigen und die Farben auch in ihrem Lebensraum, beispielsweise für Vorhänge, Kissenhüllen oder Bettwäsche, verwenden. Ein Blick auf ein schwarzes Taschentuch gibt den saturnischen 8ern frische Energie.

Edelsteine

Der blaue Saphir und alle Ersatzsteine für den blauen Saphir, wie Amethyst, schwarze Perlen und Lapislazuli, sind gute Steine für 8er. Die Edelsteine sollten an einem Samstag gekauft und am gleichen Tag dem Juwelier gegeben werden. Der Juwelier sollte einen Ring anfertigen, dessen Fassung aus einer Mischung von fünf Metallen besteht: 1 Teil Gold, 2 Teile Silber, 3 Teile Blei, 1 Teil Kupfer und 5 Teile Eisen. Die Fassung muß hinten offen sein, damit der Stein die Haut berühren kann; sie kann auch in Weißgold – 1 Teil Gold und 10 Teile Silber – angefertigt werden. Der Stein sollte an einem Samstag in den Ring gesetzt und am Samstag vom Juwelier geholt werden. Nachdem die dazugehörigen Rituale* ausgeführt worden sind, sollte der Ring erstmals Samstags – nach Son-

*Nähere Information hierzu entnehmen Sie dem Buch *Die sanfte Kraft der edlen Steine* von Harish Johari.

198

nenuntergang oder am späteren Samstagabend – am Saturnfinger (das ist der Mittelfinger) getragen werden. 8er Menschen können blaues Saphirpulver einnehmen, um ihr Kreislaufsystem mit elektrochemischer Energie zu versorgen.

Meditation

8ern wird geraten, auf eine Saturnskulptur zu meditieren (die aus der gleichen Mischung der 5 Metalle gefertigt wurde, wie die Fassung des Rings) oder auf einen blauen Saphir. Bevor sie meditieren, sollten sie ihre morgentlichen Reinigungsrituale verrichtet (den Darm entleert) und geduscht haben. (Es ist generell sehr wichtig, daß man immer erst *nach der Darmentleerung* meditiert!)

Gottheit

8ern wird empfohlen, Saturn zu verehren. Der dunkelhäutige Saturn mit großen, durchdringenden Augen, hat eine starke Gegenwart, wenn er – traditionsgemäß auf einem Aasgeier sitzend – personifiziert dargestellt wird. Durch den Schnurrbart, den er trägt, erweckt er einen zwielichtigen Eindruck. Er hat vier Arme. In einer Hand hält er ein Schwert, in der anderen einen Dreizack. In seiner dritten Hand hält er eine Keule und in der vierten die Zügel des Geiers. Den gut bewaffneten Saturn, der den Segen der Furchtlosigkeit gewährt, sollte man während der Meditation mit einem milde lächelnden Gesicht visualisieren.

Mantra

Japa* (Wiederholung) des Mantras eines Planeten sollte innerhalb des zunehmenden Mondzyklus vollendet werden. Es ist wichtig, die vorgeschriebene Anzahl von Mantras genau zu wiederholen. Menschen mit der Nummer 8 sollten täglich das Saturn-Mantra 108 mal rezitieren. Sie können das vedische Mantra sprechen:

> AUM SHANNO DEVI RABHISHTHAYA
> APO BHAVANTU PITAYE
> SHAN YO RABHISRA VANTU NAH: AUM

* Siehe hierzu: *Wege zum Tantra* von Harish Johari.

oder das tantrische Saturn-Mantra:

AUM AING HRING SHRING SHUNG
SHANAISHCHARAYE NAMAH: AUM

Saturn-Yantra*

4	9	2
3	5	7
8	1	6

Gesundheit und Krankheit

Saturnische Menschen sind anfällig für Krankheiten wie Lähmungen, Rheuma, Gicht, Taubheit, Stummheit, Depression, Angst, Koliken, Ohrenkrankheiten, Geisteskrankheiten und Asthma.

Ihre Probleme – Winde in den Därmen, Verstopfung, Blutdruckprobleme und Herzbeschwerden – hängen hauptsächlich mit einer übermäßigen Aktivität VAYUS, des Humors des Körperwindes, zusammen. Mitunter leiden sie auch an Beschwerden wie Anämie, Blutunreinheiten, Schwäche oder Taubheit der Glieder, Aussatz, Fieber, Blasenschwäche, Blutungen, Schmerzen in Nase und Ohren und Haarausfall. Sie sollten ihren Körper regelmäßig mit Sesamöl massieren oder, wenn möglich, mit Senföl. Sie sollten Gewürze verwenden, die harntreibend sind, wie zum Beispiel Cuminsamen (Kreuzkümmel), und frühmorgens spazierengehen. Saturn ist kalt und trocken, und die von ihm beherrschten Menschen neigen zu Erkältungskrankheiten und Trockenheit der Haut, deshalb ist es für sie hilfreich, *neelmani pishthi* (pulverisierten blauen Saphir) einzunehmen. Das Saphirpulver kann abends vor

* Siehe Anmerkung 2 auf Seite 56.

dem Zubettgehen – mit 1 Teelöffel Honig oder Sahne vermischt – eingenommen werden. Sie sollten darauf achten, daß ihre Nahrung mehr Vitamine A, D, E enthält und reich an Kalzium und Eisen ist.

Fasten

Für 8er ist es gut, an Samstagen zu fasten. Am Abend sollten sie bei Sonnenuntergang meditieren. Danach können sie Khichari essen. Khichari ist ein einfaches Gericht, das aus einer Mischung halbierter Urad Bohnen (halbierte schwarze Bohnen mit Schale) und Reis zubereitet wird.*

Sie können auch eine Süßigkeit essen, die aus ungeschälten Sesamsamen und Jaggery (getrocknetem Zuckerrohrsaft) zubereitet wird. Die Süßspeise kann anstelle von Khichari oder zusammen mit Khichari gegessen werden.

Freundschaft

Menschen, die am 08., 17. und 26. oder am 02., 04., 06., 12., 15., 20. und 24 eines Monats geboren sind, können gute Freunde für 8er sein.

Romanzen

8er sollten 1er, 3er, 5er und 6er für Romanzen wählen und 4er, 8er und 9er meiden. 8er können zwar gute Freunde, Verbündete und Kollegen von Menschen mit der psychischen Nummer 4, 8 oder 9 sein, doch werden die Beziehungen nicht sehr lange halten. 8er

---

* *Khichari-Rezept für 1 Person*: 1/2 Kaffeetasse halbierte Urad Bohnen reinigen (Steinchen und Fremdkörper auslesen) und 1/2 Tasse Basmati-Reis zufügen. Die Mischung gründlich waschen (bis das Waschwasser klar wird). Bohnen-Reis-Mischung ohne Was-ser in einen Topf geben, 3 Tassen Wasser und 1/4 Teel. Salz zufügen. Auf großer Flamme zum Kochen bringen. Sobald die Mischung kocht, auf niedrigste Flamme reduzieren, umrühren, den Topf mit dem Deckel schließen. Auf kleinster Hitze köcheln lassen bis das Gericht trocken wird und Bohnen und Reis weich sind. (Dauert ca. 30 Minuten.) Urad Bohnen benötigen im Vergleich zu anderen Bohnen eine etwas längere Kochzeit. Mit 1 Eßlöffel flüssigem Butterschmalz und/oder 125 g Joghurt servieren.

helfen sich nicht gegenseitig. Romanzen zwischen zwei 8ern sind nicht von langer Dauer. 8er haben eine natürliche Zuneigung zu Menschen, die am 01., 02., 04. 05. und 07. eines Monats geboren sind.

Gute Jahre
Das 08., 17., 26., 35., 44., 53., 62., 71., 80. und 89. Lebensjahr sind gute Jahre für 8er Menschen. Gut sind auch alle Jahre, die durch 4 teilbar sind.

Die Beziehung der Nummer 8 zu anderen Nummern

Die folgende Information basiert auf dem Vergleich der psychischen Nummer 8 mit anderen psychischen Nummern. Man kann auch die Beziehung zwischen Menschen mit der Schicksalsnummer 8 und anderen Schicksalsnummern vergleichen. (Die Vergleiche basieren auf gleichen Kategorien.)

Nummer 8 und Nummer 1

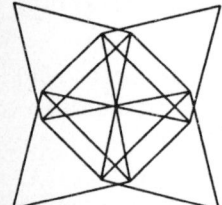

1er sind den 8ern natürlicherweise zugetan und geben ihnen sehr viel Ansporn und Energie. 8er sind melancholisch und 1er sind glücklich und inspiriert – sie sind genaue Gegensätze. 8er brauchen 1e um sich glücklich und inspiriert zu fühlen. 1er Menschen strahlen hell und 8er haben im allgemeinen eine etwas dunkle Aura um sich. Dunkelheit braucht Licht. Doch empfinden 8er die 1er manchmal auch als Feinde, nämlich dann, wenn diese von den gesetz- und disziplinlosen 8ern verlangen, sich diszipliniert zu verhalten und Gesetze nicht zu übertreten. Dies bereitet 8ern Schwierigkeiten. Da die 1 aber eine Glücksnummer ist, bringt sie den 8ern das dringend benötigte Glück. 8er sind Materialisten und 1er sind Idealisten. Sie können nicht für lange Zeit gut zusammenarbeiten, und 8er brechen schließlich die Beziehung. Trotzdem sind 1er für 8er gute Freunde und Liebespartner, wenn nicht Geschäfts- oder Lebenspartner. 8er sollten 1er für jede Art von Beziehung wählen.

8er Frauen können 1er Männer heiraten und einige Zeit sehr glücklich mit ihnen leben; 8ern gelingt es mit keiner Nummer, auf Dauer eine gute Ehe zu führen. 8er können die 1 als Hausnummer wählen.

Nummer 8 und Nummer 2

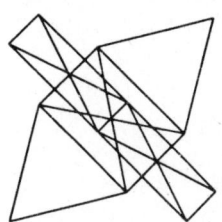

Die Nummer 8 wird vom Saturn beherrscht und die 2 vom Mond. Saturn verhält sich zum Mond neutral, doch der Mond ist ein Feind Saturns. Sie fühlen sich voneinander angezogen. 8er helfen 2ern immer und beide können gute Freunde bleiben, doch 2er helfen 8ern nicht im praktischen Leben, sie können 8er nur verbale Unterstützung geben. 2er eignen sich nicht für Geschäfts- und Lebenspartnerschaften mit 8ern, obwohl sie 8ern helfen, Geld zu verdienen und selbst auch gut im Geldverdienen sind. 2er werden schnell nervös und 8er besitzen enorme Ausdauer, was hilfreich für die 2er ist. Beide Nummern können gemeinsam an einem Projekt arbeiten, sofern die Nummer 8 das Sagen hat. 8er sollten die 2 als Datum für wichtige Termine oder als Hausnummer wählen.

Nummer 8 und Nummer 3

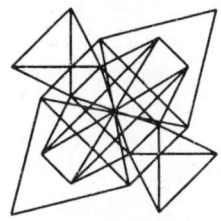

Nummer 8 und Nummer 3 haben eine neutrale Beziehung, wie Saturn und Jupiter. Jupiter glaubt an *Dharma* (natürliche Gesetze) und Saturn mißachtet Gesetze . Saturn respektiert aber Jupiter, da er der Lehrer seines Vaters ist. (Saturns Vater ist der Sonnengott.) 8er und 3er schaden sich nicht, doch bringen sie sich auch keine Vorteile. 8er sind selbstgenügsam und bitten nicht um Hilfe; 3er sind Lehrer, die erst raten oder helfen, wenn sie darum gebeten werden. Dieserart sind 3er mit 8ern nie wirklich eng verbunden, doch bleiben sie gute Freunde. 3er können mit ihrem Humor und ihren zahlreichen Kontakten Freude und Glück in das trockene Dasein der 8er bringen. Wenn 8er es schaffen, 3er um Rat zu fragen, und diesen auch befolgen, können sie sowohl materiell als auch spirituell davon profitieren. 8er sollten daher bereit sein, hart zu arbeiten und 3er als Freunde und Geschäftspartner wählen. Wenn 8er politisch tätig sind, können 3er außerordentlich hilfreich für sie sein. Zusammen können sie großartiges für die Menschheit vollbringen (beispielsweise Sozialreformen durchführen). 3er sind für 8er keine passenden Ehepartner, doch kann eine Romanze durchaus positiv sein.

Nummer 8 und Nummer 4

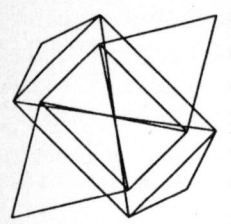 8er und 4er sind Freunde. Rahu, der Herrscher der Nummer 4, hat ein dem Saturn sehr ähnliches Wesen. Menschen beider Nummern sind revolutionär, Verfechter der Gerechtigkeit und erst im späteren Teil ihres Lebens erfolgreich. 4er hängen nicht am Geld und geben es großzügig aus, während 8er gerne sparen und es nicht fertig bringen, Geld leichtsinnig auszugeben. 4er können von 8ern lernen, wie man Geld für schlechte Zeiten anlegt. Beide Nummern sind sich ähnlich: beide werden mißverstanden, beide werden mit Hindernissen, Mühsal und Widerständen konfrontiert; beide sind unberechenbar und wechselhaft – ihre Freundschaft ist für beide hilfreich. Ihre Beziehung gibt den 8ern ein Gefühl der Erfüllung und hilft ihnen zu wachsen und sich zu entfalten. Die Nummer 4 beruhigt und besänftigt die 8 und bringt ihr Glück. 8er sollten 4er als Freunde wählen, als Geschäfts- oder Lebenspartner, als Datum für wichtige Termine oder als Hausnummer. Einige westliche Numerologen sind der Meinung, daß 4er und 8er nicht gut zusammenpassen. Vielleicht assoziieren sie die Nummer 4 mit der negativen Seite der Nummer 1, der Sonne, oder sie verbinden sie mit Uranus und mit plötzlichen Wutausbrüchen. In diesem Fall wäre Saturn und die Nummer 8 das totale Gegenteil der Nummer 4. Da wir aber zwischen 8 und 4 große Ähnlichkeiten feststellen können, liegt es auf der Hand, daß eine 4 für die 8 ein einziger Lichtblick ist; sie sind sich wahrhaftig sympathische Helfer und Freunde. Niemand versteht die 8, nur 4er können sie verstehen und ihnen positive Energie vermitteln. 8er sollten sich nicht von Numerologen verwirren lassen, die behaupten, daß 4er nicht gut zu ihnen passen. Vor allem 8er Männer können 4er Frauen als Ehe-

partner und Freunde, für Romanzen und Geschäftspartnerschaften wählen.

Nummer 8 und Nummer 5

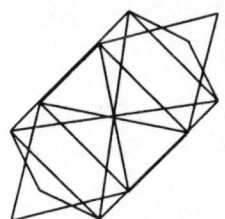

Nummer 8 und Nummer 5 haben eine seltsame Beziehung. Saturn verhält sich in der Freundschaft zu Merkur neutral und Merkur ist freundlich zum Saturn. Saturn ist aber ein Übeltäter und Merkur ist ein vorteilhafter Planet. Sie sind gegensätzliche Kräfte – 5 ist schnell und 8 ist langsam. 5er Menschen sind heiter, sie haben Humor und lieben Witze; 8er sind ernsthafte, humorlose Menschen, die Späße nicht genießen können. Dies bereitet beiden Schwierigkeiten. 8er übergehen 5er und unterstützen sie nicht aus vollem Herzen; 5er ziehn sich auch zurück und fühlen sich 8ern gegenüber befangen. Freundschaft zwischen beiden ist nur auf politischer Ebene möglich und in Organisationen oder Einrichtungen, die dem Wohle der Menschheit dienen. Dort können sie sich gegenseitig helfen, ansonsten bilden sie kein gutes Team. 8er sollten 5er nicht als Freunde, Geschäfts- oder Lebenspartner wählen. Sie sollten auch kein wichtiges Projekt am 05., 14. oder 23. eines Monats beginnen und keine Reisen an diesen Daten antreten. 8er sollten die 5 als Hausnummer meiden.

Nummer 8 und Nummer 6

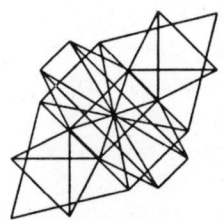

8er und 6er sind sehr gute Freunde. 6er sind stets hilfreich, inspirierend, attraktiv, gut erzogen, sanft und verspielt. Menschen mit der Nummer 8 fühlen sich leicht von 6ern angezogen und werden in ihrer Gesellschaft sozial und tolerant. In Bereichen wie Kunst, Politik und Film bilden 8er und 6er ein gutes Team; sie sind auch gute Freunde, Geschäftspartner (vorausgesetzt 6er haben die Oberhand) und gute Lebenspartner. 8er können die 6 als Datum wählen für wichtige Termine oder als Hausnummer. 6er Frauen sind Glückstreffer für 8er Männer, da sie ihnen ein gemütliches Zuhause bieten. Mit 6ern können 8er ein sauberes, ordentliches Heim mit etwas Wärme, Liebe und Frieden genießen. Auch wenn diese Beziehung nicht auf Dauer hält, so kann sie doch längere Zeit gut gehen, vor allem wenn 8er häufig reisen müssen und die 6er dadurch Zeit bekommen, allein und unabhängig zu sein. Diese Praktik könnte 8ern helfen, ihre Ehejahre mit jeder passenden Nummer zu strecken, also auch mit 1ern, 3ern, 4ern oder 6ern.

Nummer 8 und Nummer 7

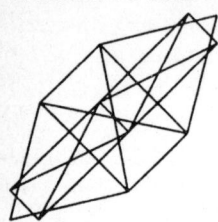 8er und 7er haben eine spezielle Beziehung. 8er helfen 7ern, doch 7er mögen 8er aus persönlichen Gründen nicht und kommunizieren nicht frei mit ihnen. 8er fühlen sich in der Gesellschaft von 7ern wohl, doch ist das umgekehrt nicht der Fall. Dies macht lebenslange Partnerschaften und Freundschaften schwierig, und daher sind 8er und 7er kein ideales Paar für eine Ehe. Bei einer Freundschaft müssen 8er schwer arbeiten und 7ern dienen, sonst wenden sich die 7er von ihnen ab. Auf finanzieller Ebene können sie zusammenarbeiten, doch müssen die 8er die Oberhand im Management behalten. Im Leben und in der Liebe können 8er von 7ern lernen und so ihr eigenes Leben bereichern. Menschen mit der Nummer 7 haben eine ungewöhnliche Persönlichkeit und auch die 8er sind außergewöhnliche Menschen. Sie können zusammenarbeiten, wenn die 7 älter ist und die 8 jünger, wenn die 7 der Lehrer ist und die 8 der Schüler oder, wenn die 7 der Chef einer Gemeinschaft oder Organisation ist und die 8 das Management übernimmt. 8er können eine Hausnummer wählen, die in der Quersumme eine 7 ergibt, doch wird das Haus ein Treffpunkt von spirituellen Lehrern und von Menschen sein, die sich für okkulte Praktiken interessieren. 8er können die 7 als Datum für wichtige Termine oder Hausnummer wählen.

Nummer 8 und Nummer 8

Zwei 8er bilden eine starke Verbindung. Wenn sie zusammenkommen, verschmelzen sie miteinander und versuchen, sich gegenseitig zu erfreuen. Wenn zwei 8er allerdings zu Gegnern werden, liefern sie sich einen harten Kampf. Als Freunde inspirieren sie sich

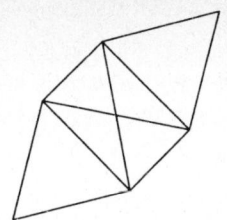

gegenseitig; sie sind sich gute Gefährten, wenn beide nach materiellem Erfolg oder Erfüllung im religiösen oder okkulten Bereich streben. Auch wenn 8er keine guten Lehrer oder Schüler von 8ern sind, können sie sehr gut als Kollegen zusammenarbeiten und das gewünschte Ziel erreichen. Die Verbindung ist gut für Geschäfts- und Lebenspartnerschaften. Wenn ein 8er Mann und eine 8er Frau sich beide für die Arbeit in einer Wohlfahrtssorganisation interessieren, bleiben sie dauerhaft zusammen und helfen anderen Menschen. 8er können die 8 als Datum für wichtige Termine oder als Hausnummer wählen.

Nummer 8 und Nummer 9

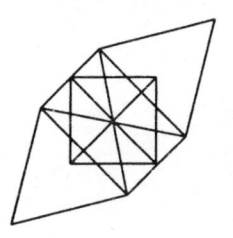

9er sind Feinde der 8er, doch gute Feinde. 9er inspirieren 8er nachzudenken und in sich zu gehen; sie sind für 8er gute Lehrer und helfen ihrem Wachstum und ihrer Entwicklung. 8er müssen 9ern Energie und finanzielle Hilfe geben. Die Nummer 8 ist für 9er eine glückliche Nummer, doch trifft das Umgekehrte nicht zu. Eine Geschäftspartnerschaft ist für 8er nützlich, sofern das Geschäft in ihrem Namen getätigt wird und umgekehrt. 8er können 9er als Freunde und Ehepartner wählen. 9er Frauen und 8er Männer können für einige Zeit eine gute Verbindung eingehen. Eine 8er Frau wird mit einem 9er Mann finanzielle Probleme. 8er sollten die 9 als Wohnortnummer wählen, doch als Datum für wichtige Termine eignet sie sich nicht. Wenn 8er die 9 als Hausnummer wählen, werden sie viel Geld für die Instandhaltung des Hauses ausgeben müssen.

MARS UND DIE ZAHL 9

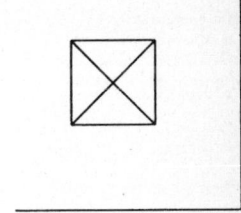

Mars herrscht über alle Menschen, die am 09., 18. oder 27. eines Monats geboren sind, oder deren Schicksals- oder Namensnummer in der Quersumme eine 9 ergibt. Die unten beschriebenen marsianischen Qualitäten kommen am deutlichsten bei Menschen mit der psychischen Nummer 9 zum Ausdruck.

Mars ist der Oberbefehlshaber im Plenum der Götter. Er wird von den anderen Gestirnen, den anderen Hauptplaneten, die auch Aspekte derselben kosmischen Energie sind, respektiert. Mars wird personifiziert dargestellt als stark maskuline Figur, die die Kleidung eines Kämpfers trägt und auf einem Widder reitet (einem Tier, das für seine Kampflust bekannt ist). Das Wort *militär* (auf englisch martial, auf französisch militaire oder lateinisch militaris) scheint sich vom Planeten Mars und seinen Eigenschaften abzuleiten. Marsqualitäten sind ausgeprägte Zielstrebigkeit, Pflichtbewußtsein, Ordnungssinn und Disziplin sowie Mut, Tapferkeit, Ausdauer und Selbstbewußtsein. Einer der zahlreichen Sanskritnamen des Mars ist *Lohitang*, dieser Name beschreibt seine leuchtend rote Farbe, die mit dem bloßen Auge am Nachthimmel wahrgenommen werden kann.

Astrologisch betrachtet ist Mars ein übeltäterischer Planet, der die von ihm beherrschten Menschen egoistisch macht; sie tendieren dazu, ihre persönlichen Bedürfnisse über die der anderen Menschen zu stellen. Unter starkem Marseinfluß werden Menschen reizbar, streitsüchtig, ruhelos, unbeständig, hart und hemmungslos. Sie haben eine Vorliebe für zerstörerische Waffen und sind imstande, jeden beliebigen Menschen oder alle ihre Verbündeten zu verletzen. Mars gilt auch als Übeltäter, da er Schwierigkeiten für das Eheleben mit sich bringt, wenn er im 1., 4., 7. oder 10. Haus des Geburtshoroskops steht.

Die weiteren Sanskritnamen des Mars – Kujar und Rudhir – deuten auf die Verbindung hin, die Mars mit dem Blut hat. Mars herrscht über das Muskelsystem und das Knochenmark, das die weißen Blutkörperchen produziert, die gegen Viren und Bakterien kämpfen und das Immunsystem stärken. Auf diese Weise unterstützt Mars den körpereigenen Abwehrmechanismus. Seine Stellung im Horoskop entscheidet über den Mut eines Individuums, der wiederum direkt vom Blutzuckerspiegel abhängt. So sorgt Mars für Stärke und beeinflußt das Wohlbefinden eines Menschen. Da Mars auch Wechselhaftigkeit und Ruhelosigkeit mit sich bringt, befinden sich die von ihm beherrschten Menschen von Haus aus stets im Ungewissen, und haben ein zweifelndes, impulsives Wesen. Diese unguten Mars-Eigenschaften machen Menschen, die unter seinem Einfluß stehen, auf eine Art unempfindlich und lassen sie zu illegalen Handlungen und heimlichen Liebesaffären tendieren.

Von Mars beherrschte Menschen haben eine Vorliebe für Kriegskünste, für die Jagd, für Sport, Debatten, Wettkämpfe, öffentliche Reden und für Politik.

Mars gibt den Menschen den Geist eines Sportsmanns, der Niederlagen und Siege gleich gut hinnehmen kann. Er gibt ihnen auch dynamische Energie, die sie zu gewagten Handlungen inspiriert; so können sie z.B. lernen, wie man über Feuer läuft oder wie man einen Tiger oder Elefanten dressiert. Diese Menschen lieben es, andere mit ihrem außergewöhnlichen Mut zu überraschen. Zwischen ihrem 27. und 40. Lebensjahr erreichen sie den Höhepunkt ihrer Kraft.

Sonne, Mond und Jupiter sind Freunde des Mars. Saturn, Venus, Rahu und Ketu verhalten sich neutral. Sein einziger Feind ist Merkur.

Menschen, die am 27. eines Monats Geburtstag haben, sind äusserst sanft und zweiflerisch; die am 09. eines Monats geborenen sind rauher und härter, haben aber auch mehr Glück und Energie. Menschen, die an einem 18. geboren sind, leiden unter inneren Konflikten und werden (sofern sie nicht an ihrem spirituellen

Selbst arbeiten) mit dem Alter zunehmen unklarer, egoistischer und zänkisch.

Nummer 9

Psychische Nummer 9

Neun ist die psychische Nummer aller Menschen, die an einem 09., 18. oder 27. geboren sind. Alle zuvor beschriebenen Mars-Qualitäten kommen bei Menschen, die am 09. Tag eines Monats geboren sind am deutlichsten zum Ausdruck.

Als feuriger und heißer Planet, hat Mars eine intensive Energie, die nicht leicht zu handhaben ist. Mars macht Menschen mit der psychischen Nummer 9 ruhelos; sie sind dauernd aktiv und können nicht ruhen, bevor sie nicht ihr gewünschtes Ziel erreicht haben. Sie sind Kämpfer und erkämpfen sich mit ihrem Sportsgeist auf allen Ebenen ihren Weg an die Spitze. Sie sind mutig und abenteuerlustig. Sie sind ehrgeizig und machen – dank ihrer starken Willenskraft und Zielstrebigkeit – auf ihrem gewählten Weg rasch Fortschritte. Sie reagieren schnell auf Situationen und werden bei den ersten ungünstigen Anzeichen vorsichtig. Ihr körpereigener Abwehrmechanismus ist stark, und sie sind stets bereit, Widerständen entgegenzutreten. Oft schaffen sie sich durch ihre übermäßige Wachsamkeit Feinde. Sie möchten jeden Streit so schnell wie möglich beenden; da es ihnen widerstrebt, lange über Probleme nachzudenken und dafür Energie zu verschwenden.

Sie sind offenherzig und äußern ihre Meinung unverblümt. Der Marseinfluß gibt Menschen mit der Nummer 9 ein sprunghaftes Wesen; sie sind leicht zu provozieren und explodieren schneller als Dynamit. Sie denken nicht daran, Zeit zu vergeuden und auf geeignete Augenblicke zu warten. Ihr optimistisches, unabhängiges Wesen und ihre schier unerschöpfliche Energie, gestatten ihnen nicht, von Almosen zu leben oder sich der Barmherzigkeit anderer auszuliefern. Sie sind frank und frei, furchtlos, impulsiv und tyrannisch. Sie sind Extremisten und wollen mit gewagten Unternehmen in der Welt Aufsehen erregen und verblüffen, wobei sie manchmal ein tragisches Ende finden. Doch selbst einem tragischen Ende sehen sie mit Mut entgegen; sie fürchten weder Tod noch Katastrophen. 9er arbeiten schwer und nehmen die Härten des Lebens mutig in Angriff; voller Begeisterung und Inspiration sind sie stets in Eile, um angestrebte Ziele zu verwirklichen. Sie schätzen es nicht, wenn andere sich in ihre Arbeit einmischen, und sie hassen Kritik. Sie haben ein ausgeprägtes Verantwortungsbewußtsein. Sie lassen sich stets von ihrer Aufrichtigkeit leiten und wissen Situationen richtig einzuschätzen, daher handeln sie stets so, wie sie es für richtig empfinden. Sie haben von sich selbst eine gute Meinung und legen Wert darauf, daß auch andere sie anerkennen und zu schätzen wissen. Ihr von Natur aus dominierendes Wesen stößt bei ihren Mitmenschen häufig auf Widerstände und Kritik. In jungen Jahren müssen sie Schwierigkeiten und Widerstände überwinden und Härten in Kauf nehmen, um angesehene Positionen in der Gesellschaft, im häuslichen Bereich oder im Berufsleben zu erringen. Dank ihres ausgeprägten Willens und ihrer Zielstrebigkeit, werden sie nach ihrem 40. Lebensjahr erfolgreich sein.

Sie gleichen einer Kokosnuß – sind außen hart und innen voller Süße. Äußerlich zeigen sie sich hart, diszipliniert und unerschütterlich; doch sind sie innerlich weich und mitfühlend. Sie kümmern sich sehr um ihre Untergebenen.

Menschen mit der psychischen Nummer 9 können gut organisieren und verwalten. Wenn ihnen die gesamte Verantwortung und Kontrolle für ein Projekt anvertraut wird, kann ihre Energie, ihr harter Einsatz, ihr Optimismus und ihr praktisches Wissen sehr hilfreich sein. Ohne Autorität und vollständige Kontrolle verlieren sie jedoch das Interesse und werden mit der Zeit inaktiv. Sie lieben Ehre und Prestige und können dafür alles tun und jede Art körperlicher, mentaler oder finanzieller Einbußen hinnehmen. Sie investieren Energie, um Liebe und Zuneigung zu gewinnen.

Obwohl sie sich besonders intensiv um ihre Familienangehörigen kümmern und gut für ihre Eltern sorgen, führen sie kein allzu glückliches Familienleben; sie streiten häufig mit ihren Lebenspartnern.

Männer mit der psychischen Nummer 9 werden von ihrem Geschlechtstrieb motiviert. Da sie immer dominieren wollen und sehr besitzergreifend sind, scheitern ihre Partnerschaften häufig, was sie zur Verzweiflung bringt. Bei länger dauernden Beziehungen verhalten sich 9er Männer ihren Partnern gegenüber unberechenbar und launisch. Falls sie aber bereits in jungen Lebensjahren eine passende Lebenspartnerin finden, können sie ein erfolgreiches Familienleben führen. Sie erwarten, daß ihre Frau vollkommen eins mit ihnen wird, tief romantisch ist und körperlichen Freude zu genießen weiß. Wenn ein 9er Mann ungeteilte Aufmerksamkeit erhält, wird er eine deutliche Entwicklung im Leben machen.

Obwohl Männer mit der psychischen Nummer 9 ihren Ehefrauen von außen betrachtet nicht viel Achtung und Liebe entgegenbringen, zeigen sie sich anderen Frauen gegenüber sehr liebenswürdig, inspirierend und freundlich. Sobald sie die Kontrolle über ihr Temperament verlieren und geistig aus dem Gleichgewicht geraten, beginnen sie zu streiten, isolieren sich von ihren Lebenspartnern – und leiden. Sie werden von ihren Lebenspartnern, Freunden und Verwandten falsch eingeschätzt; ihre Ehe bringt ihnen materielles Glück und Erfolg. Auch wenn sie Pomp und Show gerne mögen, leben sie persönlich meist sehr einfach.

Frauen mit der psychischen Nummer 9 kümmern sich generell sehr um das Wohl anderer Menschen, sie sind gastfreundlich und hilfsbereit, obgleich sie bei der Wahl ihrer Beziehungen auch wählerisch sind. Sie können ausgezeichnete Hausfrauen sein, die ihren Männern treu ergeben sind; sie sind äußerst bezaubernd und charmant, doch haben sie – genau wie 9er Männer – wenig Aussicht, ein wohltuendes Eheleben zu führen. Sie erwarten von ihren Ehemännern totale Treue und können keine Art von Flirt tolerieren. Meistens werden ihre Lebenspartner krank, so daß sie viel Energie für ihre Pflege aufwenden müssen.

Sowohl die Männer als auch die Frauen mit der psychischen Nummer 9 sagen generell erst «nein» bevor sie einer Sache zustimmen. 9er investieren viel Zeit und Energie, um ihre Wohnungen und Arbeitsplätze makellos rein und in Ordnung zu halten, doch gelingt es ihnen nicht, Ordnung und Frieden in ihre familiären Beziehungen zu bringen.

Sie neigen zu Unfällen und Verletzungen in Verbindung mit Feuer, Sprengkörpern und Elektrizität; sie müssen sich in ihrem Leben zumindest einmal einem chirurgischen Eingriff sowie einem

Rechtsstreit unterziehen. Sie werden häufig verwundet oder verletzt und können durch Wundinfektionen, Verletzungen oder durch Operationen ums Leben kommen.

Im Fall von emotionellen Verletzungen, reagieren sie rachsüchtig, aggressiv und erbarmungslos.

Sie haben ein natürliches Talent, Menschen zu führen. Dank ihres Mitgefühls und ihrer menschlichen Qualitäten können sie selbst eigensinnige und unbeugsame Menschen lenken.

Befinden sich Schicksals- und Namensnummer in Harmonie, machen Menschen mit der psychischen Nummer 9 Karriere und werden Chefs großer Organisationen. Menschen mit der psychischen Nummer 9 haben eine starke und dominierende Persönlichkeit, besitzen hohe Ideale und sind geistig offen und kreativ. Heiratet eine psychische Nummer 9 eine Person mit harmonischer Nummer, werden sie eine Musterfamilie gründen – offen für jedermanns Probleme, hilfreich und anderen stets zu diensten. Menschen mit der psychischen Nummer 9, die aus einer Familie stammen, in der die Nummern der Eltern und Geschwister mit ihren Nummern harmonieren, werden das Leben genießen, Karriere machen und zu Ruhm und Ansehen kommen.

Menschen mit der psychischen Nummer 9 sind dazu geboren, erfolgreich zu sein und besitzen die dafür notwendigen Voraussetzungen. In ihren mittleren Lebensjahren machen sie gewagte Dinge, um anderen Menschen damit zu imponieren. Menschen, die nicht ihre Lebenspartner und engen Freunde sind, halten sie für äußerst glücklich.

Ratschläge für Menschen mit der psychischen Nummer 9

9er haben häufig Unfälle in Verbindung mit Feuer, Sprengkörpern, Stürmen, Überschwemmungen und im Straßenverkehr.

Sie sollten vorsichtig mit Feuerwaffen umgehen, bei Wirbelstürmen, Stürmen und Sturmfluten rechtzeitig Schutzmaßnahmen treffen und im Straßenverkehr sehr achtsam sein.

Sie sollten jeder Art von Herausforderung aus dem Wege gehen und keine Rachegedanken hegen.

Sie sollten sich von falschem Stolz und Heuchelei befreien, da diese nur Eifersucht und Kritik hervorrufen.

Sie sollten impulsive Gefühlsausbrüche vermeiden und nicht den Mut verlieren.

Sie sollten Risiken meiden und nicht unnötigerweise gewagte Kunststücke vorführen, die lediglich ihren Mut, ihre Ausdauer und Zielstrebigkeit zur Schau stellen .

Sie sollten nicht negativ sprechen, nicht klagen, keine Urteile über Kollegen, Partner und Lebenspartner fällen. Sie sollten ihre Lebensgefährten lieben, Frieden in ihr Eheleben bringen und an den Satz denken: «Irren ist menschlich, göttlich ist es zu vergeben.»

Sie sollten chirurgische Eingriffe nach Möglichkeit vermeiden.

Sie sollten sich nicht hetzen und versuchen, ihre Ruhelosigkeit zu überwinden.

Sie sollten versuchen, keinen zu strengen Eindruck zu machen und daran denken, wie gut ihnen ein Lächeln steht.

Sie sollten ihre Vorgesetzten respektieren und nicht auf unnötige Streitereien und Diskussionen eingehen, da sie sich schnell provozieren lassen und dann ihre Beherrschung verlieren. Sie sollten allen Streitsituationen aus dem Wege gehen und versuchen, weder negativ, noch hitzig, weder laut noch gewalttätig zu sein. Sie sollten Disziplinen ausüben, die Ordnung in ihr Leben bringen.

Sie sollten beim Unterschreiben amtlicher Schriftstücke vorsichtig sein, und diese vor Unterschrift genau durchsehen. Wenn nötig, sollten sie einen Rechtsanwalt oder Experten zu Rate ziehen.

Sie sollten nicht übertrieben stolz auf ihre Kräfte, ihre Energien und ihre widerstandsfähige Persönlichkeit sein; auch sollten sie vermeiden, in Extreme zu gehen. Sie sollten sich vor ihrer eigenen Kraft hüten, da sie auch selbstzerstörerisch wirken kann.

Sie sollten sich besonders vor ihren drei Hauptschwächen in acht nehmen:

- der Wut
- der Arroganz
- der Aggressivität.

Sie sollten sich nicht isolieren, sondern besser ihren Freundes- und Bekanntenkreis erweitern.

Es bringt ihnen Glück, wenn sie unter allen Umständen ihren Humor bewahren.

Sie sollten die Marsbewegung durch die unterschiedlichen Tierkreiszeichen im Auge behalten und keine neuen Unternehmungen beginnen, wenn Mars geschwächt, verletzt oder rückläufig ist.

Sie sollten alle Arten von Rauschmitteln und Drogen meiden, da sie zur Sucht neigen.

Schicksalsnummer 9

Es ist besser, wenn die 9 die Schicksalsnummer ist. Als psychische Nummer ist sie weniger günstig, da Menschen mit der psychischen Nummer 9 leicht reizbar, zornig und zänkisch sind. Das Wesen eines Menschen wird von seiner psychischen Nummer geprägt. Wenn Menschen mit der Schicksalsnummer 9 eine harmonische psychische Nummer haben, können sie ihren Zorn und ihre Schwächen leicht überwinden und ihr impulsives, zänkisches Verhalten bereuen. Ist die psychische Nummer nicht harmonisch, sollten sie eine harmonische Namensnummer wählen, da die Namensnummer großen Einfluß auf die Psyche hat. Auch die Ausübung einer spirituellen Disziplin kann helfen, Schwächen zu überwinden.

Menschen mit der Schicksalsnummer 9 entwickeln sich spirituell und mental, da sie mit den Härten des Lebens konfrontiert werden; sie wissen, was Kosmische Liebe bedeutet und können erkennen, was wahre Weisheit ist. Wenn sie es sich zum Ziel machen, Vollkommenheit im spirituellen Leben zu erreichen, werden sie erfolgreich sein und Wissen über Materie und Geist erlangen. Sie erweisen sich als ausgezeichnete Lehrer. Da sie nicht blind glauben, was sie aus Schriften oder von spirituellen Lehrern lernen, sondern auch stets die Dimension ihrer praktischen Erfahrung mit einbeziehen, helfen sie ihren Schülern, wirklich spirituell zu sein.

Sowohl die Menschen mit der Schicksals- als auch jene mit der psychischen Nummer 9 sind Liebhaber der schönen Künste und der Schönheit. Der Unterschied liegt darin, daß Menschen mit der psychischen Nummer 9 erst lernen und kämpfen müssen, um sich ihren Weg in die Welt der schönen Künste zu bahnen, während Menschen mit der Schicksalsnummer 9 in diesem Bereich rasch

216

erfolgreich und berühmt werden und von schönen Dingen aller Art umgeben sind. Sie werden die Favoriten wundervoller, berühmter und erfolgreicher Künstler, hervorragender Schriftsteller und spiritueller Meister.

Auch wenn Menschen mit der Schicksalsnummer 9 in ihrer Kindheit Schwierigkeiten und Konflikte mit ihren Eltern und Geschwistern haben, werden sie später von ihnen geliebt und wegen ihrer noblen Qualitäten geschätzt und anerkannt.

Es ist ihr Schicksal, stets mit irgendetwas beschäftigt zu sein. Sie werden unruhig, wenn sie ruhen oder den Rat bekommen, sich zu entspannen.

Sie interessieren sich für alles, was das Leben erfreulicher macht; sie lieben Abenteuer und Romanzen und wollen das Leben genießen und ihre Inspiration mit anderen Menschen teilen. Sie haben eine Vorliebe für den gehobenen und kultivierten Lebensstil. Bei ihrer Suche nach Wahrheit, verlassen sie sich auf die eigene innere Führung. Ihre Intuition befähigt sie, die Wahrheit zu erkennen, und sie versuchen auch, die richtigen Wege zu gehen, um sie zu verwirklichen. Um tiefer zur Wahrheit vorzudringen, folgen sie harten Disziplinen, die sie sich meist selbst ausdenken und auferlegen. Menschen mit der Schicksalsnummer 9 sind nie überheblich; sie fühlen sich eins mit allen Lebewesen und sehen den göttlichen Funken in jeglicher Existenz. Sie sind die Schutzherrn der Menschheit und jeglicher Lebensform. Sie interessieren sich für Heilkünste und Ökologie, wie auch für Musik, Mantra-Chanten und für schöne Künste.

Da die 9 die letzte Nummer in der Serie der einfachen Grundzahlen ist, gilt sie als Zahl der Vollendung der Seele (des Bewußtseins) und als mystische Nummer. Die Schicksalsnummer 9 bedeutet, am Ende des Zyklus von Leben und Tod (Geburt und Wiedergeburt) zu stehn. Wenn Menschen mit der Schicksalsnummer 9 sich dessen bereits in ihren frühen Lebensjahren bewußt werden (normalerweise wird die Schicksalsnummer jedoch erst nach dem 35. Lebensjahr aktiv), können sie ihre Ziele erreichen, indem sie die Karmas (Handlungen) vorangegangener Leben aufarbeiten und versuchen, neue Karmas zu vermeiden. Karmas entstehen durch das Verlangen nach sinnlicher Befriedigung. Menschen mit der Schicksalsnummer 9 können Erleuchtung finden und den Pfad ohne Wiederkehr beschreiten.

Die Schicksalsnummer 9 weckt spirituelle Neigungen und macht die Menschen milde und bescheiden. Menschen mit dieser Schicksalsnummer können das heftige Potential an 9er-(Mars-)Energie bei Debatten, öffentlichen Reden und selbstauferlegten harten Disziplinen konstruktiv zum Ausdruck bringen. Die Schicksalsnummer 9 gibt Zielstrebigkeit und die Aufopferungsbereitschaft eines Heiligen; Ausdauer und Sportsgeist. Menschen mit der Schicksalsnummer 9, die nicht zum Spirituellen tendieren, können ihrem heftigen Wesen auf der Ebene der Politik Ausdruck verleihen und bei kultivierten Formen des Wettstreits und der intellektuellen Auseinandersetzung.

Menschen mit der Schicksalsnummer 9 haben häufig mit Zweifeln, negativen Gedanken und eingebildeten Problemen zu kämpfen.

Namensnummer 9

Die Namensnummer beeinflußt zwar die psychische Nummer, hat aber keine Wirkung auf die Schicksalsnummer, da diese durch die Karmas vorangegangener Leben entstanden ist. Harmonieren psychische- und Schicksalsnummer nicht, kann die Namensnummer allerdings Harmonie ins Leben bringen. Aus diesem Grund ändern Menschen manchmal ihren Namen oder nehmen einen Künstlernamen an. Die 9 ist mit Sicherheit keine gute Namensnummer für Menschen mit einer psychischen oder Schicksalsnummer 9. Sie würde den Marseinfluß verstärken und Probleme für das Eheleben bringen. Doch ist die 9 eine sehr gute Namensnummer für jene Menschen, die eine psychische oder Schicksalsnummer 2, 3 oder 7 haben. Für 6er Menschen ist sie weder gut noch schlecht, also neutral. 2ern gibt sie Kraft; 3ern bringt sie Glück; und 7ern bringt sie Hilfe auf allen Ebenen.

Die Namensnummer 9 macht Menschen offen, ausdrucksstark, kreativ und unabhängig. Sie gibt Willenskraft und Zielstrebigkeit sowie Energie und Ausdauer, um die Härten und Widerstände des Lebens zu meistern. Für Politiker ist sie eine gute Namensnummer; ebenso für Sportler, Ringer, Soldaten, Künstler, Poeten, Musiker, Komponisten und für Heilige. Sie bringt Ruhm, Ehre,

Ansehn und Respekt. Die Namensnummer 9 läßt Menschen hart arbeiten und gewährt ihnen keine Zeit für Vergnügen und zur Entspannung. Sie bringt Unruhe, macht aber auch kreativ. Ihre Unruhe spiegelt die Ruhelosigkeit der Außenwelt wider. Menschen mit der Namensnummer 9 kämpfen für bessere Lebensbedingungen, die ihnen und ihren Mitmenschen mehr Ruhe und Freude bringen können. Die Namensnummer 9 macht Menschen unternehmungslustig und romantisch. Männer werden mit dieser Namensnummer männlicher und Frauen gibt sie Attraktivität und Glanz. Auch für Menschen mit spirituellen Neigungen ist sie als Namensnummer hilfreich. Sie bringt sie mit namhaften spirituellen Meistern, Hellsehern und Psychoanalytikern in Verbindung. Mitunter werden Menschen mit dieser Namensnummer wegen ihrer intuitiven Kräfte und bemerkenswerten Talente berühmt. Alle 9er sollten regelmäßig eine spirituelle Disziplin ausüben, die auch «Chanting» und körperliche Übungen mit einbezieht.
9 ist eine gute Namensnummer für Menschen mit der psychischen- oder Schicksalsnummer 4 oder 8.

Verhaltensweisen, durch die wir unseren inneren und äußeren Lebensraum ins Gleichgewicht bringen können:
Wenn wir regelmäßig Fastentage einhalten, die entsprechenden Gewürze und Edelsteinpulver verwenden, mit Hilfe von Meditation, Mantrarezitation und Yantras können wir uns *innerlich* ins Gleichgewicht bringen. Die *äußeren Lebensumstände* können wir positiv beeinflussen, wenn wir für unsere Handlungen den richtigen Zeitpunkt wählen (den zunehmenden oder abnehmenden Mondzyklus berücksichtigen), uns gute Freunde suchen (d.h. mit verträglichen Nummern Freundschaft schließen) und neue Tätigkeiten zur passenden Zeit beginnen (die schwachen und starken Perioden berücksichtigen). Am mühelosesten kommen wir mit uns selbst und dem äußeren Umfeld in Einklang, wenn wir auf den bereits vorhandenen Energiefluß achten (wie man dies macht, wird im den folgenden Abschnitten beschrieben). Die hier gegebenen Informationen beziehen sich auf Menschen mit einer psychischen Nummer 9:

Schwache Perioden

Anfang März, Anfang Mai und Anfang Juni sowie vom 1. bis 21. Oktober und vom 27. November bis 27. Dezember haben die 9er ihre schwachen Perioden. In diesen Zeiträumen können sie unter Niederlagen, Mißerfolgen in Liebesdingen, Mißverständnissen, gesundheitlichen Rückschlägen, Interesselosigkeit bei der Arbeit, Unruhe, Verschwörungen, Prozessen, Zweifeln, unnötigen Sorgen, Kritik und Feindseligkeit zu leiden haben.

Starke Perioden

Die Perioden vom 21. März bis 26. April und von 21. Oktober bis 27. November sind günstig für 9er Menschen. Diese Zeiträume eignen sich dafür, neue Unternehmungen zu beginnen, schwierige Aufgaben auszuführen, alte Projekte zum Abschluß zu bringen, einen neuen Wohnort zu suchen, neue Gemeinschaften zu gründen und Auslandsreisen anzutreten.

Gute Daten

Der 09., 18. und 27. Tag jedes Monats ist gut für 9er. Auch der 03., 06., 15., 21., 24. und 30. ist günstig. Wenn diese Daten in die o. g. starken Perioden fallen, wirken sie noch vorteilhafter.

Gute Tage

Der Dienstag und der Freitag sind gute Tage für 9er. Fallen diese Tage auf günstige Daten in vorteilhaften Perioden, bringen sie noch mehr Glück.

Günstige Farben

Da die Farbe Rot dem Mars zugeordnet ist, passen alle Farbabstufungen von Rot und Rosa zu 9er Menschen. Sie sollten häufig Rot in allen Schattierungen tragen. Rosafarbene Bettwäsche, Kissenhüllen und Vorhänge geben 9ern positive Energie; der Blick auf ein Taschentuch in irgendeiner Rotschattierung erfrischt sie, wenn sie sich energielos fühlen.

Edelsteine

Der Glücksstein der 9er ist die Koralle. Wenn 9er sehr arrogant und zornig sind, wird ihnen dringend geraten, Koralle zu tragen. In jungen Jahren sollten sie eine weiße Koralle tragen; nach dem 40. Lebensjahr können sie eine rote Koralle (aus Italien), eine zinnoberote Koralle (aus Tibet) oder eine helle Koralle wählen. Auch Karneol und roter Jaspis, roter Achat oder *sange moose* (ein roter Stein) sind geeignete Steine für 9er.

Wichtig ist, daß der Edelstein an einem Dienstag vor 11.00 Uhr mittags erworben und ebenfalls an einem Dienstag dem Juwelier zum Fassen gegeben wird. Das fertige Schmuckstück sollte wieder an einem Dienstag vom Juwelier geholt werden. Die Fassung des Rings oder Anhängers sollte aus Kupfer und Gold gefertigt sein.

Der Edelstein sollte erstmals an einem Dienstag, vor 11.00 Uhr mittags, getragen werden, nachdem die dazugehörigen Rituale* für Mars ausgeführt worden sind.

9ern wird geraten, Korallenpulver einzunehmen, um ihr Kreislaufsystem mit elektrochemischer Energie zu versorgen.

Meditation

9ern wird empfohlen, auf ein Bild oder Idol des Affengottes Hanuman zu meditieren oder auf eine Koralle. Sie sollten in den frühen Morgenstunden meditieren, eine halbe Stunde vor oder nach Sonnenaufgang (es ist ein Tabu, Hanuman vor der 1. Stunde des Sonnenaufgangs zu verehren). Sie können auch auf ein in eine Kupferplatte graviertes Mars-Yantra meditieren.

Gottheit

9ern wird geraten, Hanuman, den Affengott, zu verehren. Hanuman ist ein Symbol des selbstlosen Dienens. Er hat kein Ego. Da er sich als bescheidener Diener von Ram (einer Inkarnation von Lord Vishnu, dem Erhalter) versteht, nimmt er für sich nicht in Anspruch, irgendeine Kraft sein eigen zu nennen. Die Kraft, mit der er übermenschliche Heldentaten vollbringt, kommt von Gott (Ram). 9er sollten dieses Konzept klar verstehen und sich nichts auf ihre Kräfte einbilden. Sie sollten von Hanuman die Lektion

---

* Nähere Information hierzu finden sie im Buch *Die sanfte Kraft der edlen Steine* von Harish Johari.

vollkommener Selbstlosigkeit annehmen und in ihrem Leben praktizieren.

Mantra
Japa* (Wiederholung) des Mantras eines Planeten sollte stets innerhalb des zunehmenden Mondzyklus vollendet werden. Es ist wichtig, die vorgeschriebene Anzahl von Mantras genau zu wiederholen.
9ern wird geraten, täglich folgendes Mantra 108 mal zu rezitieren:

AUM NAMO HANUMATE HUNG – AUM

Sie können auch das Hanuman Gayatri Mantra täglich 11 mal wiederholen, das vor Stürmen, Feuer und Autounfällen schützt:

AUM – ANJANEYAYE VIDMAHE
MAHABALAYE DHI-MAHI
TANNO HANUMAN PRACHODAYAT – AUM

Mars-Yantra**

8	3	10
9	7	5
4	11	6

Gesundheit und Krankheit
9er Menschen neigen zu allen Arten von Fieber, da in ihrem Körper der Humor *Pitta* (Galle) dominiert und ein Übermaß an Pitta Fieber mit sich bringt. Sie sind auch anfällig für Infektionen,

---

* Siehe hierzu Wege zum Tantra von Harish Johari.
** Siehe Anmerkung 2 auf Seite 56.

Schnitte und Wunden, die zu fiebrigen Infektionen führen, für Windpocken, Masern und Hautkrankheiten wie Ekzeme und Ausschläge. Sie können auch Blutkrankheiten haben, Vergiftungen, Geschwüre, übermäßigen Durst, Tuberkulose sowie Krankheiten von Magen, Leber, Lunge, Nase und Ohren.

Des weiteren können sie an seelischen Störungen leiden und mit den Knochen Schwierigkeiten bekommen. Obwohl sie robust gebaut sind und nicht schnell krank werden, könnten sie während ihrer schwachen Perioden an oben erwähnten Problemen leiden.

Übermäßige sexuelle Betätigung – ohne auf richtige Ernährung und Ruhe zu achten – erschöpft sie, schwächt ihr Immunsystem und kann Infektionskrankheiten mit sich bringen. Wenn sie sich Wunden zuziehen, sollten sie diese gut versorgen. Sie sollten den übermäßigen Verzehr von öligen und fetten Speisen, Pickles und scharfen Gewürzen meiden wie auch den Konsum von Rauschmitteln und Drogen jeder Art. 9er Männern wird empfohlen, Dattelmilch zu trinken. (Sie können das Getränk bereiten, indem sie die entsteinten Datteln in Milch aufkochen und zerdrücken. Dann die Datteln mit der Milch durch ein Sieb passieren und eine Prise fein zerriebene Safranfäden zufügen.) Tägliche Körpermassage mit Öl, bzw. 3 x wöchentlich eine Ölmassage, schützt vor Hautausschlägen und anderen Problemen, die durch trockene Haut verursacht werden. Ein frühmorgentlicher Spaziergang stärkt ihre Lungen. *Jala neti* (Wasser durch die Nase trinken) beugt Nasenproblemen vor; 1 bis 2 Tropfen lauwarmes Öl in die Ohren geträufelt schützt vor Ohrenbeschwerden. Das 09., 18., 27., 36., 45., 54. und 63. Lebensjahr sind wichtige Jahre, in Hinsicht auf ihre Gesundheit; die meisten gesundheitlichen Veränderungen – gute und schlechte – machen sich in diesen Jahren bemerkbar.

Fasten

Für 9er ist es vorteilhaft, einmal in der Woche – an jedem Dienstag – zu fasten. Sie sollten an diesem Tag auch am Abend nichts Salziges essen und auch nichts, was aus Getreide hergestellt wird. Sie können frischgepreßten Fruchtsaft trinken, wenn sie sich tagsüber durstig fühlen. Am Abend, nach einer Meditation, können sie einen Pfannkuchen essen, der aus Kichererbsenmehl, Anissamen

223

und Jaggery (eingedickten Zuckerrohrsaft) zubereitet wird. Für den Teig wird das Kichererbsenmehl mit den Zutaten vermischt, dann wird etwas Wasser – oder nach belieben Milch – zugefügt und alles gut durchgerührt, so daß eine dickflüssige Paste entsteht. Zum Ausbacken der Pfannkuchen wird am Fastentag nur reines Ghee (Butterschmalz) verwendet. (Für 1 Person rechnet man 4 gehäufte Eßlöffel Kichererbsenmehl, 1-2 gestrichene Eßlöffel Jaggery, 1/2 Teelöffel Anissamen, etwas Milch oder Wasser.)

Freundschaften
9er sollten vorsichtig in der Auswahl ihrer Freunde sein, denn häufig werden ihre besten Freunde ihre Widersacher. Menschen, die am 03., 06., 12., 15., 18., 21., 24., 27. oder 30. eines Monats geboren sind, können ihre Freunde werden. Sie können auch gute Freundschaften mit Menschen der psychischen Nummer 5 oder 7 schließen. Aus ihrer Freundschaft mit Menschen, der psychischen Nummer 9 bzw. mit Menschen, die am gleichen Tag wie sie selbst Geburtstag haben, kann sich eine sehr enge doch nicht besonders produktive Verbindung ergeben. Die besten Freundschaften haben sie mit Menschen der psychischen Nummer 3.

Romanzen
6er Frauen sind ideale Partner für 9er Männer und 3er Männer sind ideale Liebespartner für 9er Frauen. 9er können 1er, 3er, 6er und 9er heiraten, die während ihrer schwachen Perioden geboren sind. Sie fühlen sich auch von 7ern angezogen, doch führen 9er Frauen und 7er Männer kein erfolgreiches Eheleben. Der Grund dafür ist, daß 9er Frauen totale Treue erwarten und sehr besitzergreifend sind und 7er Männer kleinen Flirts nicht widerstehen können.

Gute Lebensjahre
Das 09., 18., 27., 36., 45., 54., 63., 72., 81., 90. und 99. Lebensjahr ist günstig. Die Jahre zwischen 27 und 36 sowie das 45. Lebensjahr sind wichtige Jahre für 9er.

Die Beziehungen der Nummer 9 zu anderen Nummern

Die folgende Information basiert auf dem Vergleich der psychischen Nummer 9 mit anderen psychischen Nummern. Man kann auch die Beziehung zwischen Menschen mit der Schicksalsnummer 9 und anderen Schicksalsnummern vergleichen. (Die Vergleiche basieren auf gleichen Kategorien.)

Nummer 9 und Nummer 1

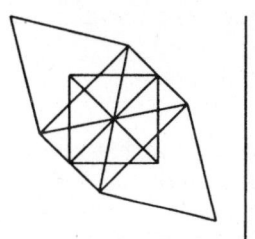

1er sind gut und hilfreich für 9er. Menschen mit der Nummer 9 sind ruhelos und zweifeln ständig; 1er sind selbstbewußt und treffen die richtigen Entscheidungen zur passenden Zeit. 1er können 9ern helfen, gute Entscheidungen zu treffen und sich von Zweifeln zu befreien. Beide Nummern sind stark, energetisch und fleißig. Sie bilden eine gute Verbindung. 9er haben die Angewohnheit zu klagen und in anderen Fehler zu sehen; 1er befinden sich jenseits von Neid, Gehässigkeit und Groll. 9er haben viele Feinde, während 1er zu allen freundlich sind. Sind sie zusammen, arbeiten 1er viel für 9er und bewahren sie vor Schwächen jeder Art. Daher ist ihre Freundschaft und Partnerschaft sowie ihre Zusammenarbeit auf politischer Ebene für 9er sehr hilfreich. 1er bringen 9ern auch Glück. 9er Frauen wird geraten, 1er Männer für Ehe, Freundschaften, Romanzen oder Geschäftspartnerschaften zu wählen. Dagegen sind 9er Männer nicht die idealen Ehepartner für 1er Frauen. Zwar sind 9er für 1er gute Lehrer, die Wachstum und Entwicklung fördern, doch können auch 1er 9ern manchmal etwas beibringen. 9er sollten die 1 nicht als Datum für wichtige Termine und auch nicht als Hausnummer für ihren festen Wohnsitz wählen. Für kurze Aufenthalte kann sich die Hausnummer 1 für 9er als sehr angenehm und denkwürdig erweisen.

Nummer 9 und Nummer 2

Nummer 9 und Nummer 2 sind gegenseitige Freunde. 9er sind maskulin und 2er feminin – sie passen gut zusammen. Der Mars ist

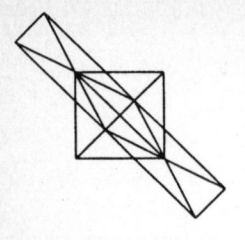

ein heißer Planet, der Mond ist kalt. 9er fühlen sich in Gesellschaft von 2ern sehr komplett, vor allem, wenn die 9 ein Mann ist und die 2 eine Frau. Auch die Nummer 2 fühlt sich stark und inspiriert in Gesellschaft einer 9. Beide passen zueinander als Freunde, für Romanzen, als Ehe- und Geschäftspartner, obgleich 9er für 2er viel tun müssen, da 2er etwas abhängig und zurückhaltend sind. 9er können die 2 als Hausnummer wählen, für Wohnsitze, die sie nur vorübergehend bewohnen wollen.

Nummer 9 und Nummer 3

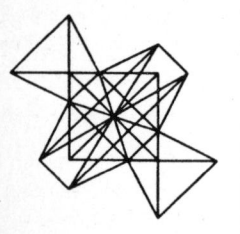

Die Nummer 3 ist eine der besten Nummern für 9er. 9 – eine Vervielfachung der 3 – ist eine Nummer, die außergewöhnliche Führungstalente und organisatorische Fähigkeiten besitzt. Dies ist für 3er sehr hilfreich. 3er akzeptieren die Autorität der 9er. Die Gegenwart der 3er gibt 9ern psychologische Unterstützung und innere Kraft. Umgekehrt unterstützen 9er das Wachstum und die Entwicklung der 3er. Bei Geschäftspartnerschaften erleiden 3er mit 9ern zwar keine Verluste, doch verdienen sie auch nicht das große Geld. 3er helfen 9ern immer; sie bringen ihnen Inspiration und Freude. 9er fühlen sich in Gesellschaft der 3er leichter und konzentrierter und haben weniger Zweifel. Daher wird 9ern geraten, 3er für jede Art von Beziehung zu wählen, für Freundschaften, Romanzen, als Ehe- und Geschäftspartner, als Datum für wichtige Termine und als Wohnsitznummer.

Nummer 9 und Nummer 4

9er und 4er sind gegenseitige Feinde. Doch als Gegensätze ziehen sie sich auch an. Beide sind fleißige Arbeiter; und wenn sie sich näherkommen, wird viel Energie freigesetzt. Die 4 erhält Gelegenheit zu expandieren und bei der 9 kommen kreative Talente stärker zum Ausdruck. 4er haben von der Kreativität der 9er Vorteile.

226

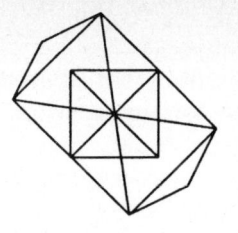

9er sind stets in soziale Angelegenheiten verwickelt, während 4er von Natur aus weniger
sozial veranlagt sind; 9er machen 4er sozial.
4er veranlassen 9er, aktiver zu werden, und
9er helfen den 4ern, starke Willenskraft zu
entwickeln. Sie helfen sich gegenseitig, wenn
sie gemeinsam an einem Projekt zum Wohle
der Menschheit arbeiten. 4er haben die Ange-
wohnheit, gegensätzlicher Meinung zu sein; 9ern sind Widerstände
vertraut, und dieser Gegensatz ist gesund für 9er. 9er fantasieren
gern und 4er leben in der harten Realität (auch wenn sie in ihr einen äußerst ungewöhnlichen Blickwinkel vertreten). 9er und 4er
passen nicht für lange Zeit zusammen. 9ern wird geraten, keine
langzeitigen Freundschaften oder Geschäftspartnerschaften mit
4ern einzugehen und auch eine Ehe mit 4ern zu meiden, obwohl
sie heimliche Affären miteinander haben können. 9er sollten die 4
als Datum für wichtige Termine und als Hausnummer meiden.

Nummer 9 und Nummer 5

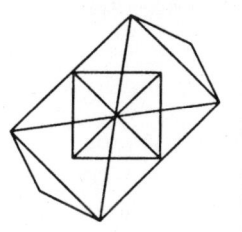

9er und 5er haben eine eigenartige Beziehung. Die Nummer 9 ist ein Feind der 5, doch
verhält sich die 5 der 9 gegenüber neutral.
Wenn sie sich näherkommen erzeugen sie
gute Energie. 5er helfen den 9ern immer,
doch letztere hinterlassen keinen tieferen
Eindruck bei 5ern. Da 5er schnell und ruhelos
wie Quecksilber sind, sind sie für 9er keine
idealen Lebenspartner. Bei Geschäften sind 5er keine guten Partner für 9er, obwohl 9er für 5er nützlich sind. 9er müssen härter arbeiten und erhalten weniger finanziellen Gewinn. 5er sind hilfreiche Freunde für 9er, sie sind ihre Gönner. Wenn beide an einem
bestimmten Projekt interessiert sind, kann ihre Verbindung Vorteile bringen. Auf dem Gebiet der Kunst und Musik können sie gut
zusammenarbeiten und sich gegenseitig helfen. Trotzdem geben
sich die 5er den 9ern gegenüber etwas kühl. Daher wird 9ern geraten, 5er nicht als Datum für wichtige Termine oder als Hausnummer zu wählen.

Nummer 9 und Nummer 6

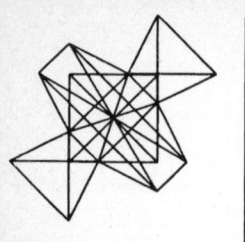

Mars und Venus haben eine neutrale Beziehung, doch Nummer 6 und 9 sind vortreffliche Freunde und ziehen sich gegenseitig an. Mars hat eine rein männliche Energie und Venus eine feminine. Beide Nummern ergänzen sich. Ihre Beziehung ist sehr dauerhaft. Sie können auf praktisch allen Ebenen gut zusammenarbeiten. Beide sind gute Kunstkritiker und können auf dem Gebiet der Musik und der schönen Künste besonders effizient gemeinsam tätig sein. Im politischen Leben unterstützt die 6 die 9. Beide Nummern lieben materiellen Wohlstand und streben nach Vollkommenheit. In bezug auf finanzielle Dinge und ihre Beziehung sind beide zueinander ehrlich. Als Geschäftspartner tritt die 6 für die Interessen der 9er ein, während die 9 der 6 bei der Arbeit und der praktischen Umsetzung ihrer kreativen Ideen hilft. 9er können 6er für alle Arten von Beziehungen wählen – für Freundschaften, Romanzen, Ehe- und Geschäftspartnerschaften. Für eine Ehe wäre es ideal, wenn der Mann die 9 ist und die Frau die 6. 9er können die Nummer 6 auch als Datum für wichtige Termine und als Hausnummer wählen.

Nummer 9 und Nummer 7

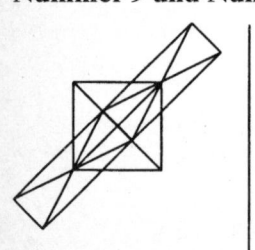

Mars und Ketu sind Feinde, beide sind schwierige Planeten. Mars ist der stärkere der beiden. Wenn sie sich einander nähern, zeigt die 7 enorme Stärke und schöpft aus der 9 Energie. Menschen mit der Nummer 7 verlieren in Gegenwart der 9er ihre Identität; sie werden sehr gute Helfer und Freunde. 9er fühlen sich auch von 7ern angezogen und helfen den träumerischen 7ern mit ihrem praktischen Wissen. Da 7er auch Lehrer mystischer Wissenschaften sind und 9er sich für Mystik und okkultes Wissen interessieren, sind sie einander von Nutzen. Die Nummer 7 bringt anderen Nummern, die mit ihr in Verbindung kommen, Glück; so verbessert sich auch der soziale Status der 9er durch die Zusammenarbeit mit einer Nummer 7.

228

Eine Nummer 7 ist kein guter Geschäftspartner. In der Ehe erweisen sich 7er Männer als gute Partner für 9er Frauen, auch 7er Frauen sind gute und hingebungsvolle Ehepartner für 9er Männer. In Punkto Romanzen, können 9er Männer und Frauen gute Erfahrungen mit 7ern machen. 9er sollten die 7 nicht als Datum für Termine oder als Hausnummer für ihren festen Wohnsitz wählen. 9er verlieren ihre Privatsphäre, wenn sie in einem 7er Haus leben, da dieses Haus häufig von Menschen besucht wird, die auf der spirituellen Suche sind, sowie von spirituellen Meistern, Künstlern, Mystikern und anderen berühmten Menschen.

Nummer 9 und Nummer 8

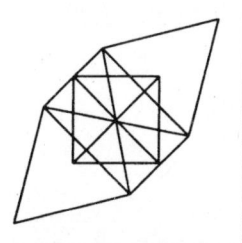 Saturn verhält sich neutral in seiner Freundschaft zum Mars; Mars dagegen ist ein Feind Saturns. Menschen mit der Nummer 8 werden von Saturn beeinflußt und sind Gesetzesbrecher; die vom Mars beherrschten 9er sind Hüter des Gesetzes. Ihre freundschaftliche Beziehung dauert nicht ewig, obgleich eine 8 den 9ern Glück und finanzielle Hilfe bringt. Menschen mit der Nummer 9 sollten gemeinsame Unternehmungen mit 8ern meiden, sofern es sich um langzeitige Projekte handelt. Bei kurzzeitigen Geschäftsaktionen, profitieren 9er von 8ern. 9ern wird allgemein von Ehen mit 8ern abgeraten; wenn eine Heirat nicht vermeidbar ist, können 9er Frauen einen 8er Mann heiraten, doch ist das umgekehrte Verhältnis nicht günstig. Eine 8 kann ein guter Schüler der 9 sein, und nur in einer derartigen Beziehung ist eine 8 wirklich gut für eine 9. 9ern wird geraten, die 8 nicht als Partner für wichtige Unternehmungen zu wählen, auch nicht als Datum für Termine und nicht als Hausnummer.

Nummer 9 und Nummer 9

Gleiche Nummer sind normalerweise nicht ideal für Freundschaften, Ehe und Romanzen; doch können zwei 9er durchaus eine langdauernde Beziehung pflegen, die nur gelegentlich durch Isolation und Streit unterbrochen wird. Fügt man der 9 eine 9 hinzu, ergibt sich wieder eine 9 – kein Verlust, kein Gewinn. Trozdem er-

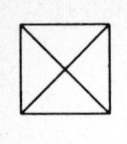 weist sich die Nummer 9 als guter Geschäfts-
partner für 9er, auch wenn sie sich beide nicht
sehr inspirieren. Wenn zwei Menschen mit
der psychischen Nummer 9 sich für eine gemeinsame Sache verbinden, können sie eine
Revolution zustande bringen. Wenn sie
Freunde sind, wird ihre Freundschaft lange
halten, doch werden sie ständig miteinander
diskutieren. Zwei 9er können durchaus eine romantische Beziehung miteinander eingehen. 9er können die 9 auch als Datum für
wichtige Termine und als Hausnummer wählen.

KURZÜBERSICHT

Wie sich Nummern gegenseitig beeinflussen

Die hier gegebene Aufstellung informiert in Kürze, in welcher Beziehung die Nummern zueinander stehen und wie sie sich gegenseitig beeinflussen. Suchen Sie in der linken vertikalen Reihe Ihre psychische Nummer und bringen Sie diese mit der psychischen Nummer der Person in Verbindung, über die Sie etwas in Erfahrung bringen möchten. Die psychische Nummer der anderen Person finden Sie in der oberen horizontalen Reihe. Der Kasten, am Schnittpunkt beider Reihen sagt in Stichworten etwas über die wesentlichen Merkmale der Beziehung und über das Verhalten der jeweiligen Nummer aus.

Eigene psychische Nummer

	1	2	3
1	keine ideale Partnerschaft	neidisch, schwach, aber freundlich; Beseitiger schlechter Angewohnheiten	freundlich, hilfreich
2	kritisch, da ungleiches Kräfteverhältnis, aber hilfreich	Gönner, kooperativ	neutral, guter Ratgeber
3	freundlich, hilfreich, unterstützend	nicht schädigend, aber negativ; Energie verschwendend	beruhigend, von gegenseitigem Nutzen, kooperativ
4	kritisch, doch zueinander hingezogen; vorteilhaft	nicht besonders glückverheißend, doch nützlich und günstig für Geschäfte	neutral, doch hilfreich, guter Ratgeber, verständnisvoll
5	freundlich, gut auf sozialer und politischer Ebene	unbequem, zugetan, spaßig; kurze Freundschaft ist von Nutzen, günstig und glückbringend	kritisch aber erfreulich; bringt gute Gelegenheiten und hilft Wachstum und Entwicklung
6	gute, aber teure Freunde; guter Einfluß, Helfer	nicht besonders nützlich, aber freundlich	Helfer und Freund, bringt Sicherheit und gutes Umfeld
7	idealer Freund auf politischem, kulturellem und literarischen Gebiet, nützliche Geschäftspartner	kritisch, rücksichtslos, opponierend doch hilfreich für Wachstum und Entwicklung	hilfreich für Wachstum und Entwicklung, starker Unterstützer
8	problematisch; bringt Hindernisse aber auch Glück	günstig und freundlich, aber nicht hilfreich	neutral; guter Ratgeber oder Lehrer; hilfreich auf politischer Ebene
9	dauerhafte Freundschaft; hilfreich, schützt vor Feinden und Kritikern	gegenseitige Freunde, nützlich wenn sie kooperieren	Helfer und Freund, inspirierend, hilft bei Zentrierung, gibt innere Stärke

4	5	6
verursacht Widerstände, bringt Hindernisse	freundlich, doch unabhängig	ein kostspieliger Freund
freundlich, hilfreich, mitunter irritierend, verzögernd	problematisch	günstig, von gegenseitigem Nutzen
starke Gegensätzlichkeit; nicht von Nutzen	verursacht Probleme; vergeudet Zeit und Energie; unterweist in Geschäft und Handel	hilfreich, freundlich, attraktiv, von gegenseitigem Nutzen, befriedigend
hilfreich und stets unterstützend	enger Freund, Helfer, kindisch	unachtsam; weder Verlust noch Gewinn bei Freundschaft und Ehe; harmonisch; keine geschäftliche Verwicklung
unachtsam, gewöhnliche Freundschaft	engste Freunde	beruhigend; freundlich; weder Verlust noch Gewinn; hilft Mängel überwinden
nicht harmonisch	Gönner, freundlich, unterstützend	freundlich, kooperativ, beruhigend
stur, bringt Probleme und Widerstände	eigenartige Beziehung, alltägliche Freundschaft	gut, freundlich, nützlich, glückbringend
beruhigend, befriedigend, verständnisvoll, positiv	freundlich auf politischer Ebene	guter Freund, hilfreich, inspirierend, attraktiv, kümmernd
stark gegensätzlich; kooperiert nur bei sozialen Projekten	hilfreich, günstig, weniger warm und freundlich	ausgezeichneter Freund; volle Unterstützung, behütet die Interessen der 9er

233

7	8	9
ist ein Freund, hat Glück und bringt Glück	Gegensatz	freundlich, unterstützend, förderlich
verärgert, teilweise tadelnd, guter Führer und genauer Gegensatz	guter Gefährte, freundlich, dienend und umsorgend	guter Helfer, freundlich, beschützend
neutral, unachtsam und unabhängig	kein großer Helfer, es sei denn als Verwandter oder Schüler	volle Unterstützung, gegenseitig von Nutzen
extrem unfreundlich, doch harmonisch für Geschäfte und Ehe	freundlich, attraktiv, unterstützend, nicht gut als Namens- oder Hausnummer	opponierend und argumentierend; lehrt praktisches Wissen
neutral	nützlich; bringt Glück; trotzdem kühl, unachtsam	kritisch, doch freundlich; hilft Entwicklung und Wachstum
nützlich, inspirierend, doch kein enger Freund	benimmt sich wie ein Fremder; gewöhnlicher Freund	nützlich, hart arbeitend, liebevoll und umsorgend, doch zuweilen eigenartig
argumentierend, störend, streitlustig	finanziell hilfreich, neutraler Freund	nützlich, unzufrieden, inspirierend
gut als Lehrer, behaglich, nützlich, glückbringend, guter Freund	macht stärker; kooperativ doch kritisch	guter Ratgeber; hilft wachstum und Entwicklung; als Gegner mißgünstig und boshaft
verliert seine Identität; Helfer, Freund, Glückbringer	gegensätzlich; guter Schüler	freundlich, doch kritisch und streitlustig; wenig inspirierend

DOPPELZAHLEN

Da wir jetzt die Besonderheiten der einfachen ganzen Zahlen kennen, sollten wir uns nun mit den Eigenarten der Doppelzahlen vertraut machen, um mehr über den Charakter der Menschen aussagen zu können, die nach dem neunten Tag eines Monats geboren sind.

Bei den hier beschriebenen Zahlen handelt es sich um die *psychische Nummer* der Menschen, also um den Tag der Geburt. Die Nummern 11, 13 und 22 wurden bereits im Kapitel der Nummer 2 bzw. der Nummer 4 ausführlicher besprochen, da sie besondere Nummern sind und separate Aufmerksamkeit verdienen. Auch wurde bereits erwähnt, daß zwischen 10. bis 31. geborene Menschen anders sind, als Menschen mit der gleichen psychischen Nummer, die an einem Tag mit einer einfachen ganzen Zahl geboren sind.

Wir beschreiben nun kurz die zusätzlichen Wesensmerkmale der Menschen, deren psychische Nummer sich aus einer Doppelzahl ergibt; Eigenschaften, die sie von jenen Menschen, die zwischen dem 1. und 9. Tag eines Monats geboren sind, unterscheiden. Der Unterschied entsteht durch die Verbindung zweier Planetenenergien, die wie eine Planetenkonjunktion wirkt.

Nummer 10

Die Nummer 10 ist die Kombination einer 1 und einer 0. Die 1 steht für das Bewußtsein, die Sonnenenergie, und die 0 für die Unendlichkeit (Anant Tattva). Da die 10 zur 1er Serie gehört, überwiegen in ihr die 1er-Charkterzüge. Die 1 bringt Ehre, Glück, Selbstvertrauen, Ruhm (im guten oder im schlechten Sinne), Din-

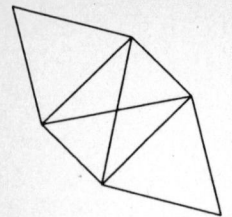

ge, die dem karmischen Gesetz gemäß veränderlich sind. Die 1 ist eine Glückszahl, die 0 bringt Mißgeschick. Die 0 bewirkt, daß Menschen mit dieser psychischen Nummer härter ums Dasein kämpfen müssen, wodurch sie aber an Selbstvertrauen und rechtem Verständnis gewinnen und den richtigen Schliff erhalten. Die 0 schafft verborgene Feinde, da die 1 aber die Qualität der Wachsamkeit besitzt, kann sie diese Feinde aufspüren. So ist die 10 eine Zahl, die nach hartem Ringen erfolgreich ist. Die oben erwähnten Hindernisse sind nur durch beständige Wachsamkeit und bewußte Innenschau zu überwinden. Abhängigkeit von anderen führt zu Problemen.

(Die Nummer 11 wurde bereits im Kapitel der Nummer 2 besprochen, siehe Seite 74/75.)

Nummer 12

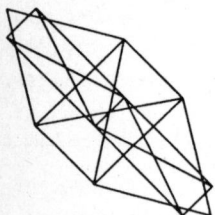

Sie ist eine Kombination aus Sonne (1) und Mond (2), dem Paar der Gegensätze. Wie schon an anderer Stelle erwähnt, ergeben eine 1 und eine 2 kein ideales Paar; Menschen mit diesen Nummern haben stets Meinungsverschiedenheiten. Die zwiespältige Beziehung der 1er und 2er drückt sich in den am 12. eines Monats geborenen 3ern durch geistige Unruhe aus. Obwohl Menschen mit der psychischen Nummer 3 das Glück haben, Hilfe, Kooperation und Erfolg im Leben zu bekommen, finden die am 12. eines Monats geborenen 3er keine Ruhe. Für Menschen mit der psychischen Nummer 3 ist es typisch, zu allem «Ja» zu sagen, obgleich sie nur das tun, was sie gerne tun möchten. Diese Eigenart führt dazu, daß sie Freunde und Verwandte oft enttäuschen. Bei Menschen mit der Nummer 12 ist diese schlechte Angewohnheit am stärksten ausgeprägt. Sie werden ihren inneren Gegensätzen – dem stabilen und zielstrebigen Charakter der 1er und dem wechselhaften Wesen der 2er – hin und her gerissen. Ihre «Ja-Sagerei» bringt sie in Schwierigkeiten, da sie selbst nie sicher wissen, ob sie wirklich «Ja» meinen, wenn sie es sagen; durch den Einfluß der Nummer 2 könnten sie ihre Meinung spontan ändern. Menschen, die an einem 12. geboren sind, treffen Entscheidungen normalerweise im letzten Augenblick, und selbst dann kann man sich nicht auf sie verlassen. Es ist möglich, daß sie es sich plötzlich wieder anders überlegen und Projekte, die sie bereits begonnen haben, nicht zu Ende führen. In ihren späteren Lebensjahren werden sie erfolgreich sein, doch lassen sie unzählige Dinge und Projekte, die sie begeistert begonnen haben, unabgeschlossen liegen. Da sie ihre Pläne rasch und häufig ändern, wissen selbst ihre Freunde und Verwandten nie sicher, wie es um sie steht. 12er genießen ihr persönliches Leben, sie sind glücklich, gesund, erfolgreich, unabhängig, haben Interesse am Kochen, feiern gerne Feste, besitzen einen guten Geschmack, sind philosophisch und religiös. Sie besitzen die Stärke der 1er und die Nachgiebigkeit der 2er. Sie glauben an die Synthese, sind unkonventionell und bereit, alle Gegebenheiten anzunehmen.

(Nummer 13 wurde bereits im Kapitel der Nummer 4 beschrieben; siehe Seite 120/121.)

Nummer 14

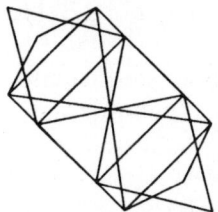 Die 14 ist eine Kombination zweier Gegensätze, die sich gegenseitig anziehen. Sie ist eine Nummer der Risiken, der Angst, der Unterbewertung und der Fehleinschätzung der Zukunft. Die 1 wird von der Sonne beherrscht, die 4 von Rahu, dem nördlichen Mondknoten. Der Halbplanet Rahu ist ein Feind der Sonne. Als Halbplanet paßt Rahu sich der Eigenart des Planeten an, der mit ihm in Verbindung steht. In Kombination mit der Sonne, seinem natürlichen Feind und Gegner, versucht Rahu, Leid zu schaffen. Rahu bewirkt eine teilweise Verdunkelung der Sonne und präsentiert Widerstände. Menschen, die am 14. eines Monats geboren sind, leiden unter inneren Konflikten. In ihrem Leben ereignen sich häufiger Veränderungen als im Leben anderer Menschen mit der psychischen Nummer 5. Rahu verfügt über hohe Risikobereitschaft und auch die Sonne ist bereit, Risiken einzugehen, da-

her riskieren 14er meistens mehr als andere 5er. Da 5er grundsätzlich Spielernaturen sind, riskieren die an einem 14. Geborenen mehr beim Glücksspiel oder bei Transaktionen, die ihnen finanzielle Verluste und andere Schwierigkeiten bringen könnten. Eine Nummer 1 besitzt die Fähigkeit, die Zukunft richtig einzuschätzen, doch in Verbindung mit der 4, wie bei der 14, wird dies schwierig. 14er leiden häufig aufgrund falscher Zukunftsvisionen. Sie sollten bei der Wahl ihrer Partner und Kollegen vorsichtig sein und die Ruhe bewahren, um das gewünschte Ziel zu erreichen. Merkur, der das Leben der Menschen mit einer psychischen Nummer 5 beeinflußt, gibt ihnen ein fließendes, merkurisches Wesen. Sie selbst genießen ihre Art zu leben. Sie sind hilfsbereit, weise, schlagfertig, ruhelos aber heiter (allerdings sind sie nicht so heiter sie jene 5er, die an einem 23. geboren sind), sie profitieren vom Glücksspiel und von Risikogeschäften. Aufgrund des Rahu-Einflusses sollten sie bei Gewitter vorsichtig sein, auch wenn sie in einen Wirbelsturm geraten oder anderen Naturkatastrophen ausgesetzt sind.

Nummer 15

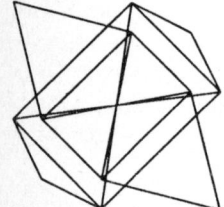

Die Nummer 15 ist eine Kombination von Sonne (1) und Merkur (5). Beide Planeten werden mit Intelligenz und Schlagfertigkeit assoziiert. Beide haben eine Vorliebe für's Moderne, für weltlichen Erfolg und Popularität. Beide sind freundlich. Menschen, die an einem 15. geboren sind, mögen Luxus und materiellen Wohlstand und interessieren sich für Literatur, schöne Künste und Musik. Als psychische Nummer 6 wird die 15 von der Venus beherrscht. 15er haben ein ausgeprägtes Verlangen, ein luxuriöses, freies, ungebundenes Leben zu führen, bei dem das sinnliche Vergnügen ein große Rolle spielt. Die Sonne bringt ihnen Popularität. Merkur bringt sie in Bewegung und läßt sie reisen. Venus bringt sie in ein gemütliches, teures und luxuriöses Umfeld. Durch die Sonne erhalten sie Kooperation und Hilfe. Merkur bringt Unterhaltung in ihr Leben. Menschen, die an einem 15. geboren sind, nehmen häufiger an festlichen Anlässen teil als andere Menschen mit der psychischen Nummer 6. Merkur ist zerbrechlich, sentimental und ewig jugendlich. An einem 15. geborene Menschen sind zart, gefühlvoll, attraktiv und sehen jünger aus, als andere Menschen ihres Alters. Männer mit dieser Nummer interessieren sich für Tantra, Magie und Zauberei, weil sie ihre sinnliche Natur erforschen und intensiver genießen möchten. Frauen mit dieser Nummer haben ein Interesse für Tantra, Magie und Zauberei, weil sie ihre sinnliche Natur transzendieren möchten. 15er erhalten überwiegend Hilfe und Kooperation von Angehörigen des anderen Geschlechts. Sie genießen das Leben, lieben Blumen und Duftstoffe, besitzen eine Vorliebe für Schmuck und haben einen besonderen Sinn für Kleidung. Sie haben ein angenehmes Wesen und gute Umgangsformen.

Nummer 16

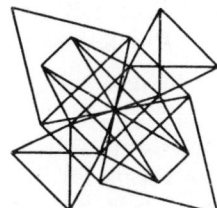 Die 16 ist eine Kombination der beiden Gegensätze: Sonne und Venus. Obgleich die Venus ein günstiger Planet ist, gilt sie auch als Lehrer der «Dämonen». Die Sonne selbst zählt in der indischen Astrologie zu den «übertäterischen» Planeten, doch gehört sie der Jupiter-Gruppe an, und Jupiter ist der Lehrer der Götter. So gesehen gehören Sonne und Venus gegensätzlichen Lagern an und sind natürliche Feinde. Diese Kombination macht den an einem 16. geborenen Menschendas Leben schwer. Die Nummer 7 wird von Ketu, dem südlichen Mondknoten, beherrscht. Ketu ist ein übeltäterischer Halbplanet, der das Unterscheidungsvermögen trübt. An einem 16. geborene Menschen haben Schwierigkeiten, die Dinge im richtigen Verhältnis zu sehen und leiden unter Unsicherheiten und Ängsten. Die Sonne macht sie idealistisch, die Venus gibt ihnen hedonistische (genußsüchtige) Tendenzen. Die Verbindung der beiden Planeten bewirkt, daß 16er äußerlich idealistisch wirken, obwohl sie innerlich Genießer sind. Sie werden Träumer, die in ihrer Traumwelt leben. Der Ketu-Einfluß reduziert ihr Interesse an weltlichen Genüssen; sie besitzen keinen weltlichen Ehrgeiz. Wenn 16er ihren spirituellen Neigungen folgen, werden sie ihr wahres Selbst erkennen, übersinnliche Fähigkeiten entwikkeln und asketisch leben. Der Venuseinfluß wiederum wird sie mit

Heilkünsten und Okkultismus in Berührung bringen. 16er, die keine spirituellen Interessen haben, werden unter Umständen einem Geheimbund beitreten. Sie befürchten stets, ihren momentanen Status zu verlieren und werden häufig mit Höhen und Tiefen konfrontiert. Auch wenn sie Mißerfolge erleiden, machen sie doch stets auf ihre Weise weiter. Sie sollten sich vor Unfällen und Unglücken in acht nehmen.

Nummer 17

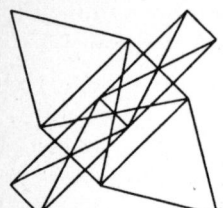

Die 17 ist eine Kombination von Sonne (1), und Ketu (7), der ein Halbplanet ist. Da die 17 in der Quersumme die psychische Nummer 8 ergibt und von Saturn beherrscht wird, gilt sie als Nummer der Mühsal, der Widerstände und Probleme. Außerdem sind Sonne und Ketu Feinde, was 17ern innere Konflikte bringt. Doch führen ihre inneren Konflikte sie zu wahrer Einsicht und machen sie bewußter, bedächtig, liebevoll und spirituell. Sie entwickeln Widerstandkraft und lernen, Hindernisse und Schwierigkeiten mutig zu überwinden. Sie kommen zur Ruhe, und ihre Gegenwart strahlt auf andere Ruhe aus. Obwohl der übeltäterische Saturn die 8 beherrscht, sind 17er Wohltäter der leidenden Menschheit und werden nach ihrem Tode berühmt. Saturnische Probleme und Verzögerungen werden sie zwar stets begleiten, doch kann sie nichts davon abhalten, in der Geschichte ein Zeichen zu setzen. Saturn bringt 17ern in ihren späteren Lebensjahren Erfolg, weshalb man sie für glücklich hält. Auch wenn sie in ihrem persönlichen und familiären Leben nicht sehr glücklich sind, erlangen sie Reichtum und Wohlstand und werden respektiert. Wenn sie Gottvertrauen entwickeln können und spirituelle Disziplinen ausüben, erhalten sie Hilfe durch göttliche Fügung, und ihre Probleme werden sich auf wunderbare Weise lösen. Sie sollten vorsichtig bei der Wahl ihrer Freunde sein und wenn sie die Hilfe von Freunden, Verwandten und Kollegen in Anspruch nehmen. 17er sind tapfer und mutig.

Nummer 18

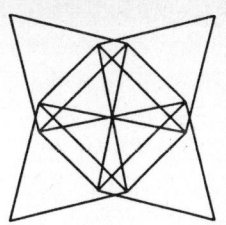

Die vom Mars (9) beherrschte 18 ist eine Kombination ausSonne (1) und Saturn (8). Menschen, die an einem 18. geboren sind, haben mit starken Widerständen, inneren Konflikten und Hindernissen zu kämpfen. Da die Nummer 9 aber vom Mars beeinflußt wird, sind 18er harte Kämpfer, die schwierigste Verhältnisse überwinden können. Sie gewöhnen sich daran, immer wieder Herausforderungen und feindlichen Situationen gegenüberzustehen, die durch mißgünstige Familienangehörige und feindliche Verwandte verursacht werden. Sie finden in ihrem persönlichen Leben und im Kreis der Familie keinen Frieden. Ihre militärische Art stößt auf Widerstände bei Verwandten und Bekannten und ist der Grund dafür, daß ihr Eheleben nicht harmonisch verläuft. Mitunter verdienen sie Geld auf unfaire Weise und kümmern sich nicht um ethische Gesellschaftsnormen. Sie profitieren materiell durch Kriege, Revolutionen und soziale Umwälzungen und leiden unter Spannungen, Unbeständigkeit und Ruhelosigkeit. Sie können unmoralisch werden, in schlechte Gesellschaft geraten und manchmal grob und grausam sein. Sofern sie es schaffen, diszipliniert zu leben, kommen sie im Leben voran und steigen in einflußreiche Positionen auf. Wenn sie sich die Lehre der Gewaltlosigkeit (ahimsa) zu eigen machen, können sie in die Geschichte eingehen. Sie sollten Streitigkeiten mit Freunden und Verwandten meiden. Als Materialisten entwickeln sie ein besonderes Talent, Geld zu verdienen. Nach ihrem 40. Lebensjahr werden sie finanziell abgesichert sein. Den Lohn für ihre Mühen erhalten sie in ihren späteren Lebensjahren.

Nummer 19

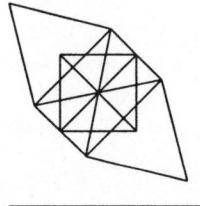

Die Nummer 19 – eine Kombination von Sonne (1) und Mars (9) – wird von der Sonne (1) beherrscht. Die an einem 19. geborenen sind glückliche 1er. Sonne und Mars sind Freunde; die Sonne steht im Widder (dem Sternkreiszeichen, das von Mars beherrscht wird) erhöht. 19er besitzen ein hohes Maß an Lebensfreude,

241

Begeisterung und Inspiration und haben in allen Bereichen des Lebens Erfolg. Sie sind voller Lebenskraft und werden von ihren Freunden und Kollegen respektiert. Der Einfluß der Sonne macht sie weise; Mars befähigt sie, unangenehme Situationen und Herausforderungen handhaben zu können. Ihr Fleiß und ihre Ausdauer machen sie erfolglreich. Doch gibt diese Planetenverbindung zusammen mit dem Marseinfluß auch ein stures und aufbrausendes Wesen, das ein harmonisches Eheleben schwierig macht. Sie besitzen alle Qualitäten der 1er und haben mehr Glück als jene 1er, die an einem 10. geboren sind, aber weniger Glück als 1er, die an einem 28. geboren sind. Meistens kommen 19er in den Genuß, in einflußreiche Positionen aufzusteigen und zu Erfolg, Ehre und materiellem Wohlstand zu kommen. Sie sind hilfreiche, kooperative und großzügige Menschen.

Nummer 20

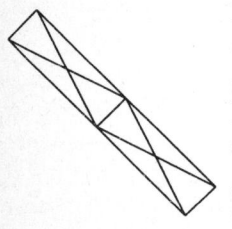 Eine Zwei plus eine 0 ergeben 20, eine Nummer der Ungeduld. 2er Menschen sind meistens ungeduldig, nervös, abhängig und wechselhaft. Die Null konfrontiert sie mit Verpflichtungen, die sie erschöpfen werden. Sie sind ebenso zart und gefühlvoll wie andere 2er, doch sind sie kooperativer, liebevoller und umsorgender als diese. Ihre Bemühungen und ihre liebevolle Fürsorge wird allerdings nie richtig anerkannt. Sie werden bei ihren Vorhaben unnötige Verzögerungen erleben und leiden unter Ängstlichkeit und unter starkem Ekel. Ihr Eheleben verläuft nicht sehr erfolgreich; sie vernachlässigen Familienangehörige und Verwandte. Um innerlich ruhig zu werden und erfolgreich zu sein, sollten sie spirituelle Interessen entwickeln.

Nummer 21

Auch wenn die psychische Nummer eines an einem 21. geborenen eine 3 ergibt, unterscheiden sich diese 3er von anderen Menschen mit der psychischen Nummer 3. Die Verbindung der 2 + 1 ist eine andere als die der 1 + 2. Die 21 gehört zur 20er-Serie und wird stärker von der 2 (dem Mond) beeinflußt, obwohl die 21 als 3 von

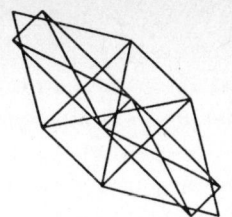

Jupiter beherrscht wird. Die 2 macht diese Menschen sanft und die 1 befähigt sie, im Leben erfolgreich zu sein. 21er sind sozialer als andere 3er und werden in allen Kreisen und bei den Angehörigen des anderen Geschlechts gern gesehen. Im Umgang mit anderen Menschen sind sie freier als andere 3er; sie sind fähig, ihre Probleme selbst zu lösen und sich im Dienstleistungsgewerbe oder im Geschäftsleben erfolgreich zu etablieren. Aufgrund der 2 in ihrem Geburtsdatum können sie auch gut als Schiedsrichter, Schlichter oder Diplomaten tätig sein. Durch die 1 werden sie erfolgreich und machen Karriere. In dieser Verbindung unterstützt die 1 die 2. Sofern diese Menschen etwas Geduld entwickeln können, werden sie Glück haben und stetig voranschreiten.

(Nummer 22 wurde bereits im Kapitel der Nummer 4 besprochen, siehe Seite 121.)

Nummer 23

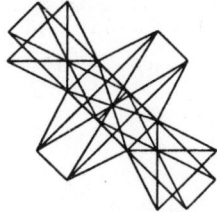

Die 23, eine Kombination von Mond (2) und Jupiter (3), gilt als Nummer des Erfolgs. Alle an einem 23. geborenen sind psychische 5er und werden von Merkur beherrscht, der sie intelligent und fleißig macht. Sie sind stets gut informiert, wißbegierig und interessiert, alles zu lernen, was es zu lernen gibt. Sie haben gute Chancen, beruflich erfolgreich und bekannt zu werden. Sie erhalten Hilfe von Angehörigen des anderen Geschlechts, von Beamten und von Menschen in einflußreichen Positionen. Obwohl sie etwas launisch und aufbrausend sind und gerne Risiken eingehen, sind sie bei anderen beliebt und haben Erfolg im Leben. Sie sind wohlhabend und fördern neue Ideen. Sie kommen zu Ruhm und Ehre, steigen in ihren Kreisen auf und sind für ihr heiteres Wesen berühmt.

Nummer 24

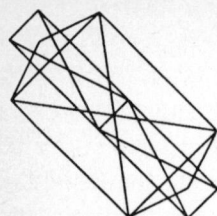

Die 24, eine Kombination der beiden Gegensätze Mond (2) und Rahu (4), gilt als Glückszahl, da 2 und 4 eine 6 ergeben und 6 eine Glückszahl ist. Die 6 wird von der Venus beherrscht, und wenn sich die 6 aus der Verbindung einer 2 und einer 4 ergibt, wird die Person zwar von der 2 (dem Mond) und der 4 (Rahu) beeinflußt, zeigt aber die Verhaltensweise einer 6. Diese spezielle Nummer 6 hat auch Glück, weil die 2 und die 4 in einer harmonischen Beziehung stehen. Obwohl die 24er alle Eigenschaften einer psychischen Nummer 6 besitzen und als 6er gelten, unterscheiden sie sich von jenen 6ern, die am 15. oder 6. eines Monats geboren sind. Die 4 ist eine Nummer der Schwierigkeiten und der Veränderung und auch die 2 ist eine wechselhafte Nummer. Daher ereignen sich im Leben der am 24. geborenen Menschen häufig Veränderungen. Der Einfluß der 2 macht sie hilfreich und aufrichtig; der 4er-Einfluß gibt ihnen Stärke und Ausdauerkraft. Sie sind verschwiegen und können die Geheimnisse anderer bewahren. Sie erhalten Vorteile von Angehörigen des anderen Geschlechts, erleben aber auch Enttäuschungen, weil sie betrogen werden. Sie sind sanft und hilfreich. Wenn ihre Schicksals- und Namensnummern mit ihrer psychischen Nummer harmonieren, können sie ein normales Familienlebens führen.

Nummer 25

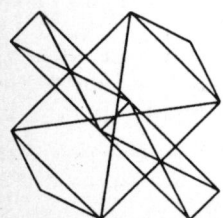

2er und 5er ergeben keine gute Verbindung, da die Beziehung zwischen Mond (2) und Merkur (5) sehr eigenartig ist. Der Mond verhält sich dem Merkur gegenüber neutral, doch ist Merkur ein Feind des Mondes. Dieses seltsame Verhältnis bewirkt, daß Menschen mit dieser psychischen Zahlenkombination sich ständig selbst beschuldigen. 25 ergibt in der Quersumme eine von Ketu beherrschte 7. Obwohl die 7 eine Nummer ist, die anderen Menschen Glück bringt, leiden Menschen mit der psychischen Nummer 7 viel in ihren jungen Lebensjahren. Sowohl die 2 als auch die 5 gibt ihnen ein schwankendes Wesen. Diese Situation wird durch den Einfluß von

Ketu, einem unklaren Halbplaneten, verstärkt. An einem 25. geborene Menschen sind verträumter, phantasievoller, künstlerischer,
launischer und philosophischer als andere 7er. Sie versuchen die
Geheimnisse der Natur zu verstehen. Sie entwickeln ureigene Methoden und gründen religiöse Gesellschaften. Durch Mißerfolge
gewinnen sie an Erfahrung und Wissen und finden schließlich zur
Ruhe. Langsam aber sicher kommen sie mit Hilfe ihrer Freunde,
Verwandten und Kollegen in sichere Positionen. Menschen, die an
diesem Tag geboren sind, machen einen philosophischen Eindruck. Sie sind meistens stolz auf ihre künstlerischen Talente und
ihren Erfolg, den sie nach harten Kämpfen erringen. Sie haben wenig Glück in Liebesaffären; gewinnen aber finanziell durch die
Ehe. Sie sollten riskante Abenteuer meiden.

Nummer 26

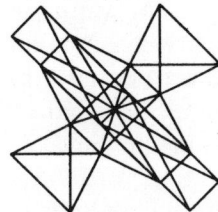 Die Kombination der 2 und 6, Mond (2) und
Venus (6), bewirkt, daß Individuen mit der psy-
chischen Nummer 26 dazu neigen, von Angehörigen des anderen Geschlechts abhängig zu werden. Die 2 ist eine Nummer, die von anderen
abhängig ist, das gleiche gilt für die Nummer 6.
Die am 26. eines Monats geborenen Menschen
sind von Saturn beherrschte psychische 8er. Sie sind Materialisten
und Fatalisten. Sie werden in ihrem Leben, und vor allem in ihren
jungen Jahren, mit zahlreichen Schwierigkeiten und vielen Widerständen konfrontiert. Sowohl die Nummer 2 als auch die Nummer
6 üben eine starke Anziehungskraft auf Angehörige des anderen
Geschlechts aus. Diese Anziehungskraft ist der Hauptgrund für die
Problematik und Mißgeschicke in ihrem Leben. Menschen, die an
einem 26. geboren sind, sollten vorsichtig bei der Wahl ihres
Lebenspartners sein. Eine Ehe mit einer Nummer 8, die am 17.
oder 8. eines Monats geboren ist, gilt als vorteilhafter, als eine Ehe
mit anderen Nummern. Obwohl sie sehr lustorientiert sind, kommen sie in der Ehe zur Ruhe, werden aufrichtig und beenden ihre
anderweitigen sexuellen Beziehungen. Wenn 26er eine andere
Nummer als die Nummern 1, 3, 6 oder 8 heiraten, beginnen sie zu
leiden und wenden sich unter Umständen von ihrem Familien-

leben ab. Wenn sie aber 1er, 3er und 6er wählen, haben sie u.U. mehr Glück eine gute Ehe zu führen. Menschen, die an einem 26. geboren sind, zeichnen sich auf irgendeine Weise aus und nehmen in ihren späteren Lebensjahren Spitzenpositionen ein. Sie sind fleißig und stur. Männer mit dieser psychischen Nummer können nachtragend und grausam sein, wenn sie mit anderen Nummern verfeindet sind.

Nummer 27

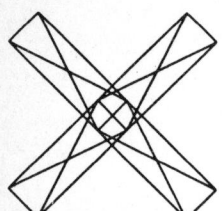

Die 27 ist eine Verbindung zweier starker Gegensätze, der 2 (Mond) und der 7 (Ketu). Daher verfügen 27er über starke Antriebskraft und ein schier unerschöpfliches Potential an Energie. Sowohl die 2 als auch die 7 ist in starkem Maße von anderen Nummern abhängig. Falls 27er es schaffen, unabhängig zu werden, d.h. wenn sie einen freien Willen und ein unabhängiges Wesen entwickeln , sind sie imstande, alles, was sie beginnen, erfolgreich zu Ende zu führen, da beide Nummern gut im Pläneschmieden sind. Sie können gute Konzepte entwickeln, die hilfreich für ihr Berufsleben und für Familienangelegenheiten sind. Da 2 plus 7 eine 9 ergibt, wird diese Nummer vom Planeten Mars beherrscht. Der Einfluß von Mars macht sie stark, dominierend und autoritär. Sie planen jegliches Projekt hervorragend und werden erfolgreich.

27er sind liebevolle Menschen, die sich ihren Familien widmen bzw. den Organisationen, denen sie angehören. 2er wie auch 7er sind emotionelle und intuitive Nummern. Sofern sie stabiler werden, können sie auf materieller Ebene sehr erfolgreich sein.

Nummer 28

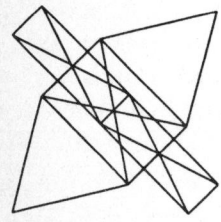

Die 28, eine Kombination von Mond(2)- und Saturn(8)-Energien, ist eine Nummer der Mühsal. Menschen, die an einem 28. geboren sind, werden mit vielen Hindernissen und Widerständen konfrontiert. Da die Kombination der 2 und 8 aber in der Quersumme eine 1 ergibt, wird die Nummer 28 von der Sonne und der Nummer 1

246

beherrscht, einer Glückszahl, die erfolgreich macht. Dieser Erfolg zeigt sich den 28ern, sobald Schwierigkeiten und Widerstände überwunden sind. Menschen, die an einem 28. geboren sind, gewinnen mehr Erfahrungen im Leben als andere 1er; sie sind sanfter, weniger autoritär und weniger beherrschend und fordernd als andere 1er. Da sie eher bereit sind, anderen zu dienen, erweitert sich ihr Freundes- und Bekanntenkreis, und sie erhalten mehr Kooperation und Hilfe als andere 1er. 2er und 8er Menschen sind beide ihrem Wesen nach Diener, beide sind stur und gute, harte Kämpfer. Die Kombination der 2 und 8 bewirkt, daß 28er zwar verletzlich, aber auch gute Kämpfer sind. Sie kämpfen für die Rechte der Unterdrückten und werden gute Politiker und politische Leitbilder. Sie hinterlassen ihr Zeichen in der Geschichte. Der Einfluß der Nummer 2 macht sie philosophisch, der Einfluß der 8 gibt ihnen Interesse für materiellen Fortschritt und Neuerungen. Sie entwickeln außerordentliche Methoden, um materiellen Fortschritt mit spirituellem Wachstum zu verbinden; ihre Weltanschauung ist ganzheitlich.

Nummer 29

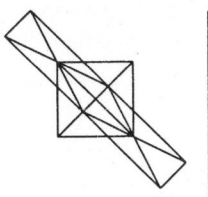

Die 29, eine Kombination von Mond(2)- und Mars(9)-Energien, ist eine Nummer der Unsicherheit und Ungewißheit. Da die Verbindung der 2 und 9 in der Quersumme eine 2 ergibt, wird die 29 überwiegend vom Mond beeinflußt. 29er sind materiell erfolgreich und steigen in einflußreiche Positionen auf. Trotzdem verläuft ihr Privatleben, vor allem ihr Eheleben, nicht sehr befriedigend. Die Wechselhaftigkeit der 2 und die Sentimentalität der 9 dominieren in ihrem Leben. Mit einer guten Schicksals- und einer harmonischen Namensnummer können 29er die richtigen Geschäfts- und Ehepartner finden. Mit der Hilfe und Kooperation der richtigen Partner können sie Fortschritte machen. Harmonieren jedoch Schicksals- oder Namensnummer nicht mit der psychischen Nummer, geraten 29er auf Abwege und tendieren zu einem unsittlichen und unmoralischen Lebenswandel. Auch wenn 29er in ihrem Fachbereich Spitzenpositionen erlangen, fühlen sie sich trotzdem unsicher und einsam. Der Mars-Einfluß macht sie ruhelos und läßt sie zweifeln. Männer, die an diesem Tag geboren sind, sollten ihre Lebenspartnerin sehr bewußt auswählen, da Frauen der Hauptgrund für Probleme und Sorgen in ihrem Leben sind. In Indien rät man Frauen, die an einem 29. geboren sind, an jedem Montag oder Donnerstag zu fasten, damit sie einen guten, harmonischen Ehepartner finden (siehe auch Kommentar in den Kapiteln der Grundzahlen «So bringt man den inneren und äusseren Lebensraum ins Gleichgewicht»). 29er sollten sich bemühen, die Gefühle ihrer Lebenspartner zu verstehen und nicht nur über ihre eigenen Hochs und Tiefs nachdenken. Im allgemeinen sind Menschen mit der psychischen Nummer 29 liebevoll und warmherzig. Sie sind fähig, die Aufmerksamkeit hochsensibler, schöngeistiger Menschen auf sich zu lenken und das Wohlwollen von Autoritätspersonen zu erhalten. Sie sollten sich davor hüten, gereizt und aufbrausend zu reagieren. 29ern wird empfohlen, eine spirituelle Diziplin auszuüben, wahres Gottvertrauen zu entwickeln und sich ein gutes familiäres Umfeld aufzubauen. Männer mit dieser Nummer sollten sich Familienangehörigen und Verwandten gegenüber freundlicher und toleranter zeigen, da sie deren Hilfe und Unterstützung dringend brauchen. Sie sollten ihre Heiratspläne nicht verschieben und möglichst in jungen Lebensjahren den Bund der Ehe schließen; späte Heirat macht sie unglücklich und verursacht mentale Probleme.

Nummer 30

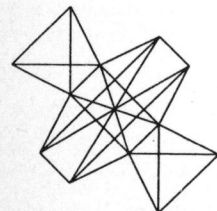

Die 0 im Geburtstag macht Menschen, die an einem 30. geboren sind, etwas weniger glücklich als andere psychische 3er. Wir können sie nicht wirklich als «unglücklich» bezeichnen, nur verzögert die 0 ihren Fortschritt und verringert die Zahl ihrer Freunde. Da 3er generell fleißig sind, können 30er bequem leben und genügend Geld verdienen, ohne sehr hart arbeiten zu müssen. Wie andere 3er auch sind 30er sozial und universelle Helfer; ihr Leben wird aber stärker von Angehörigen des anderen Geschlechts beeinflußt. Sie arbeiten beständig und verdienen ihr Geld durch mehr als eine

Einnahmequelle. Mitunter beginnen sie so viele Projekte zur gleichen Zeit, daß sie meistens nicht alle zu Ende führen können. Durch den Einfluß der 0 vergeuden sie Energie und lassen Dinge unerledigt liegen. Die von Jupiter (3) beherrschten 30er sind geborene Denker; sie arbeiten mit mehr geistiger Energie als andere 3er. Da sie sich in ihrer Jugend oft durchkämpfen müssen, entwickeln sie eine besondere Art die Dinge zu sehen und schaffen sich ihre eigene Philosophie. Sie fühlen sich nicht den konventionellen Religionen verbunden und freunden sich im Laufe ihres Lebens mit fremden Religionen und Philosophien an. Da sie sehr kritisch sind, machen sie sich generell über Religionen lustig, einschließlich über ihre eigene, doch vertreten sie die Idee der universellen Liebe und Brüderlichkeit. Persönlich folgen sie eigenen Wegen und Methoden, die ihre Wurzeln in heimischen Traditionen haben. Sofern ihre Schicksals- und Namensnummern harmonisch sind, erhalten sie Hilfe und zeichnen sich durch besondere Leistungen aus. Sie bekommen die Unterstützung sozialer Einrichtungen und Organisatonen, die ihre kreativen Energien und Talente zu nutzen wissen. Statt eigennützig zu handeln, sollten sie besser für Institute und Organisationen arbeiten, die dem Wohle der Menschheit dienen.

Nummer 31

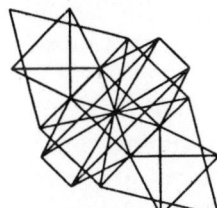

Die 31 ist eine Kombination der 3 (Jupiter) und 1 (Sonne). Die Nummer 3 ist eine gute Nummer und auch die 1 ist eine positive Zahl. Trotzdem ist die Verbindung der beiden nicht sehr hilfreich für die an einem 31. geborenen Menschen, da die 31 in der Quersumme eine 4 ergibt. Die 4 wird von Rahu, einem ungünstigen Halbplaneten, beherrscht. Rahu ist dafür bekannt, daß er Schwierigkeiten mit sich bringt. Die von ihm beherrschten 4er unterscheiden sich deutlich von anderen Individuen. Rahu bringt Ungewißheiten und plötzliche, unerwartete Veränderungen in das Leben der Menschen, die unter seinem Einfluß stehen. Dabei kann es sich sowohl um gute als auch um schlechte Veränderungen handeln. Der Rahu-Einfluß gibt 31ern das Gefühl, allein und anders als andere

249

zu sein, und daß das Leben unberechenbar ist. Sie werden von Freunden und Kollegen mißverstanden. Da ihr Umfeld nicht freundlich und inspirierend auf sie wirkt, isolieren sie sich, werden wenig sozial und nicht sehr bekannt. Mitunter schließen sie sich revolutionären Gruppen an und werden gewalttätig. Sie werden stur, verschlossen, herrisch und drängen anderen ihre Ideen auf. Der Einfluß der 3 (Jupiter) macht sie etwas egoistisch, der Einfluß der 1 macht sie autoritär und stattet sie mit Führungsqualitäten aus. Obwohl die psychische Nummer 3, genau wie die psychische 1, sehr fleißig, sozial und extrovertiert ist, sind 31er schüchtern, wenig sozial, aber fleißig. Sie müssen sich gesellschaftliche Anerkennung hart erkämpfen. Sie mögen Neuerungen und rebellieren gegen alte Werte; obwohl sie Gerechtigkeit lieben, wenden sie nicht immer rechtmäßige Mittel an, um sie zu verwirklichen. Sie stellen sich gerne gegen die allgemeingültige öffentliche Meinung und treten für ungewöhnliche und unpopuläre Ideen ein. Sofern sie politische Interessen vertreten, stellen sie sich auf die Seite der Opposition.

Zusammenfassung

Ein Numerologe, der auch die Bedeutung der Doppelzahlen von 11 bis 31 kennt, kann, präziser das Wesentliche aller psychischen Nummern bestimmen, egal aus welchem Tag eines Monats sie sich zusammensetzen.
Zweck der Numerologie ist es, allgemeine Informationen über Menschen zu erhalten, die, auch wenn sie eine ähnliche psychische Struktur besitzen, eine andere Lebenseinstellung haben. Ihre komplizierten Verhaltensweisen lassen sich mit Hilfe astrologischer Aspekte erklären, aber auch mit dem Wechselspiel ihrer psychischen-, Schicksals- und Namensnummern. Die Numerologie kann Menschen auf ihre guten und schlechten Eigenschaften aufmerksam machen, und ihnen raten, welche Gewohnheiten sie besser vermeiden sollten, wenn sie die Probleme in ihrem Leben reduzieren möchten. Numerologie ist eine Methode, die uns bewußt macht, welchen Einfluß die Planeten auf unser Leben ausüben. Sie

verfügt gleichzeitig über ein System, mit diesem Einfluß richtig umzugehen (z.B. kann man energetische Schwachstellen stärken durch die Verwendung entsprechender Farben und Edelsteine, durch Fasten oder spirituelle Disziplinen). Mit Hilfe der Numerologie kann man auch auf allgemeine geistige und körperliche Befindlichkeiten schließen sowie auf typische Beschwerden, unter denen die einzelnen numerologischen Typen vermehrt leiden. Doch gibt sie auch Hinweise, mit welchen vorbeugenden Maßnahmen man den spezifischen Leiden entgegenwirken kann.

ZUKUNFTSPROGNOSEN

Die Numerologie kann auch Hinweise auf die Tendenzen der kommenden Jahre geben. Zwar verfügt die Astrologie über genauere Methoden der Zukunftsprognostik und kann individuellere Aussagen machen, doch ist es der Numerologie möglich, einen *generellen* Jahreseinblick zu geben.

Wie bereits in der Einführung erwähnt, erhebt die Numerologie nicht den Anspruch, eine eigenständige Wissenschaft zu sein. Ein guter Numerologe sollte sich auch das Wissen der Astrologie, Handlesekunst, Graphologie, Physiognomie und Psychologie aneignen, um zu einem vollständigeren Verständnis menschlicher Verhaltensmuster zu gelangen.

Wenn sie sich über die allgemeinen Tendenzen kommender Jahre informieren wollen, müssen Sie wie folgt vorgehen:
Notieren Sie auf einem Blatt Papier

- den Tag der Geburt
- den Monat der Geburt
- die letzten zwei Zahlen des Jahres, über das Sie näheres erfahren möchten
- den Zahlenwert des Wochentages, auf den Ihr Geburtstag im fraglichen Jahr fällt.

Erstellen Sie beispielsweise eine Jahresberechnung für ein Individuum, das am 12. Mai 1934 geboren ist, um zu sehen, wie das Jahr 1991 für dieses Individuum zu bewerten ist, addieren Sie die folgenden Nummern:

253

Tag der Geburt   = 12
Monat der Geburt = 5
das Jahr, das berechnet wird   = 91
im Jahr 1991 fiel der 12. Mai auf einen Sonntag   = 1*
12 + 5 + 91 + 1 = 109 = 10 = 1

Die Nummer, die sich aus der Addition ergibt ist eine 1, sie ist die Zahl, die dem Individuum mit o.g. Geburtsdatum Hinweise auf das Jahr 1991 gibt. Was die 1 als Jahresnummer mit sich bringt, können sie im folgenden Text erfahren. Die Zusammenfassung ist, wie bereits gesagt, sehr allgemein und darf nicht als individuelle Zukunftsprognose verstanden werden; sie gibt nur einen generellen Einblick in die Jahresthemen.

Jahresnummer 1 (wird von der Sonne beherrscht)
Da die Nummer 1 eine bedeutende Nummer ist, wird auch das Jahr mit dieser Nummer von Bedeutung sein. Innerhalb dieses Zeitraums, reduzieren sich Schwierigkeiten und Probleme, die viele Jahre lang belastend waren. Man fühlt sich glücklich und erhält von vielen Seiten Hilfe, vor allem von Menschen in einflußreichen Positionen und von Behörden.

Innerhalb dieses Jahres wird man...
• sich geistig und körperlich gesünder fühlen und sich weiterentwickeln.
• erfolgreich im Berufs- und Geschäftsleben sein, sofern man sich darauf einstellt und den Erfolg vorausplant.
• eine wichtige Veränderung im Leben zu verzeichnen haben; alle Veränderungen führen zur Verbesserung der momentanen Lebenslage.

*Die Zahlen, die den Wochentagen zugeordnet sind, sind identisch mit den Zahlen, die den Planeten zugeordnet werden, die über die Wochentage herrschen:

Sonntag = 1 (Sonne)   Donnerstag = 3 (Jupiter)
Montag   = 2 (Mond)   Freitag   = 6 (Venus)
Dienstag = 9 (Mars)   Samstag   = 8 (Saturn)
Mittwoch = 5 (Merkur)

- neue Bekanntschaften machen, die für die Zukunft hilfreich sind.
- keine Angst haben und unbesorgt sein.
- zwar viel, aber mit weniger Stress, arbeiten.
- zu Ehre und Ruhm gelangen.

Dieses Jahr ist auch gut zum Lesen und Schreiben, für die Teilnahme an Wettbewerben, um neue finanzielle Risiken einzugehen, um technische Geräte zu kaufen. Für Schriftsteller, Musiker oder Maler, wird es ein bedeutendes Jahr, was die Komposition neuer Werke betrifft.

Jahresnummer 2 (vom Mond beherrscht) bringt...

- einen Zuwachs an persönlicher Anziehungskraft.
- neue Freunde, die für die Zukunft hilfreich sind.
- weniger Sorgen und Stress.
- Emotionalität gepaart mit Praktikabilität.
- Gewinn durch Immobilien oder Grundbesitz.
- ein neues Haus oder eine neue Wohnung.
- eine Veränderung in der Denkweise.
- eine Verbesserung des Lebensstandards, mit Hilfe von Geduld und guter Planung. Innerhalb dieses Jahres sollte man unnötige Sorgen und Eile meiden.

Jahresnummer 3 (von Jupiter beherrscht) bringt...

- mehr Wissen, mehr Erkenntnis und praktische Weisheit.
- Zeit, um alte Aufgaben zu vollenden.
- neue Freunde und Bekanntschaften.

Außerdem wird das Jahr...
- glückverheißend; es bringt materiellen Gewinn, Ruhm und Ehre. Man weiß sich klarer auszudrücken. Dieses Jahr ist besonders bedeutsam für Schriftsteller und Redner; allerdings sollten sie mit Äußerungen vorsichtig sein. Es ist möglich, daß sie unter dem Einfluß von Jupiter so offen und furchtlos werden, daß sie dies später bereuen.

- nicht gut für Geschäftsleute und Menschen, die in irgendeine Art von Rechtsstreit verwickelt sind. Vorsicht ist angesagt, was das Unterzeichnen von Schriftstücken oder Verträgen betrifft.
- gut für Geschäfte oder die Gründung eines neuen Unternehmens.
- gut für Planung und Vollendung von Aufgaben.
- gute Chancen für berufliche Beförderungen.
- ein Jahr, in dem man Freunde prüfen sollte, bevor man ihnen Vertrauen schenkt.

Jahresnummer 4 (von Rahu beherrscht) bringt...

- Erfolg mit Schwierigkeiten.
- die Stärke, sich nicht von unvorhergesehenen Unannehmlichkeiten und Widerständen irritieren zu lassen.
- Wachsamkeit, harte Arbeit und Gelassenheit.
- finanzielle Vorteile, zusätzliche Einnahmequellen und finanzielle Stabilität.
- neue Projekte, beispielsweise ein neues Haus, eine neue Wohnung.

Dieses Jahr wird ...
- glückverheißend. Man wird heiraten. Wenn man keine offizielle Ehe eingehen möchte, findet man einen Lebenspartner. Kinderlosen Ehepaaren geht ihr Kinderwunsch in Erfüllung.
- gut für Beziehungen zu Freunden und Lebenspartnern.
- wenig erfolgreich in bezug auf Liebesaffären und Romanzen.
- gut für Beziehungen zu Regierungsbeamten und Menschen in leitenden Positionen.
- ein gutes Jahr für Reisen.
- gut für spirituelle und religiöse Aktivitäten.

Jahresnummer 5 (von Merkur beherrscht) wird...

- ein Jahr des Erfolgs und der finanziellen Stabilität; der Freundeskreis vergrößert sich.

- gut für Geschäfte und Geschäftsleute.
- gut für Reisen und Auslandsaufenthalte unter geschäftlichen Gesichtspunkten oder zum privaten Vergnügen.
- gut für Geschäftspartnerschaften.
- ein Jahr, in dem man mit Worten bewußt und vorsichtig umgehen sollte.
- ein Jahr, in dem man Verträge oder Geschäftspapiere mit bewußter Vorsicht unterschreiben sollte.
- gut für alle, die im Medien- oder Kommunikationsbereich tätig sind: Schriftsteller, Dichter, Schauspieler, Entertainer, Hörfunkkünstler und Journalisten.
- ein gutes Jahr, um an Wettbewerben teilzunehmen und Risiken einzugehen.
- ein denkwürdiges Jahr.

Jahresnummer 6 (von der Venus beherrscht) wird...

- gut für familiäre Beziehungen; frei von Schwierigkeiten im häuslichen Bereich.
- gut für Romanzen und um schwanger zu werden.
- gut für Innenarchitekten und Designer, Schauspieler, Musiker, Dichter, Maler, Filmproduzenten, Theaterleute und jene, die im Showgeschäft tätig sind. Gut für Juweliere und Menschen, die im Parfümgeschäft tätig sind.
- gut für alles, was Schmuck, Dekoration, Unterhaltung und Vergnügen betrifft.
- ein gutes Jahr, um Arbeit und eine feste Anstellung zu finden .
- ein gutes Jahr, um sich mit Dingen zu beschäftigen, die den Bereich der Schönheit betreffen; gut für sinnliche Vergnügen, weltliche Freuden und Geschenke.

Dieses Jahr bringt auch Gelegenheiten, in den Genuß von unerwartetem Wohlstand und einer Gehaltserhöhung zu kommen.

Jahresnummer 7 (von Ketu beherrscht) bringt...

- Mißverständnisse und Schwierigkeiten.
- Schwierigkeiten im Beruf. Mehr Arbeit, weniger Gewinn.

- Erfolg bei Gerichtsverhandlungen und Rechtsstreitigkeiten.

In diesem Jahr ist es ratsam, ...
- Freunde und Helfer zu prüfen.
- unnötige Diskussionen zu vermeiden.
- mehr Energie den Heilkünsten zu widmen, der Astrologie, der Ausübung von Tantra, Magie und Hypnose.
- weniger Risiken einzugehen.
- bewußter zu handeln, was Liebesaffären und Romanzen betrifft; da sonst das Risiko besteht, einen schlechten Ruf zu bekommen.
- optimistisch zu bleiben und die Ruhe zu bewahren, wenn man erfolgreich sein will. Mit Geduld und einer optimistischen Einstellung lassen sich Probleme lösen und Widerstände beseitigen. Schwierigkeiten sind nur eine Prüfung.

Dieses Jahr ist gut für Menschen in Heilberufen, für Astrologen und alle Menschen, die sich mit okkulten Wissenschaften befassen.

Jahresnummer 8 (vom Saturn beherrscht) wird...

- gut für Politiker, Sozialarbeiter und für Menschen, die in der Eisen- und Stahlindustrie tätig sind. Das Jahr gibt Gelegenheit, ein neues Wagnis einzugehen.
- weniger gut für die Gesundheit. Es ist ratsam, vorbeugende Maßnahmen zu treffen und Stress, Aufregung und Sorgen zu meiden. Es ist empfehlenswert, mehr Säfte und Gewürze zu verwenden, die das Blut reinigen und das Herz stärken. Perlenpulver (mukta pishti) und pulverisierter blauer Saphir (neelam pishti) sollten eingenommen werden, um das Kreislaufsystem mit elektrochemischer Energie zu versorgen.
- ein Jahr, das Erfolg in weltlichen Angelegenheiten bringen kann; es ist ratsam, Energie kreativer einzusetzen. Bewußter Energieeinsatz bringt Glück.
- gut um Feinde zu besiegen und Rechtsstreitigkeiten erfolgreich beizulegen.
- ein Jahr, in dem man unabhängig werden und sich aufs eigene Schicksal und die eigene Meinung verlassen sollte.

• ein gutes Jahr für Menschen in sozialen Diensten.

Jahresnummer 9 (vom Mars beherrscht) wird...

• ein Jahr der Vollendung, des Erfolgs und des Glücks.
• ein Jahr, um Wünsche zu verwirklichen.
• ein Jahr, um sich zu organisieren.
• ein Jahr, in dem man die Gunst von Menschen in führenden Positionen und von Regierungsbeamten gewinnen kann.

Das Jahr bringt auch...
• leichte Meinungsverschiedenheiten; ein verletzender Wortwechsel mit Beamten ist u.U. möglich.
• Erfolg bei Wettkämpfen und Wettbewerben.
• gesellschaftliche Ehren.
• die Möglichkeit unerwarteter materieller Gewinne, durch einen Lotteriegewinn, eine Erbschaft oder andere Quellen.

Innerhalb dieses Jahres sollte man Zweifel und Perfektionismus meiden. Das Jahr wird vor allem dann gute Resultate bringen, wenn man die Energie verstärkt auf spirituelle Themen richtet.

ENTSPRECHUNGEN UND SPEZIFISCHE WESENSMERKMALE DER NUMMERN

Die Aufstellung enthält die spezifische Wesensmerkmale und diversen Entsprechungen der psychischen Nummern, die in der oberen horizontalen Reihe eingetragen sind.

	1	2	3	4
Herscher/ Qualität	Sonne	Mond	Jupiter	Rahu
Freundliche Nummern	2, 3, 9	1, 3	1, 2, 9	5, 6, 8
Feindliche Nummern	4, 6, 8	5, 4	5, 6	1, 2, 9
Neutrale Nummern	5	6, 8, 9	8, 4	3
Besondere Nummern	28	29	12	31
Günstige Daten	1, 19, 28	2, 20, 29	3, 12, 21, 30	4, 13, 22, 31
Tag	Sonntag	Montag	Donnerstag	Sonntag
Geschlecht	männlich	weiblich	männlich	neutral
Charakter	zielstrebig	zielstrebig	zielstrebig	egoistisch
Richtung	Ost	Südwest	Nordost	Südost
Farbe	Gold	Weiß	Gelb	Gold
Edelstein	Rubin	Perle	Gelber Saphir, Topaz	Hessonit

5	6	7	8	9
Merkur	Venus	Ketu	Saturn	Mars
1, 4, 6	4, 5, 8	8, 6, 5	4, 5, 6	1, 2, 3
2	1, 2	1, 2, 9	1, 2, 9	5, 4
9, 3, 8	3, 9	3	3	6, 8
23	24	25	26	27
5, 14, 23	6, 15, 24	7, 16, 25	8, 17, 26	9, 18, 27
Mittwoch	Freitag	Montag	Samstag	Dienstag
neutral	weiblich	neutral	neutral	männlich
aktiv	aktiv	aktiv	träge	träge
Nord	Südost	Nordwest	West	Süd
Grün	Silber	Weiß	Schwarz	Rot
Smaragd	Diamant	Katzenauge	Blauer Saphir, Amethyst	Koralle

	1	2	3	4
Metall	Gold	Silber	Gold	Silber
Wesensart	König	Königin	Premierminister	König
Element	Feuer	Wasser	Akasha/Raum	Feuer
Lebensalter in dem der Einfluß am stärksten ist	22–24	22–25	12–22	27–41
Chemischer Körperhaushalt	Galle (Pitta) dominiert	Schleim (Kapha) dominiert	ausgewogen	Galle (Pitta) dominiert
Psyche	abwechselnd introvertiert und extravertiert	abwechselnd introvertiert und extravertiert	extravertiert	abwechselnd introvertiert und extravertiert
Gesundheit	hervorragend	schwach	gut	körperlich stark
bevorzugte Geschmacksrichtung	scharf/würzig	salzig/basisch	süß	scharf/würzig
Haarwuchs	spärlich/kahl	wellig/kraus	dichter Haarwuchs	dünn
Eindruck	streng	beschwichtigend	verständnisvoll	verschwiegen
körperliche Entsprechungen	Knochen	Blut	Gehirn	Nerven
Tageszeit	Mittag	Nachmittag	Morgendämmerung	Sonnenaufgang
Jahreszeit	Sommer	Sommer	Hochsommer	Winter
Körpertemperatur	heiß	kalt	warm	Raumtemperatur

5	6	7	8	9
Gold	Silber	Weißgold	Eisen	Kupfer
Prinz	Premiermini-ster	Premiermini-ster	Diener	General
Erde	Wasser	Wasser	Luft	Feuer
25–33	25–28	36–42	36–42	26–33
ausgewogen	Schleim (Kapha) dominiert	Schleim (Kapha) dominiert	Luft (Vayu) dominiert	Galle (Pitta) dominiert
introvertiert	abwechselnd introvertiert und extravertiert	abwechselnd introvertiert und extravertiert	extravertiert	abwechselnd introvertiert und extravertiert
zufriedenstel-lend	schwach	schwach	läßt sehr zu wünschen übrig	gut
scharf/würzig	süß	bitter/würzig/scharf	bitter	bitter
rötlich	wellig/kraus	lang/dünn	lang/dicht	dicht
verschwiegen	verständnis-voll	verschwiegen	verschwiegen	streng/barsch
Haut	Samen	Nerven	Nerven	Knochenmark
Morgen-dämmerung	Nachmittag	Sonnenunter-gang	Sonnenunter-gang	Mittag
Winter	Frühling	später Winter	später Winter	Sommer
warm	Frauen: kalt Männer: warm	Frauen: kalt Männer: warm	Frauen: kalt Männer: warm	heiß

	1	2	3	4
Gestalt	robust	zart	robust	robust
Landschaft	Berge	Wasser	Berge, Quellen, Flüsse	keine bestimmte
harmonische Jahre	1, 2, 4, 7	2, 1, 7, 4	3, 1, 6, 9	1, 3, 9, 6
geeignete Nummern für Geschäfts-partnerschaften	1, 4, 8, 9	2, 7, 8	3, 5, 6, 7, 9	1, 4, 6
für die Ehe	1, 2, 4, 8, 9	1, 2, 7, 8	3, 5, 6, 7, 9	1, 4, 6, 8
für Romanzen	1, 3, 4, 6, 8	2, 3, 7, 8	1, 3, 6, 9	1, 4, 6, 8
Auftreten	bestimmt	unverbindlich	optimistisch	opportunistisch
karmische Aufgabe	Verzicht auf Luxus/ Begierde; unabhängig zu werden	individuelle Standhaftig-keit zu entwickeln	selbstlos zu dienen	Zufriedenheit zu entwickeln
Tendenzen, Neigungen	Materialist	Selbstversorger	traditions-gebunden, spirituell; wendet sich jedoch von «ererbter Religion» ab	Atheist, Nihilist, Materialist
Lebensein-stellung	offen für neuartige Ideen	fromm, idealistisch	gibt alten Werten neuen Sinn	unkonventionell
geeignete Berufe	Abteilungslei-ter, Verwalter	Diplomat, Schiedsrich-ter, Immobilien-händler, Politiker, Lehrer, Forscher, Reformer	Gelehrter, Professor, Banker, Wissenschaft-ler, Geschäfts-führer, Schauspieler	Planer, Rechtsanwalt, Politiker, Techniker

5	6	7	8	9
zart	robust	robust	robust	robust
Wald, heilige Stätten	Flachland und Wald	Meer und Himmel	Wald und Flachland	Berge, Wald, Flüsse, Quellen
1, 3, 5	6, 3, 9	7, 1, 2, 4	1, 3, 6	3, 6, 9
3, 5, 9	3, 6, 9	2, 3, 6, 7	1, 2, 8	1, 3, 6, 9
3, 5, 9	3, 6, 9	2, 3, 6, 7	1, 2, 4	1, 3, 6, 9
3, 5, 6, 8	2, 1, 5, 6, 8, 9	2, 3, 7, 9	1, 2, 4, 5, 7	1, 3, 7, 9
kindisch	verführerisch	beschaulich philosophisch	ernsthaft, nüchtern	aggressiv
ernsthaft zu werden	Disziplin zu üben	Praktikabilität bzw. Realitätssinn zu entwickeln	Güte zu entwickeln; Vergebung zu üben	Geduld zu entwickeln
Atheist/offen für alles	Atheist/ Interesse für Okkultismus	konstruiert sich seine persönliche Religion	Atheist/ Okkultist	religiös, spirituell, wird vom inneren Selbst geführt
Materialist	Materialist	Idealist, Utopist	Materialist	Idealist
Geschäfts-mann, Geldgeber, Banker, Börsenmakler	Lieferant für Hilfsmittel zur Gesundheits-versorgung, Alchemist, Kunstkritiker, Journalist	Lehrer, Künstler, Journalist, Drehbuch-autor	Angestellter im öffentli-chen Dienst, Beamter	Organisator, Manager

BEZUGSQUELLEN

1) Edelsteinpulver können von Firmen bezogen werden, die ayurvedische Produkte vertreiben. Wichtig ist nur, daß die Edelsteinpulver *nicht maschinell* sondern *manuell* zerrieben wurden, da beim Zerreiben der Edelsteine durch Maschinen positive Ionen und beim Zerreiben der Edelsteine per Hand lebensspendende negative Ionen freigesetzt werden.

2) Edelstein Talismane, Edelsteinpulver und Anhänger mit allen 9 Edelsteinen können bestellt werden bei:

> Mr. Dinesh Johari
> 368, Govindpuri
> Haridwar 249403, U.P.
> India

3) Edelsteinpulver, numerische Yantras, gemalte bzw. gedruckte Bilder von Gottheiten können beim Autor bestellt werden:

> Harish Johari
> 363, Punjabpura
> Bareilly 243003, U.P.
> India

Anmerkung:
Da alle Produkte immer erst individuell in Indien angefertigt werden müssen, bitten wir Sie, bei der Bestellung Geduld zu haben.

Geben Sie bei einer Bestellung Ihre vollständige Adresse an sowie das genaue Datum, die Uhrzeit, den Wochentag und den genauen Ort Ihrer Geburt.

Bitte legen Sie Ihrem Schreiben einen internationalen Rückantwortschein bei.

Anhänger mit allen 9 Edelsteinen können Sie auch in Amerika bestellen bei:

> Harmat Enterprises Ltd.
> 50 West 34th Street
> Suite 23 C10
> New York, NY 10001